陈小立 编著

武则天

至尊红颜传

内蒙古出版集团有限责任公司
内蒙古文化出版社

图书在版编目(CIP)数据

至尊红颜——武则天传 / 陈小立编著 .—呼伦贝尔 : 内蒙古文化出版社，2010.4

ISBN 978-7-80675-790-1

Ⅰ . 至…Ⅱ . 陈…Ⅲ . 武则天（624~705）—传记

Ⅳ .K827=42

中国版本图书馆 CIP 数据核字（2010）第 048989 号

至尊红颜——武则天传

ZHIZUNHONGYAN——WUZETIANZHUAN

陈小立　编著

责任编辑	王　春
装帧设计	书心瞬意

出版发行	内蒙古文化出版社
地　　址	呼伦贝尔市海拉尔区河东新春街4 - 3号
直销热线	0470 - 8241422　　邮编　021008

排版制作	北京鸿儒文轩文化传播有限公司
印刷装订	三河市华东印刷有限公司
开　　本	710mm×1000mm　1/16
字　　数	230千
印　　张	23
版　　次	2010年5月第1版
印　　次	2022年4月第2次印刷
印　　数	8001—13000 册
书　　号	ISBN 978-7-80675-790-1
定　　价	65.00元

序

公元 624 年，一个女婴降生于中华大地，预示着中国历史上的又一个奇迹诞生了。她，蕙质兰心、才华出众，一首《如意娘》让"诗仙"李白自叹不如；她，妖媚婀娜、貌可倾城，被李世民封为"媚娘"；她，机智狡黠、心狠手辣，终得母仪天下；她，斗势弄权、辟政役官，成就了她的大周帝业；她，任人唯贤、继往开来，大唐国势未因换朝而影响它的全面增长……她是中国历史上唯一的女皇帝，也是帝王中最具传奇色彩的人物之一。没有她的存在，中国帝王史上将缺少一抹浓妆重彩，同样，中华的巾帼英雄们也将扼腕叹息。

无字碑上无功过，千秋是非寸心知。武则天没有在她的碑上留下任何痕迹，但历史终究是厚道的，它没有因为主人公的沉默不语就忽略她的存在与足迹，它深深镌刻下每一个对它有影响的人的名字或事迹。

武则天招贤纳士、不拘一格，首创殿试、武举，利于国家政权网罗顶级人才；极为重视农业，轻徭薄赋、减轻人民负担，她在位时期全国人口增长了一倍；她保护边境安宁，屯田边疆，使军事供给充足。这些统治政策与措施使国家国力不断增长，既承袭了贞观之治又为后世的开元盛世奠定了雄厚的物质基础。所以说，武则天是继往开来的一代女皇。

然而，历史也是不偏心的。它没有因为武则天进一步推进唐朝的经济发展就将她的过失一笔勾销。武则天掌权后，重用酷吏，奖励告密，使很多人蒙受不白之冤，激化了统治集团内部的矛盾；及至晚年，她好大喜功、生活奢靡，空耗了国家不少人力、物力。这些过失以及她的心狠手辣为她这一生抹上了不光鲜的色彩，弹奏出了不和谐的音符。

武则天的一生是奋斗的一生，她在豆蔻年华入宫，初为才人，不得恩宠。利用和太子李治的一段奇缘才渐渐改变了命运，向高峰迈进。期间她落寞过、挣扎过、奋进过、享受过……历史上没有哪个女人能活得像她这样的出彩，也没有哪个女人能活得像她这样惊涛骇浪、意气风发……

武则天这个传奇女子，到底是怎样度过她这波澜壮阔、与众不同的一生呢？无字碑上神来笔，字字尽展绝世华，答案即将揭晓。

　　公元 7 世纪，武氏家族出了一个奇女子。传说，女子出生时与其他婴儿啼哭来世不同，她是笑着来到世间报到的。这个含笑世间的女子就是武则天。千娇百媚的武氏女在柔弱的外表下却隐藏着异于常人的刚毅性格。这样的女子一旦踏入政坛必然大放异彩，成为历史上一支耀眼的奇葩。

【第一章】武氏有奇女

皇帝的后宫一向是最有看头的。它表面上歌舞升平、繁花似锦。实际上却是明枪暗箭、硝烟四起。一个男人,一群女人,必定引发一场场血肉模糊的厮杀。这是后宫女人的悲哀,却不是武媚娘的炼狱。后宫的争斗锻炼了武则天处理政治事件的能力,使武则天游刃于政治漩涡之中。

【第二章】后宫风云决

武后在稳定了自己的后位之后，本是打算辅佐高宗再治出个"贞观之治"的，可是，高宗不是治世能君，再加上身体一天比一天弱了下去，武后面对这样一个丈夫和这样一种局面，加上心中对权力的向往，于是，开始走向了她的晋级之路。

【第三章】武后始摄政

武则天

高宗死后，武则天掌握了朝政大权。儿子们的平庸和懦弱，以及她内心权力欲望的急剧膨胀，使得她一个接一个地废掉了李室太子。皇室血脉日渐单薄。武则天对政治的掌控力更加强劲了。

【第四章】李室渐衰微

武则天在接连不断地废黜太子以后，受到了来自李家宗亲以及部分臣子的强烈谴责和质疑。甚至有人发动叛乱反抗武则天的统治。武则天为了铲除这些势力，进行了一系列的平叛活动。叛乱被平息后，武则天登上了皇位。

【第五章】改弦又更张

武则天

武则天之所以能成功,最重要的一个原因就是她善用人才。武则天时期,出现了一大批经国治世的贤才。这些人连同武则天一起披荆斩棘,成就了一个继往开来的武则天时代。

【第六章】君子满朝堂

武则天后期做出了一些令人很不满意行为。这些行为直接影响到后人对她的评定。任用酷吏、养男宠、迷恋奢华……每一项都够儒家学者骂上千八百年的。这些不良嗜好,使武则天的晚年黯然失色。

【第七章】大过失人心

武则天

　　武则天后来也意识到自己在用人方面的过失，所以想努力地挽回局面。于是，毫不客气地除掉了周兴、来俊臣等酷吏，使朝堂安宁下来。而她始终没有忍心对自己的男宠下手，这个任务就只有大臣们替她完成了。

【第八章】平乱除贼子

后武时代出现了许多类似武则天的女强人。这些女人个个都是不让须眉的人物，她们渴望在历史的长卷里留下自己的足迹，也渴望得到至高无上的荣耀。只是有些女人没有看到武则天的成功源自哪里，她们看到的只是她头上的光环，并且飞蛾扑火一般朝这光环扑去。

【第九章】武后有强女

武则天

315

公元 705 年冬天，武则天去世。她在死之前，将政权还给了李氏，承认自己是李家的媳妇。在所立的石碑上，没有写下关于她的只言片语。是非功过任人评说。

【第十章】无字悲白发

武氏有奇女

第一章

　　公元 7 世纪，武氏家族出了一个奇女子。传说，女子出生时与其他婴儿啼哭来世不同，她是笑着来世间报到的。这个含笑世间的女子就是武则天。千娇百媚的武氏女在柔弱的外表下却隐藏着异于常人的刚毅性格。这样的女子一旦踏入政坛必然大放异彩，成为历史上一支耀眼的奇葩。

武氏家族

并非寒门，亦非显赫

　　武氏家族祖祖辈辈都不是小户人家，当然也不是显赫门庭，翻遍武则天家族的整个族谱也翻不出大富大贵的先人。推到武则天的前八辈子：八世祖武念，做的是北魏时期的洛州刺史。刺史就是监察地方官员的官职，就像现在检察机关的官员。不过魏晋时期的刺史，并没有现在检察机关的权力大。他们多是由将军兼职，将军们有自己的幕僚。如果不是将军本人当了刺史称为"单车刺史"，一般都不是名门望族担任。如果被封的刺史没有将军的名号，那么就是个有职无权的职位，相当于虚设。可见，武则天的八祖爷爷并不是什么大官，但也不是什么清贫之家。而她的七世祖归义侯武洽，是北魏的平北将军、五兵尚书。这是个掌握实际军权的职位，应该说还是不错的官位。五世祖只做到越王长史，并不十分重要的职位，四世祖武居常还算不错，是北齐的镇远将军。三世祖武俭，是北周昌五咨议参军，官位也不高。武则天的爷爷武华，是隋东都丞，就是太守的佐官，实际上就是现在的中层管理人员。到了武则天的父亲应国公武士彟这里，官就比较大了，唐工部尚书，管理工程、水利之类的官员，但也不是什么显耀的位置。所以，武则天出生在一个并不显赫，但也绝不贫穷的家庭。

武则天生活在山西文水，因为祖辈是官，所以在当地有些声望。武则天的父亲武士彟排行老四，有三个哥哥，三个哥哥都是踏实本分的农民或者说土财主。这个四弟却不怎么老实，有那么一点野心，也有那么一点抱负，他想换一种方式来生活。他去干什么了呢？他去经商了。当时正是隋炀帝大兴土木的时期，武士彟看到有利可图，便贩卖了大批木材给政府。由此，财源滚滚而来，可以说是一夜暴富。

但是，古代的中国不像现代的中国，家里富有并不一定就有尊贵的地位。士、农、工、商，商是最低下的阶层。人们多认为商人靠投机取巧过生活，没有道义和责任感。要不怎么会有"商人重利轻离别"的感叹呢！商人在那个时候是绝对受歧视的。尤其在魏晋南北朝时期，商人出门都不能骑马，不可坐车，穿鞋时不能穿一样颜色的两只。你可不要以为这是类似现代的年轻人为追求个性、标新立异的新潮扮相。这是为了告诉大家：此人是商人，是狡诈卑贱的下等人。在漫长的古代社会里，商人虽有着锦衣玉食的生活，却无法摆脱社会的歧视。得到与财富相匹敌的尊重可能是那个年代商人的最大愿望。如果武士彟那个年代商人能自由地走仕途，那么，他就不会奋不顾身地削尖脑袋往"士"堆里钻了。

父亲武士彟的崛起

在魏晋时期，政治上存在一种恶流，这就是士族门阀制度。豪强地主控制着国家的权力，中央政权要依靠世家望族来得以延续。官吏的选拔与任用、官位的大小全靠门第的高低来决定。

就是说，如果祖上有德，做了大官，成了显贵，你才有机会跻身政界名流，否则你想都不要想。当然，统治者多少还要弄些摆设来彰显这个朝代并不那么恶毒、一味的任人唯世家的。商人和士子可以列为公侯，但无论有没有才德都极少有机会晋升。而且即使入得政界，也是小打小闹，根本没有施展的空间，重要位置没你的份。就算是你因为仗打得风风光光、漂漂亮亮，得到了军功，可以晋级占据显位，也必定会受到他人的轻视和排挤。就好像商界世家对待暴发户一样。

武氏一族生长在以晋商闻名的晋中地区。这里山清水秀，养育出了具有商业头脑的武士彟。武士彟和其他的兄弟不同，因为他是家里的老小，得父兄疼爱，读书、学习都以他为重。他酷爱学习，虽然没上过几年私塾，却读了不少的书，尤其对兵书颇为谙熟。他献给李渊的《兵法曲要》就是在研读《孙子兵法》后，结合当时的实际情况写成的，李渊也颇为认同。武士彟因为读书、做生意的关系，日渐养成了沉稳、刚毅、善谋的性格。因为家里有些银子，出手较为大方，因此人缘也颇好。想来，武则天的性格就是遗传了她父亲的基因——刚毅、善谋略，正是虎父无犬女啊。

隋文帝后期，同其他君王一样开始注重享乐，大肆建造宫殿之类的奢华性建筑。皇帝这一开戒，天下人纷纷效仿，官僚地主也开始兴建自己的凤凰窝。武士彟看到这个现象就敏锐地感觉到机会来了，因为文水附近有着丰富的山林资源，就很容易搞到木材进行贩卖。资源在任何时候都极为重要，政界、军界、商界……不管什么界，打的基本都是资源战，掌握了资源就掌握了主动权。武士彟不愧为晋商，永远知道自己身边可用的资源在哪里。就在隋朝开始大兴土木的时候，武士彟大捞了一笔，成为远近闻名的富翁。

隋文帝死后，隋炀帝继位。隋炀帝是中国历史上最臭名昭

著、骄奢淫逸的皇帝之一。他一上任便派他的堂弟，燧宁公杨达和丞相宇文恺建造东都洛阳。武士彟得到这个消息后，兴奋异常。这可是一单大生意，如果拿到这笔订单，长期供应下去，那后半辈子就不用愁了。之后武士彟开始四处活动，希望得到这笔订单。他先带着厚礼到主管招标的头头杨达那儿。杨达一想，反正就是个工程，给谁做不是做呢！武士彟这样慷慨，那就给他好了。古代可没有那么多豆腐渣工程，杨达把活儿拿给谁干都是一样的材料，他并不担心有烂尾楼出现。这单生意，使武士彟不仅得到了发财的机会，更得到了穿梭于高官之中的机会。也正是在这时，政界向他抛出了橄榄枝，从而改变了他商人的命运。

之所以这么说，是因为武士彟在杨达的府上见到了李渊。武士彟初到杨府或许只是想为自己的生意铺路，如果说有政治企图，那也是后来的事。当时的他心里应该清楚，要为官不是他这个阶层能轻易办到的事。他是有这个心，但还没有这个胆。也或者，他曾想用这个方法混进官场，但他并不知道未来会由谁主宰，所以不会刻意去巴结谁。也正因为如此，他与李渊的结识只是偶遇而不是刻意安排。

但这次见面给双方都留下了深刻印象。李渊高大威猛、仪表堂堂，有帝王之风。而武士彟温文尔雅、沉静从容，拥有辅主之相。两个不平凡的人相见，必然要衍生出不平凡的事情来。李渊知道了武士彟的身份后，对武士彟的背景有了进一步的了解和掌握。作为一个政治人物，李渊能一眼看出哪些人是对自己有用的。武士彟财大业大，必要时能为自己提供良好的后方供给。他的人际关系网也能帮助自己打通各种关节，让自己的目的更容易实现。武士彟也不是等闲之人，他有晋商的敏锐嗅觉，对机遇的探知具有高度的灵敏性。当他见到唐国公李渊后，便知道这就是他未来要结交的人，这个人很可能给他带来无尽

的好处。于是两人都有结交下去的意愿。

随着进一步接触和了解，武士彟知道李渊是世家豪门，与隋朝宗室有着密切的联系。隋文帝的独孤后是李渊的亲姨，文帝喜爱李渊，对他很好，常将他抱入宫中抚养。到了李渊可以参政的年纪，还封他做了刺史。隋炀帝继位也没有亏待他，封他为卫尉少卿，隋炀帝征讨辽国时，曾命令李渊运送粮草，对他十分信任。礼部尚书杨玄感谋反朝廷，李渊知道后，向隋炀帝举报了此事，隋炀帝平乱，李渊又立了一件大功。隋炀帝一高兴就给了李渊一个起兵的成本，这就是弘仕郡和关右谷军队的指挥权。这时候的李渊可以说是大权在握。如果说武士彟之前未敢有进入政界的想法，那么，在遇到李渊之后，他的想法就发生了变化。他心里明白：李渊愿意与其结交，就代表他对李渊有价值。这样一来，他就有机会追随李渊左右，谁还没有点企图之心呢！

李渊领兵赶往关西时，就是函谷关以西地区，途经太原地区，竟然屈尊在商人武士彟家里住了一夜。武士彟在李渊到来之前的那几个晚上连续失眠，生怕哪里没有准备好，让李渊不满。李渊到后，他跑前跑后，把李渊伺候得嘴都乐歪了，一再表示要交武士彟这个朋友。

隋炀帝是个极爱折腾的人，连秦始皇都不是他的对手。他的折腾表现在两个方面。一方面他爱折腾物，就是开运河、建宫殿等，另一方面就是折腾人，看谁不顺眼就折腾谁一下，搞得大臣和地方官员没有不害怕的。劝谏的大臣也没有一个有好果子吃的。后来隋炀帝的疑心越来越重，大臣们小心提防、人人自危，连见他都不敢。有一天，隋炀帝不知道哪根筋又搭错了，叫人召李渊来见他。李渊怕生出事端，便迟迟不肯动身。不动身自然要有说词了，最好的说词就是生病。谁没有个小病小灾的，一告假也就过去了，可谁知道隋炀帝居然跟李渊杠上了。他问李渊的外甥王氏，李渊怎么还不来见他。王氏说，舅舅生病了，骑不了马了。你猜隋炀帝怎么说，他说，该不是死了吧？听听，这哪还像一个君王说出来的话！简直就一政治流氓。王氏把这句话传给了李渊，李渊没办法只好硬着头皮来见隋炀帝。李渊知道隋炀帝因为他不来见他心里有气，便想办法平息怨气。他也知道隋炀帝最爱玩乐，便找来良马鹰犬进献给他，果然赢得了隋炀帝的赞扬。之后，隋朝农民起义爆发，隋炀帝又派李渊镇压。李渊因此又立战功，隋炀帝颇为高兴，提升他为右骁卫军、太原道安抚大使、太原留守。

然而，农民起义的战火并未因隋朝的镇压而熄灭。各地军阀纷纷起兵，自立门户，隋朝处于风雨飘摇之中。武士彟看到眼前的局面，料定隋朝的统治不会长久了，便投靠了太原留守李渊。在投靠李渊之时，武士彟自然不会空手而去。他认真研究兵书写成了《兵书典要》，希望能说服李渊起兵反隋。李渊此时正在为是否起兵而犹豫，毕竟他是隋炀帝所信任和倚重的大臣，如果起兵不成就要落个乱臣贼子的恶名，要起兵也要在时机成熟之时。未来谁夺了江山还不一定，如果自己得不到江山，最好的情况也不过是成为某个帝王的臣子，这就与他现在的地位没什么区别，甚至还不如现在的地位呢！李渊对于在此时起兵还没有把握。这里要注意：李渊只是对是否起兵感到疑虑，而并非对是否反隋感到困惑。隋，是一定要反的。只是这个反，要怎么个反法，何时反，是值得商榷的。起兵是挟天子以令诸侯？还是另有方式？李渊不敢草率行动，他对武士彟说，请您不要多说了，兵书是国家的禁物，我知道先生您的才干，假如真有那么一天，咱们就一起享福吧！意思就是说，你先不要声张，谨防祸从口出，如果我做了皇帝，将来不会亏待你的。

我们说李渊并非没有反隋之心，只是他觉得时机还不成熟是有道理的。李渊不是草包，身在乱世不可能不为自己的将来考虑。大业九年，李渊曾经在给征辽军队运送粮草的途中与宇文士谈论过反隋的事；当杨玄感反隋，李渊告密时，朋友也劝他反隋，李渊也像告诫武士彟一样告诫朋友，不可乱说话。然而李渊心里早做好了两种打算：一种是，及早准备，万一有机会就起兵。另一种就是，看大隋的命数。如果大隋的江山还没有到不可收拾的地步，那自己也犯不着冒险。可以说李渊是识时务的人，他对当时的局势持观望态度不是没有道理的。群雄并起并非就是绝好的机会，好机会是在鹬蚌相争、两败俱伤，而你却毫发无伤之时。李渊是明白这一点的，他只是在蓄积自己的力量。

但随军作战的李世民沉不住气了。小伙子正是血气方刚之时，浑身上下澎湃着原始的奋斗激情。他看见自己的父亲终日里饮酒作乐，像没事儿人似的，心里火烧火燎的。就找到父亲的旧友晋阳宫副监裴寂，请求他劝说父亲造反。于是，裴寂就跑到李渊那里喝酒，两人各怀心事地貌似喝高了之后，便开始谈论起国家大事。裴寂对李渊说，现在大隋宫廷内外都是乱贼，你如果守着所谓的小小的气节，随时有被其他军队斩杀的危险，就算你大难不死，隋炀帝这个喜怒无常的人，也随时可能要你的命。现在天下大乱，老百姓都希望有贤明的君主出来主持大局，此时不反，你要等到什么时候？况且，你家老二已经秘密组织了军队，就等待你一声令下了。李渊一听，可不是嘛！我光顾着隔岸观火了，万一这火烧到我身边，再想反就来不及了。但李渊毕竟是块老姜，他漫不经心地说，既然老二这么想，那么，你们就谋划谋划吧！裴寂一听，有门道，便积极地谋划起来。

由此可见，武士彟在李渊心里的地位是远远不及裴寂的，武士彟也没有裴寂的才华及口才。他见李渊奉上的是兵书，而裴寂奉上的是局势，是名声。打仗需要兵法，但它更需要的是

师出有名，需要的是对局势的深刻研究。李渊手下不少能打仗的人，少的是能帮他控制全局的人。这也是为什么李渊在夺得天下之后，并没有十分重用武士彟的原因。

虽然李渊当时并没有采纳武士彟的意见，起兵造反，但是，他交给武士彟一个重要的使命，那就是积蓄粮草，以备将来之需。武士彟便高高兴兴地回去准备粮草去了。

就在这个时候，隋炀帝下旨大大地训斥了李渊一番，并派人逮捕了李渊。李世民和裴寂便想在这个时候起兵造反。李渊说，隋炀帝还不至于杀他，现在兵力不足，起兵失败的话难逃一死，不如先稳住隋炀帝再说。于是便跟着使者赶到扬州去坐牢。隋炀帝也确实没有要杀李渊的意思，把他放在大牢里就没了下文。李世民和裴寂跑去探监，几个人开始商议起起兵的事来。

隋炀帝玩够了之后，忽然想起还被自己关在牢里的李渊并没有什么大罪过，便赦免了他，官复原职。这次有惊无险之后，李渊下定了起兵的决心。他觉得他没有死是老天给他的机会，他要善加利用。人往往会在面对生死的时候有重大感悟，慨叹人生苦短，没有及时地把握自己的人生。李渊在经过这一次变迁之后，对于一直举棋不定的事有了新的认识，他不愿再在不冒险的等待中耗费生命。

回到太原后，李渊在刘文静的帮助下伪造了敕书，说炀帝要征发太原、西河、雁门、马邑四郡的百姓攻打高句丽。凡是20岁至50岁的男丁，一个不留，全在征召之列。伪敕书下达后，四郡百姓一下乱了套，反隋大浪越发高涨。

李渊还要找借口招兵。恰好在这个时候，鹰扬府校尉刘武周杀死马邑太守王仁恭起兵。好嘛！这正给需要掩人耳目的李渊一个招兵买马的好机会。李渊以征讨刘武周为名，四处招揽将士。隋将王威、高君雅对李渊的行为也没有办法。李渊想削

夺王威、高君雅的兵权，便调任王威为太原郡丞，让高君雅担任高阳的守备，管理巡逻和器械。反正你们两个就是别带兵了，我愿意用谁就用谁，我爱攻打谁就攻打谁，我要培植我自己的势力，军队就是我李家的军队。

这样一来王威、高君雅便起了怀疑。尤其是李渊伪造的敕书，没有经过我们参阅就迅速发布出去，这事关系重大，怎会如此轻率？李渊削我们的权，又大规模征兵加紧训练，却迟迟不见进攻刘武周。这事儿颇有些蹊跷啊！接替自己位置的除了李渊的亲人就是李渊的友人、部下，李渊这是要反啊！

王威、高君雅没有了兵权，不敢质问李渊。王威见武士彟是一个司铠小军官，又长了一副挨欺负的相，以为很好接近，便直接跑到了司铠大帐中，向武士彟诱问，你看啊！李渊到处招揽士兵，用的全都是刘弘基、长孙顺德等人，我和你都靠边站，这是什么道理啊！王威哪里知道武士彟已经与李渊有深厚的友谊了，武士彟就是奉了李渊的命令来盯着王威等人的。王威这么一问，武士彟知道是他是来套话的。便回答说，我原是一介莽生，才疏学浅，哪里是带兵打仗的料子啊！更没有想过能统领新军啊！王威一看，好嘛，果然是没有什么大才能，也只能做个小军官。这是件好事，可以利用他的迟钝来为自己办事。王威进一步探道，现在突厥军猖獗，各地荡寇频繁滋事，李渊的举动让人摸不着头脑，这可不是朝廷的福分啊！你我都是拿着大隋俸禄的人，为大隋尽忠是我们本分，我们怎么能袖手旁观呢？你认为怎么办才好啊？武士彟装作不明就里的样子，对王威说，招兵买马不是为了攻打突厥，平息匪类么？李渊是皇亲国戚，接受皇帝的命令训练将士正是尽职尽责啊！此时的王威还以为武士彟是没有智慧的小军官，为他的不开窍而轻视他。人很多时候都以为自己比别人聪明，而往往自认为聪明的人，却经常被别人掌握而不自知。此时的王威已经陷入"聪明人"的行列无法自拔了。

王威对武士彟采取启发式教育。他说，对呀！训练军队是正经事，但是李渊为什么偏偏选中刘弘基和长孙顺德呢？他们可是皇帝的逃犯啊！我想把他们抓起来问罪，他们犯的是死罪。武士彟可不是傻子，他假装害怕，憋了半天后，小声地对王威说，这件事可不一般啊！将军你考虑清楚了，现在李渊可是手握重兵的。你要是抓了他的大将治罪，一定会导致你们反目成仇的！刘弘基和长孙顺德是皇帝身边的侍卫，现在是用人之计，李渊才启用他们为皇上效力，这也还说得过去吧？

王威这下傻眼了，原来是自己太傻了，眼前这个武士彟也不是想象中的莽夫啊！李渊若是真翻了脸，自己的脑袋恐怕就不保了，王威装作听从了武士彟的劝告不再提及此事。后来，太原留守司马田德也找到武士彟，打算查一查李渊招兵的事。武士彟向司马耳语说，李渊现在大权在握，王威和高君雅也没了兵权，我们无兵、无权又有什么办法啊？司马先生也不是什么守节忠义之士，要的也不过是荣华富贵，听武士彟这样一说也就算了。大隋尽是这样的官不灭才是怪事。

武士彟把这些事告诉了李渊，让李渊及早准备，寻找时机铲除他们，以防坏了起兵的好事。李渊也觉得留着他们始终是个祸害，于是便找机会下手。

大业十三年五月，太原周围久旱无雨，李渊决定在晋王祠祈雨之时起兵反隋。祈雨这一天，李世民带着五千士兵在晋阳宫城巷之中埋伏，而刘弘基与长孙顺德则埋伏在晋王祠后。准备就绪后，李渊与王威、高君雅等人高阁闲聊，不一会儿，晋阳令刘文静带着人马闯了进来，说有密诏告发谋反的事。而这一密诏只能给李渊一个人看。李渊接过密诏之后，假装惊讶地看着王、高二人。"怎会有这样的事儿？王威、高君雅与突厥人私通，准备与突厥人里应外合进攻大隋？"好个恶人先告状，王威、高君雅二人被反咬一口，登时傻了眼。没想到想打燕，反被燕子啄了眼，王威、高君雅百口莫辩，刘弘基等人迅速逮捕了王、高二人。第三天，天助李渊，突厥人果然就进攻了太原，李渊说，这是王威等人的奸计，于是就命人把王、高二人给杀了，宣布被逼起兵。起兵有了由头，接下来的事儿就只剩下南征北战了。

李渊太原起兵后，武士彟一直追随着他，全力为李渊效命。公元618年，隋朝灭亡，李渊称帝，建立唐朝。下诏敕封包括武士彟在内的14名开国元勋。武士彟被封为光禄大夫，加封太原郡公，还封他为长安城的城防将军——并越将军等职务。但始终没有晋升到中央的核心部门。

武士彟的际遇，不仅使他出人头地，也使后来的武则天得以进入李氏宫廷，与大唐帝国的帝王将相结下了不解之缘。因为与李氏江山的渊源，武则天在十四岁就被送入宫中，得封才人，这不能说没有武士彟的关系。

武则天

【第一章】武氏有奇女

武家有女初长成

则天问世

武士彟在近卫军中工作的时候，留在太原的原配夫人相里氏和一个儿子先后死去，武士彟忠于职守，没有回家奔丧。李渊知道后，大为感动，下令对武士彟进行嘉奖。李渊一想，这位老伙计追随我多年，虽然没有立下惊天动地的功劳，但是也帮了不少忙。现在，他妻子死了，要是能帮他续个弦不也是功德一件？于是，李渊命令自己的女儿桂阳公主为武士彟张罗个媳妇。当然，这个媳妇不能太寒酸，要有些来头才行。不然怎么能显出我李渊对他武士彟的关心呢？

桂阳公主倒还真是办事的人，给武士彟寻到了前朝大将杨达的女儿。桂阳公主是杨达的侄子杨师道的媳妇，也就是杨达的侄媳妇。因此在隋朝灭亡后，杨达还是皇亲国戚。瘦死的骆驼比马大可能就是这个道理，即使改朝换代了，原来千丝万缕的关系也能在危难之中发挥作用。武士彟这个并不显贵的将军，能得到与贵族联姻的机会，怎会不感激李渊的一番美意呢？

事实上，杨达的女儿也有四十多岁了，和武士彠的年龄相仿。但是，此女笃信佛学，不想嫁人。所以，直到四十多还是个老姑娘呢！当今皇上提亲，公主做媒，怎能不答应？于是，一咬牙便嫁了武士彠。婚后的杨氏女是幸福的，两人的性情、脾气较为契合，感情很好。

公元 620 年，李渊封武士彠为工部尚书，赏赐他八百户。武士彠一再推辞，他认为自己没有这么高的功劳可以领受这么多的封赏，但是李渊就是不肯收回成命。武士彠没有办法只好接受了这个安排。不久，李渊封武士彠为应国公。武士彠双喜临门，杨氏又为他添了一女，就是后来的韩国夫人。因为相里氏生的是儿子，所以，对于这个女儿的降生，武士彠还是满心欢喜的。又过了两年，杨氏再有身孕，杨氏希望自己生个男孩，将来也有个依靠。武士彠也希望有个男孩，可以继承自己的爵位。夫妻两个人都诚心诚意地为添个男丁而祈祷。

谁知，盼什么就不来什么。杨氏在经历了剧烈的疼痛之后，听到了一阵连自己都感到诧异的咯咯的笑声。杨氏细寻声源，竟是自己所生下的女婴发出的。杨氏失望之余，不免有些疑惑：人家的孩子生下来都是哭的，这孩子怎么是笑的呢？武士彠也是大为惊奇的，这个女儿必然是与众不同的。不管是福是祸总归投在了我武家门下，这是上天给的缘分，不能不遵从的。当然，关于武则天出生时笑着来到世上的传闻人们是有疑问的。武则天是历史的另类，她是女儿身，却做了皇帝，这在封建社会是难以接受的，男人们更会为此感到羞耻。不管是武则天本人为了给自己登上帝位一个合理的说法，还是男人们为了掩饰所谓的尊严，都可能杜撰出这个故事来。这个故事说明武则天不是一般的女人，她必定会做出不同寻常的事情来，这是上天的安排。这样，天下就太平了。男人安心地去服从武则天的管制，武则天也安心地统治这个男权社会。又是那一套，以天象

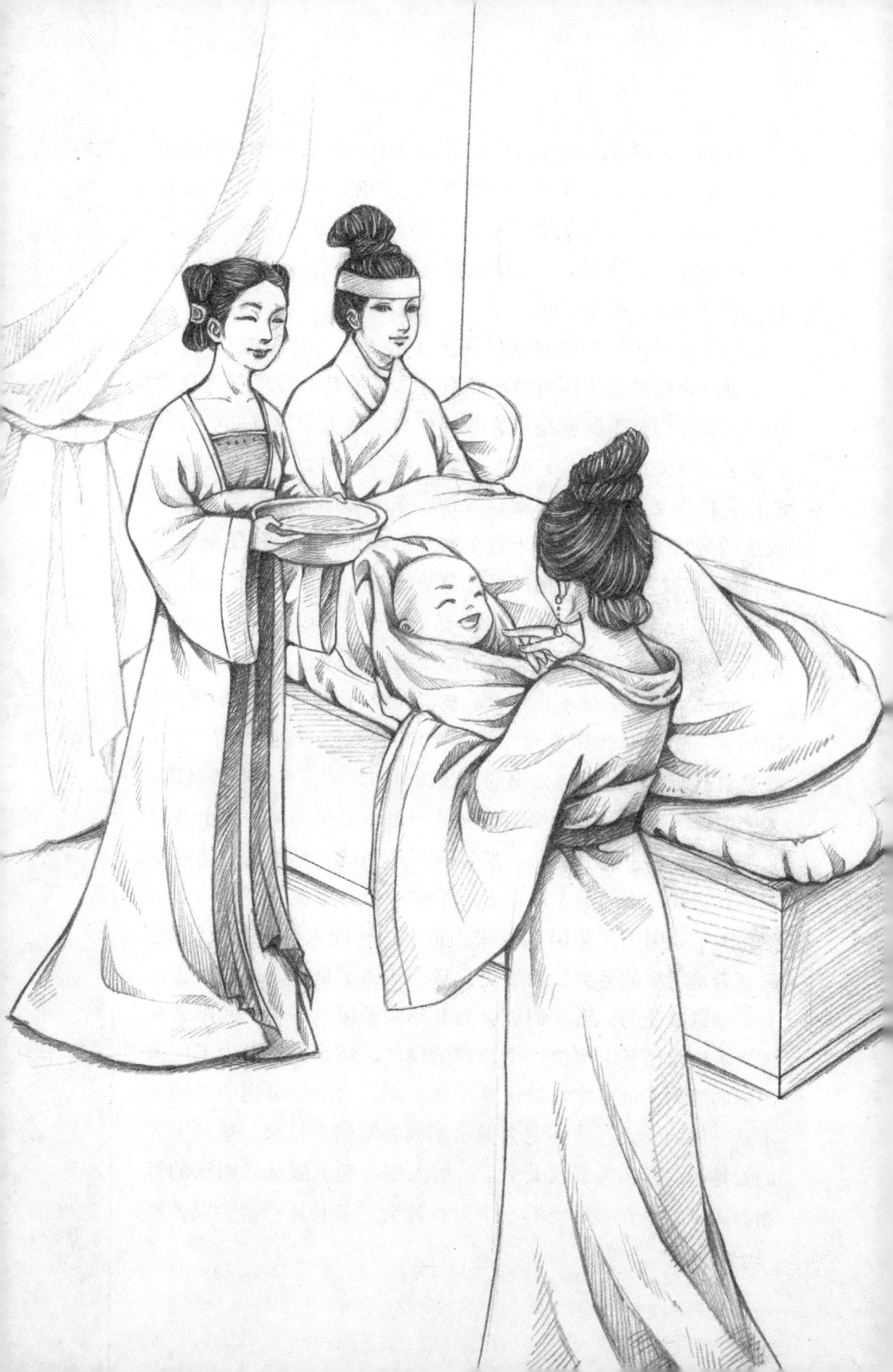

为借口愚民。古代人乐此不疲地制造天象之说后，也乐此不疲地相信自己制造的谎言，这也难为他们了。

丫鬟们忙着给武士彟道喜，说夫人生了个喜气的女儿，很漂亮呢！武士彟虽然有过几次迎接自己亲生孩子的经历，但不知为什么，这次的感觉特别奇怪，说不上来是兴奋还是难过。他接过这个我们权当是笑着的女孩，心里不禁感叹，这孩子生得可不一般呐！是个美人胚子，宽额头、长眼睛、高鼻梁，不知道将来她的命数怎样。武士彟做梦也不会想到，有朝一日这个丫头会成为一代女皇，在朝堂之上指点江山。武士彟看出杨夫人的失望，便宽慰杨夫人说，这是上天给我们的厚礼。她多漂亮啊！将来一定是大富大贵之人。杨夫人也明白这是老爷子的好言相劝，如果再这样拉个脸就是自己不知趣了。杨夫人是个知书达理的明白人，她对武士彟说，我是没什么的。老爷是希望将来有可以继承衣钵的人吧？武士彟也没多说，只是说这个女儿我很喜欢。因为他知道，这个时候如果说，我还有两个儿子呢！一定会刺激到杨夫人的。看来，武士彟还真是个不错的丈夫。

第二天，人们就知道了武尚书家又添了一个女儿的事，大家都前来恭贺。当然也都只是做做表面文章，给点儿敷衍。毕竟不是第一胎，何况还是个女孩儿，谁也没闲工夫在乎你家生了个啥，如果是只狸猫倒是很有可能被人盯着问。此时的官员们正为归属于朝中的哪一派而烦心呢！李渊也老了，儿子们长大成人了，这些成了人的皇子们都开始谋划自己的未来。他们这一谋划不要紧，可急坏了当朝的大臣们。如果大家知道武家二女儿将来的命运，怎会做出如此敷衍的反应呢？看人情冷暖，最清楚的莫过于帝王之家。

孩子不管是男是女，总该有个名字的，夫妻两人一时间也没想出什么好的名字给她，就先叫了个小名"二囡"！至于武则天的真实名字，史书上没有记载。有人根据他同父异母的哥哥武元爽、武元庆推出她的名字就叫武元华，但是人们也说这个名字不可能是武则天的名字。武则天的爷爷叫武华，古代人是避讳和自己祖先叫同一个名字的，所以不可能是叫武元华。也有人说，武则天的真名叫"媚娘"。这一说法也是不正确的，"媚娘"是武则天被选为才人后，李世民赐给她的名字。至于后来的"武曌"，也是在她登基之前，自己给自己取的名字。武则天真实的名字还要等待机缘，由哪一个人在故纸堆中发现，我们现在就只能叫她的小名了。

至于这个小名，人们还是不愿意接受的，原因是"二囡"不是北方人习惯取的小名。不管武则天有没有真名，小名是一定会有的。至于小名是什么并不重要，我们就权当叫"二囡"吧！

二囡出生几个月后，武士彟就调到了扬州去做官。孩子还小行动起来不方便，武士彟没有带着家眷赴任，而是将杨氏母女留在了长安，住在平康坊府邸。四年后，武士彟才将武则天母女接到四川利州自己的身边。就在武士彟刚刚上任扬州之时，长安城内发生了一件惊天动地的大事。这个事件就是"玄武门之变"，李世民杀死太子李建成，齐王李元吉，逼迫李渊让位于他，改号贞观。所谓一朝天子一朝臣，李世民即位后当然希望自己的政权得到人们的支持。他尤其重视前朝元老的态度，前朝老臣多是掌握着中央、地方实权的重臣，如果他们反对自己，自己的地位就会岌岌可危。为了探明前朝旧臣的态度，李世民将李渊派到外地的旧臣全部召回，武士彟就在召回之列。

其实，对于在地方的老臣而言，你们家谁当皇帝都是次要的，最重要的是保住官位。武士彟对李家谁掌勺也并不感兴趣，反正都是李家江山，没落他人之手。他也乐于拥护新立的主子，尽管这个主子不是正牌的太子，但是多年来一直南征北战，也看得出他有治世之才。自己又不在朝中为官，没必要趟这个浑水。武士彟有着看起来像傻子一样的智慧，他知道什么人是能交往的，什么人是可以依靠的，什么事是应该计较的，什么事是不该计较的。但武则天继承了武士彟的务实，却没继承武士彟的敦厚。

这样大智若愚的武士彟当然得到了李世民的信任，李世民将他派往四川广元做都督，还兼职处理广元的军政要务。这可是个既有权又有名的高等职位，武士彟对李氏王朝更加感恩戴德。武士彟确实是个较为敦厚的人，当年李渊起兵，他资助过粮草，又跟随他一起打天下，算得上忠心耿耿了。但是李渊在位时也不过给他一些没有大权力的官职，武士彟却并不计较，仍然安安心心、勤勤恳恳地做官。可能也正是这一点得了李世民的信任，让他握实权，担重任。

唐朝初年，都督实行封疆制，地方机构分为两级，第一级为道，全国分为十个道，第二级是州，州设刺史来管理州中事务。道管理州，但道并非行政区划，只是上级派下来巡视州的。所以，道没有实权，真正掌握实权的是州。唐朝在重要的州设立了都督一职，管理军政要事。可以说，此时的武士彟是名副其实的官员了。

武士彟在利州（也就是四川广元）待了四年，四年里，他勤政爱民，赢得了很高的声誉。武则天在这四年里度过了人生最为幸福的童年时光，父慈母爱，家境殷实，接受着良好的教育。武士彟平日里处理政务，武则天总是在一旁玩耍，偶尔还会问一些奇怪的政务问题。武士彟对此颇为惊奇：小小年纪的女孩子怎会对政治有这般浓厚的兴趣？但是女孩嘛，终究是要嫁人的，不会在政治上有什么作为，多知道些也没什么不好，武士彟便一一地解释给她听。

当时流传着这样的说法，利州境内有一座大山名叫黑龙山，

山下有个黑龙潭。山内云雾缭绕，层峦叠嶂；潭水幽深、浩淼。这里面住着一条神龙，神龙时隐时现，经常在武则天居住的房屋附近徘徊。人们说，这是因为武则天是龙女的缘故。显然这是人们为迎合武则天称帝杜撰出来的。利州的人也因为广元是武则天的第二故乡而自豪，不仅没有追究这个问题，相反地，更大肆渲染了一番。

利州人说，武则天是在利州出生的。这是可以理解的，多数人都会因为自己同哪一个名人沾亲带故而庆幸、自豪。利州人说武则天在利州出生，是为了说明利州人杰地灵，能生出皇帝来。另外，不管东西方，在漫长的古代社会里，到处充斥着迷信色彩。人们没有几个不信天命符谶的。这是出于"君权神授"的需要。自秦始皇开始，这种奉天承运的势头越加凶猛。皇家不厌其烦地倡导这种论调，为的就是给自己找一个接续和传承的说法。安抚民心的同时，又自欺欺人地问心无愧下去。

及至汉朝，汉武帝罢黜百家、独尊儒术。西汉出现了"天人合一"、"天人感应"的学说。汉武帝一生笃信天命，追求长生。东汉的刘秀进一步扩大了"儒学"中"天人合一"的思想，将其发展成"谶纬之学"，就是借着神灵的预言来讣告吉凶。刘秀的施政、用人，以及兴废之事都要用到"谶纬"之说。这种愚民的方法很管用，统治者加固的迷信说法，说着说着连自己都深信不疑了。

到了唐朝，李渊和李世民更是对它推崇备至。李渊十分热衷于迷信活动，他也能看到这些活动给自己带来的好处。传说，他起兵反隋的时候，曾有道人对他说："您要号称白眉禅师事情才会顺利。"李渊信以为真，真就打起了"白眉禅师"的旗号。武士彠当时也对李渊说："我梦见唐公您坐在龙背上在空中飞翔。"李渊一听心里这个乐呀！恨不能与武士彠勾肩搭背。但是表面上还不能表露出来，就一味低调地告诫武士彠不要声张，免得引来祸事。但是，武士彟的"梦"却不胫而走。这真是咄咄怪事，当时知道武士彟所谓的"梦"的只有李渊和武士彟本人，能说出去的也只有这两个人。武士彟的梦是不是杜撰，我们不去管它，但是把这个梦宣扬出去却是有利无害的。起兵的由头也不外乎那几种，而符谶是最好用的。有这个梦的依托，起兵的理由不是更加充分，更让人信服了么！

太宗算是一代明君了，口头上说不信佛教异说，实际上却养了一大帮方士，为他炼制丹药。太宗贞观二十三年的时候，用天竺的方士炼制长生不老药，结果吃了丹药后，没几天就拉肚拉死了。

人们对于谶语的迷信是帮了武则天很大的忙的，后来的武则天靠着谶语做了很多事，这是后话了。当前的二囡在利州过着她金灿灿的童年时光，无忧无虑、快乐无比。

天子之命

贞观年间，有个很有名的星相家，叫做袁天罡。几乎所有写武则天历史的人都要提到袁天罡的这次看相。袁天罡是什么人呢？袁天罡是四川益州人，益州就是现在的成都。传说，袁天罡相术非常了得。他曾做过隋朝的盐官令，曾在洛阳给杜淹、王珪、韦挺看过相。他说，杜淹你呀，文章写得好，将来会因为漂亮的文章得到荣华富贵的；而王珪你呢，不出十年也会做到五品官员的；韦挺面相似虎，会得到武官的官职。但是你们的官运并不是一路畅通，中间会遭遇贬嫡，就在你们遭到贬嫡的时候，我们还会碰面的。当时的三个人以为是笑谈，也没当回事儿。后来，竟真如袁天罡所说杜淹做了侍御史入选天策学士；王珪做了太子李建成的中允；而韦挺出任武官左卫率。三个人当官正当得春风得意马蹄疾的时候，谁知道一场"玄武门之变"使他们受到了牵连，三个人同时被贬到隽州。

正如袁天罡所说，他们四人真的在隽州相遇了。袁天罡告诉他们，你们以后还会显贵的。三个人将信将疑，因为之前的事得到了验证，三个人同时记住了袁天罡和他所说的事。三人最终官至三品，从此，袁天罡名声大噪。连太宗都盛赞他的术数奇妙。太宗高兴地问他："汉朝有个严君平，现在我朝有你，你认为会怎么样呢？"袁天罡不无吹捧地说："严君平生不逢时，而我有天下明君，比他的命运强百倍。"太宗一听更高兴了。这就等于说，袁天罡预测这位君主是圣明之主，之后太宗便留下袁天罡为自己的臣子看相。

根据《大唐新语》的记载，武士彟在刚到利州做都督的时候，袁天罡正好奉太宗的旨意进京，经过利州。武士彟觉得这也是一个机缘，不如请他到自己家里，测测这几个孩子的未来。于是，就请袁天罡到府邸做客。袁天罡到了武士彟府中最先看到的是杨氏。袁天罡当时就是一惊，对杨氏说："夫人的骨相可不一般呐！一定是生有贵子的。可否请出公子、小姐来看看？"夫妻二人一听，高兴了。他们就盼着能生个儿子了，尤其是杨氏，盼星星、盼月亮的想要一个男孩儿。袁天罡这么一说，她以为以后她会生儿子的，于是笑逐颜开带来了自己的女儿和武士彟的两个儿子。

袁天罡把武元爽和武元庆上下左右地打量了一番，便对武士彟说："您这两个儿子，将来能做到刺史，能稳住家业。"接着又端详了武则天的姐姐一会儿说："这个女孩子也是大富大贵之相，只是会有些不如意的事。"武士彟听了，心里就嘀咕：这个袁天罡也不过如此嘛！尽说些奉承人的话，哪有一家子都是富贵命的？看来也没什么大本事。就在这时，奶妈领着4岁的二囡走到袁天罡面前，当时武则天因为年纪小穿的也没分男装女装。袁天罡见了就是一愣，前前后后绕着武则天转了好几圈。二囡也很奇怪，这么个大人绕着她干嘛！但是小武则天并没有吓到，反倒咯咯地笑了起来。袁天罡沉吟了半天，突然提高了嗓门喊道："这个小公子，神清气爽，将来不可限量啊！"武氏夫妻对望了一眼，只当是他的逢迎之说。袁天罡让二囡走几步再抬眼看，奶妈领着二囡走了几步。袁天罡摇着头叹息道："如果这是个女孩子，将来可是个统治天下的人呐！"武氏夫妻这回可真的认为袁天罡是浪得虚名了，哪有这样的说法，简直不可思议。

袁天罡相面之说在唐朝极为盛行，各种典籍也有相关记载。袁天罡如果能推准一些人的命数，也并不能说明他推算出过武则天能当上皇帝，就算他推算出武则天能当上女皇，也是断然不敢说出来的。这很有可能是武朝及以后的人，为了证明武则天称帝的合法性故意安排了袁天罡的这次相面。很可能袁天罡并没有给二囡算命。也有可能是袁天罡确实为武则天看过相，但并没有说出"帝王"论调。说一个人能当上帝王，这可是关系到自己身家性命的大事。袁天罡还没有崇高到为维护职业道德搭上性命的境界。至于袁天罡是不是向太宗禀报过他为武氏相面的事，就更难断定了，不过在这里姑且认为袁天罡干过此事吧。

史书上记载说，武士彟听了袁天罡的话吓得说不出话来，吩咐全家上上下下封锁这个消息，不得外泄，以免生出不必要的麻烦。不过，之后武士彟确实没有亏待这个二女儿，教她各种技艺，琴棋书画样样精通。而与其他女孩子不同的是，二囡还喜欢骑射、喜欢追问天下大事。武士彟觉得自己这个女儿很有从政的天赋，可惜是个女儿身，不可能涉足政坛的，最多也就当个皇后。武士彟原本就是武官，也不反对女儿家骑马驾车，这就使武则天从小养成了好胜、任性的个性。由于父母的细心培养，武则天的才艺进步神速。诗词歌赋、书法马术没有一样不出色。

二因天资聪颖，好奇心重，什么事都喜欢刨根问底。总是缠着父亲给她讲他跟随唐公南征北战的事，尤其对朝中、宫中的事感兴趣。父亲说累了，她就端来水给父亲喝，等父亲休息好了接着说。从武士彟的讲述中，武则天认识了李世民，对李世民的胆识和才华深感敬佩。她曾对父亲说过，做人当做这样的人。父亲一边为女儿有这样的见地高兴，一边为小小年纪就有如此雄心的女儿担忧。事实上，不管是武则天辅佐高宗期间，还是后来自己在位之时，她都以太宗为楷模来要求自己。

贞观五年，唐朝内部对官吏制度进行改革，除四个督府外，其他都督都被裁减。武士彟被调到荆州出任都督，武则天也同父亲一起去了荆州。在荆州那个物产富饶、人才荟萃的地方又度过了四年美好时光。就在武则天一天比一天大的时候，一件不幸的事情发生了。李渊死了，李渊的死对武士彟的打击很大。开始几次接触李渊时，或许武士彟是带着很强的功利性的。但是多年来的南征北战，君臣相处，已使这个老臣对主子产生了一种君臣之外的情谊。武士彟很伤心，一方面是因为老友故去，一方面是对自己前途的担忧。在这种忧伤中，武士彟的哮喘病发作，这一发便不可收拾了，最终吐血而死，扔下了年仅十一岁的武则天与母亲相伴相依。

在武士彟下葬之后，杨氏母女的命运陡然直转。没有了武士彟的庇护，杨氏只好带着女儿们回到并州文水老家过生活。但是这时，身为武家后人的武元爽、武元庆等人开始合力排挤杨氏母女。今天找个茬指桑骂槐一通，明天故意挑点事儿出来让你难堪。人都说，后妈心狠，看来后儿子也不见得善良。总之，赶走她们就是了。没有办法杨氏只好带着几个女儿来到长安投奔自己的娘家人，能投的娘家人也只有堂兄杨师道和自己的侄女齐王妃了。先前我们提到过，杨师道是桂阳公主的二婚丈夫，桂阳公主又是杨氏和武士彟的媒人，不能不接这个烫手的山芋。齐王妃就是太子李元吉的妃子，她在李元吉被杀以后，由长孙皇后求情被纳入唐宫之中。有史书说，太宗将其纳入后宫封为淑妃，但正史中无此记载。这可不是件光彩的事，如果齐王妃被接纳就是哥哥先杀死弟弟，接着占有了他的媳妇，唐史是不允许它被记载下来的。但是，不管是齐王妃也好，还是杨淑妃也好，她在太宗宫中是没错的。杨妃知道有这么一个姑姑在外面受苦受难，心里也不好受，就伸出了援手。

杨氏带着二囡姐几个，由堂兄和侄女安排在长安住了下来。一直到武则天被选入宫中成为才人为止，武则天一家都在他们的接济之下生活。家庭的变故，让年纪尚小的武则天初次体会到世间的现实与世态的炎凉，她不服气自己有这样的命运，但她也没有办法改变这样的命运。

初见帝王家

初见帝王

不管你承不承认，直至今日，脸，仍然可以作为女人改变命运的资本。如果这张脸是长在一颗天资聪慧的头上的，那么，它所产生的能量将远远超过一个只有脸蛋没有智慧的空壳的能量。杨夫人不是个有大智慧的人，她也没有野心重振武氏家业。但是，杨家可不是寻常人家。他们大半生都生活在宫廷之中，知道一个漂亮的脸蛋加上一个才思敏捷的脑袋对一个女人或一个家族意味着什么。桂阳公主本身是皇室，知道武则天的资本足可以在后宫立足了。至于能不能做上妃子甚至得到更高的地位，那就要看她的造化了。

在杨家人的筹划下，武则天迈开了进入唐宫的步子。杨氏其实是不大愿意送武则天进唐宫的，能得到皇帝垂青还好，若得不到，一辈子就被埋没在宫廷之中，寂寞地老去了，这对一个女子来说是最不幸的。况且以自己女儿刚烈的个性怎么能适应后宫的生活？这样的性格多数男人也是不会喜爱的，她又怎么能出人头地呢！知女莫若母，杨氏还是为武则天捏了一把汗的。在送武则天入宫时母亲杨氏抚摸着武则天的头，默默地流泪。武则天笑着对母亲说："我是见天子啊！怎么知道这不是福气呢？"此时的武则天还是个天真烂漫的怀春少女，太宗一直是她敬仰的偶像，她想见到太宗并非出于什么隐晦的目的。她所说的话，也不过是她安慰母亲，憧憬未来生活的话，却被人说成是自幼有心机、野心，这是有失公允的。

唐朝后宫在吸纳新人入宫时，都要对她们进行培训，否则不能上岗。想想也是，一个高贵的地方，突然闯来一个高声说着乡间里话的粗俗女人，是何等的不搭调啊！所以岗前培训是一定要做的。唐宫里有两个培训基地，一个是宫教馆，主要培训宫女算术、书法、美术、音乐等方面的技能。而另一个基地是文学馆，主要培训宫女诗词歌赋的造诣。当然，还有人教授礼仪课程，以备将来侍奉皇家之用。

武则天年纪轻，好奇心重，又是个争强好胜的人，样样不落人后。进入唐宫，一边被宫中的富丽堂皇吸引，一边为能学习到新的东西感到欣慰。年少的孩子总是喜欢较量的，武则天也不例外。她读的书不少，与其他女孩子比起来总是能胜人一筹，这就大大满足了她孩子般的虚荣心。她浑身上下充满了学习的干劲，此时在宫馆中学习的还有一个叫徐惠的小丫头。这丫头也不一般，与武则天的才华不相上下。两个姑娘比着学，文化素养一天比一天深厚起来。

武则天曾经模仿《诗经》写了一些祭祀和宴饮的宫廷诗词，乐师们配上了乐曲将这些传唱出去，结果大受欢迎，宫中人都传说武则天有才华。久而久之，就传到了太宗耳朵里。太宗是个爱才之人，对武则天和徐惠兼容并包，都给予接见的机会。

太宗对于这个女孩子还有一些印象，记得这个女孩子妩媚动人，还封了个武才人给她，并赐给她一个名字叫"武媚娘"。太宗给她取的这个名字，引起了后人的许多遐想。"媚娘"怎么说都是一个不大庄重的名字。有人说，是因为在太宗的心中她不过是随便看看、玩玩的玩物，见她长得不似他人清纯可人，而有少妇的妩媚风韵，所以取名媚娘。这种说法不大能成立，就算武则天长得成熟妩媚，一个君王也不至于取这么一个有失自己水准的名字来给自己的妃子命名。也有人说，只是因为武则天长得妩媚动人，所以太宗一时兴致，随口说了这么一个名字。这也是不可信的，太宗向来不是乱给人加标签的人，不可能看着妩媚就叫媚娘，看着清秀就叫秀娘。在古代，给人一个名号是很庄重的事情，何况是堂堂一国之君！太宗赐给武则天这个名字一定是有原因的。

媚，在古代有几种解释：第一种，通眉，指用眼睛取悦人。武则天还是个刚刚进宫的小姑娘，还没有学会眉目传情的眼神，不可能用眼睛取悦人。最多是她生来就有一双脉脉含情的大眼睛，但离勾引还有一段距离。第二种是爱的意思，作动词。这

个基本上可以排除，谁也不会取名叫爱娘。第三种是逢迎取悦，武则天初见太宗不可能做出有失体面的事情。太宗对武则天也不了解，不可能知道她是不是喜欢逢迎的人。第四种是可爱的意思，这一种可能性较大，"可爱的姑娘"是讲得通的。而第五种更有可能，意思是美好、亮丽的意思，尤指眼睛。所谓媚娘，就是美好、亮丽的娘子。武则天的眼睛明亮、智慧，给太宗的第一印象就是一双明亮的大眼睛，媚娘很可能由此得名。

总之，武则天总算有个正式的名字了。不管是好是坏，不管是出于什么原因叫这个名字，有名字总归是好事情。

太宗欣赏武则天的才华，将她留在身边做近身侍女，主要给太宗端茶倒水、伺候笔墨。这样，武则天同太宗接触的机会就多了起来。

不可否认，武则天是个争强好胜、表现欲极强的人。怎样能得到她所崇敬之人的赏识，这是武则天一直在思考的问题。武则天希望引起太宗的注意，并非完全出于想得到晋升的机会。她爱表现的性格决定了她不甘心被众多后妃埋没，决心赢得他人尊重。只是她没有想到她的表现欲没有给她带来她想象中的声誉，反而失去了得太宗宠爱的机会。这个事件稍稍熟悉唐朝历史的人可能都知道，它就是我们所说的狮子骢事件。因为这是武则天晚年亲口所说，所以也颇为可信，被史学界争相引用。

所谓的狮子骢是一匹马。这匹马的性子极烈，动不动就横踢乱咬，没人敢靠近它。因为它的鬃毛像狮子，再结合它狮子般凶猛的个性，人们就给它命名"狮子骢"。狮子骢是极为骄傲的，总摆出一副傲视群雄的样子。太宗是极爱马的人，越是特别的马就越是有兴趣，他希望看到有人能驯服这匹烈马。这天，太宗又来了兴致，想看看那匹狮子骢被驯得怎么样了。于是，带着嫔妃们来到跑马场。

唐朝之所以在封建史上有如此高的声誉，不光是因为它封建经济的辉煌，也因为它全面开放的政策。基于此，唐朝的女人活得较其他朝代幸福些，唐统治者与胡人接触较多，受到胡人文化的影响，女人可以参与到骑射等户外活动中去。什么马球、狩猎、游玩，女子都可以参加，武则天作为贴身侍女也在随从之中。太宗问驯马官员有没有驯服狮子骢，驯马官大气不敢出，低低地摇着头。太宗叹了口气，"这匹马可真不同凡响啊！谁若驯服它，朕定会重重有赏。"嫔妃们面面相觑，静默不语。此时媚娘的心里也在挣扎，到底要不要挺身而出，冒险驯服狮子骢？出头有两种可能，一种是，驯服狮子骢，引起太宗的注意，得到赏识；另一种是没有驯服，反而被它弄伤。但即使驯服不了，也可以理解，连驯马官都驯不好的马，我驯服不了也不会太丢脸。最重要的是，能引起太宗的注意，所以媚娘想在这上面赌一赌。于是，盈盈地走到太宗面前，深施一礼说："皇上，我愿意制服它。"太宗上上下下打量了媚娘几眼，心想：这么个小丫头能有这样的本事？媚娘看出了太宗的怀疑，就笑着说："只要皇上给我几样东西就可以了。"太宗忙问是什么，媚娘胸有成竹地说："铁鞭、铁锤和匕首。"太宗当时就是一愣，这些可都是利器啊！这丫头要这个干什么？于是就对媚娘说："这些都不是驯马用的东西，你拿它来做什么？"媚娘兴高采烈地说："皇上您不知道，这匹马的性子如此刚烈，要用特殊的手段才能制服它。我先用铁鞭打它，它不服我就用铁锤击它的头，再不行我就用匕首捅了它！"太宗听了，心里凉了半截，倒吸了一口冷气。这下，太宗是真记住这个女子了。太宗毕竟是身经百战的圣君，他既没有责怪媚娘的残忍，也没有盛赞她的勇敢。只是淡淡地说了一句："以后再说吧！"狮子骢事件也就此了结了。但它留给太宗和媚娘的记忆却没有因此消失。太宗从此很少接近媚娘，媚娘也觉得这件事的结局有些蹊跷。按理说，有人请驯，太宗应该高兴才是，但太宗的反应却

如此冷淡，这不免使年少的媚娘感到困惑。

单从狮子骢事件来看，人们对媚娘自幼心机颇重的评价也是有失公允的。身在皇宫希望占有一席之地，这本身就是现实需要。如果媚娘真的有如此重的心机，她在李世民身边也有些时日了，应该观察得出，李世民推行的是宽厚的仁政，很少采用暴力的手段对待下臣。她自然要迎合太宗的口味，不能采用这么极端的方式来表现自己。狮子骢事件恰恰可以说明，此时的媚娘还不具备宫廷争斗的经验，否则她也不会一直不被太宗喜爱。这个事件能反映出来的，也只是媚娘的不成熟和性格里严酷的一面。

武媚娘不得宠

就像很多人所说的，太宗确实是不喜欢媚娘的。太宗可以说是一位高产的父亲，一生共有35个子女，这35个人里却没有一个是媚娘所生。不是因为媚娘没有生育能力，否则不会为李治生下几个孩子。她没有与太宗生子，是因为太宗很少临幸她。

有史学家曾记载过太宗亲幸媚娘之事。那是在媚娘做太宗近身侍女之时，太宗每天处理国事，政务繁重，心情不好是家常便饭。在媚娘十七岁这一年，吏部尚书侯君集攻占了高昌，就是现在的新疆境内。占领了高昌本来是件值得庆祝的事，怎么会惹怒我们的太宗呢？原来，侯君集在攻破高昌之后，私自封了官吏，还将高昌的金银财宝据为己有。更可气的是他的手下薛万钧将高昌城内的女子聚拢到自己的置地，随意玩乐。这还了得，我这一生最注重英明，我每每取城都用怀柔政策，而你们倒好不但坏了朝廷的法纪，更坏了我的名声，你们都给我到大狱里呆着去吧！一气之下，太宗将侯、薛二人下到了大狱，等待发落。这时候，那个死谏之臣魏征以及中书侍郎岑文本还

上书为他们辩护，太宗正在气头上，谁说什么都不愿意听，也没搭理这个茬。魏征和岑文本一看不行，还是亲自到宫中求个情吧！于是，就来到宫中见太宗，太宗见他们时，媚娘在一旁给他们端茶倒水，将事情听得清清楚楚。

魏征说："在过去呀，秦穆公的良马被盗贼偷了，秦穆公不但没有生气，还赏赐他们美酒；楚庄王在和大臣喝酒的时候，因为灯忽然灭了，他的妃子被大臣拉断了冠缨，楚庄王也没有责怪他们，难道皇上您还没有先秦君主的度量么？"太宗沉吟着不说话。最后，禁不起两个臣子在心理上的左右攻击，终于答应放了侯、薛二人。人虽然放了，但是太宗心里的气并没消。他还是认为，侯、薛二人做得不对，认为魏征他们是狡辩。太宗一边生气，一边自言自语。媚娘在一边服侍，以为是跟自己说话，就忍不住回答起来。媚娘本身就是一个有眼光、谋略的人，说出的话自然与太宗接触过的女子有所不同。娇小、妩媚的媚娘竟然能站在一个统治者的高度，分析出事情的态势和利弊，多么不简单啊！太宗与媚娘多少有一些共通的地方，媚娘又以温和、崇敬的语气安慰太宗，太宗在焦头烂额之际，得到这么一位知性美女的温柔解劝，不免心旌荡漾，亲幸了媚娘。但是，太宗毕竟是太宗，他不会沉湎于女色。激情过后的太宗，自然会冷静下来观察媚娘的行为举动。经过太宗一段时期的观察，发觉媚娘是个争强好胜的女子，是不甘寂寞的人，对朝中之事又格外热衷。如果媚娘是男人，或许他们是很好的一对君臣，或朋友。但做自己的女人，李世民还是摇了头。这样的女子一旦得势，必定会搅乱宫廷。当然，太宗不可能预见她会扰乱李氏王朝，但他能猜想到媚娘可能会引起后宫风波。

狮子骢事件让李世民更加坚信这一点，所以，狮子骢事件后，太宗很少接近她。太宗不喜欢媚娘，主要是不喜欢媚娘的性格。男人，尤其是北方男人，尤其尤其是北方的成为帝王的男人，基本上都有些大男人主义，喜欢专权，喜欢号令群臣、役使他人，还有甚者唯我独尊。这样性格的男人一般喜欢温婉、贤德的女人。而媚娘恰恰又与太宗心中的温柔女子相去甚远，她在太宗眼里是强悍的。媚娘，十四岁进宫，二十二岁还是个才人。可见，太宗是多么不喜欢她。那太宗喜欢谁呢？太宗爱的是长孙皇后，喜欢的是与媚娘一起封为才人的徐惠。

太宗一生中最倚重的女人就是长孙皇后，他对长孙皇后的爱是刻骨铭心的。长孙皇后死后，太宗做了两件出格的事。第一件是，在元宫外的栈道盖起了起舍，命令宫里的人住在里面，像侍奉活人一般侍奉皇后，这种祭祀亡灵的方式是相当少见的，几乎是太宗的首创，可见长孙皇后始终活在太宗心里。第二件事就是，他在宫中盖了一座层观，终日对着长孙皇后的陵墓。后来太宗勉强接受了魏征等人的建议，哭着将层观毁掉了。由此可见，长孙皇后在李世民心中的位置是无人能及的。长孙皇后为什么能赢得一代帝王如此宠幸呢？她得李世民心的原因就是媚娘失李世民心的原因。

长孙皇后十三岁嫁给李世民，与李世民同甘苦、共患难地度过他们最为青涩的年龄，一路陪伴李世民由秦王做到了皇上。人说成功的男人背后一定有一个贤良的女人，这话不假，李世民就是一个很好的例子。长孙皇后确实是李世民的贤内助，李世民发动玄武门之变之前，长孙皇后为李世民在唐宫中建立起了偌大一张关系网。上至李渊，下至宫女，无一不小心逢迎，尽孝道、施恩惠，唐宫上下对唐王夫妻那是交口称赞。这也是后来玄武门之变爆发后，没有引发大规模骚动的原因之一。长孙皇后的作为还有一个重要的好处是，她能借此帮李世民在宫中安插耳目，知道他人无法获悉的情报。战争，很大程度上拼的不是军队和武器，而是信息，先知道信息的就会腾出时间来做准备或杀对方个措手不及。

当玄武门之变爆发时，这位大智大勇的皇后便亲自在自己的家中安排护院，免去李世民的后顾之忧。士兵们平日里受到两位主子的爱护，深感报效的时刻已经到来，在长孙皇后的激励下，将士们个个斗志昂扬。有了长孙皇后，李世民的后院就相当于安了一道保险阀。这样的女人，哪个男人不爱呢？中国的男人多数都愿意讨这样的女人做老婆。男人对于那些娇艳欲滴的情人，可以享受爱情带来的美妙，却不愿意炒掉跟随自己吃糠咽菜过苦日子的黄脸婆。在每个男人心里，都放着一个可以跟他一起熬生活的女人，长孙皇后就是那个和李世民熬生活的女人。武媚娘不行，武媚娘在李世民最为辉煌的时刻出现，又是一个事事不甘落后的女人，太宗不喜欢这样的女子。做情人缺了一点温柔，做老婆没有宽厚的胸怀。所以，她什么也做不了。

长孙皇后能多年来与李世民相濡以沫，最主要的原因是，长孙皇后识大体、顾大局。李世民是个虚心纳谏的好皇帝，他手下的名臣魏征，经常向他进谏。魏征这个人有个毛病，就是说话太直截了当了，根本不顾及皇上是不是有台阶下。也就是摊上太宗这个皇帝，不然他魏征都不知道死几回了。他没有死成，也有长孙皇后的功劳。在一次退朝之后，太宗气冲冲地回到后宫，一屁股坐在龙床上，口里直叨念："气死我了，气死我了，我不杀你个乡巴佬就枉做皇帝。"长孙皇后没说什么，走进了内屋。太宗还纳闷，我平时若气冲冲地回来，她准上前安慰我几句，今天怎么跑到里屋去了？是我太啰唆，她听烦了？太宗正纳着闷，只见眼前一亮，呃？怎么皇后这会儿穿得这么隆重啊？她要干嘛去呀？怎么个隆重法呢？就是朝服，这朝服可不是一般的场合穿的，什么祭祀啦，外国使臣进谏啦，皇子的结婚大典啦之类的才穿出来以示庄重，这会儿没有什么重大事件啊！太宗以为出了什么大事，忙问："皇后啊，你这是干

什么啊？这么重的礼，到底出了什么事啊？"长孙皇后向太宗作了个揖说："臣妾听说君主圣明，大臣才能刚正不阿。现在魏征敢这样与皇上您说话，就是因为皇上您英明神武啊！我这是向您表示祝贺呢！"太宗一听，气全消了。他明白了皇后的良苦用心，也不再气恼魏征的直言。长孙皇后没有对太宗有任何的指责，相反地，给太宗留足了面子。这样会说话的女人，又怎么会不讨人喜欢呢！这样懂得以国事为重的皇后，怎能不赢得帝王的宠爱呢？

再反观媚娘的行为，媚娘在狮子骢事件中，问太宗要铁鞭、铁锤、匕首。当太宗问她要这些做什么时，她毫不避讳地说出一番残忍的论调。其言其行严重影响了她在太宗心目中的形象。

长孙皇后的贤德是后宫无人能及的，她在病入膏肓之际，曾有人奏请太宗大赦天下，以求得皇后平安；再剃度一些僧人为长孙皇后延寿。长孙皇后劝太宗说："生死有命，富贵在天，这不是人力所能改变的。如果修福能延长我的寿命，那我一向没做过什么亏心事，现在不也是病了吗？既然行善也没有效果，这福分再求也是求不来的。"这就是说，太宗您不要为我瞎折腾了，劳民伤财不说，还不会有什么效果。太宗听从了长孙皇后的意见，没有大赦天下，也没有剃度僧人。长孙皇后在临死之前对太宗说："您不要重用外戚，现在我的娘家人都做了官，不能再让他们升迁了，否则很可能出现汉朝那样外戚专权的悲剧。也不要厚葬我，我生前没有给国家带来什么益处，死后也不能浪费国家的财力。"这样的好皇后实在不多。李世民怎么会不怀念他的这位贤德妻子呢？长孙皇后死后，李世民痛哭着说："我失去了一个好助手啊！"他更是经常情不自禁地在臣子面前表现出对长孙皇后的怀念。太宗对长孙皇后情深意重，后妃们很难走进太宗的心中，何况是并不讨太宗喜爱的武媚娘呢？

但太宗是喜欢徐惠的，徐惠也是个才女，身上有大家闺秀的书卷气。她与长孙皇后不同，她多少会参与一些政事。皇家之事，向来与国家之事难分清。世上本就没有几个长孙皇后，何况，太宗也需要一个可以在他背后给他点意见的女人。徐惠也是个较为贤惠的女人，她看到太宗因为大唐的国势蒸蒸日上而飘飘然起来，便上书对太宗说："皇上您要保持一颗平常心啊！得志、失志都要保持冷静的头脑。要像当初一样用谨慎、减少过错来增加自己的功德。要吸收经验教训避免有什么闪失。"这样的话一说出来，太宗立即注起意来。徐惠活脱脱就是长孙皇后再生啊！从眼前人当中见到故人的影子是最容易发生故事的。何况，徐惠本就是太宗的后宫，因此太宗对徐惠的喜爱远远超过了媚娘。不久后，徐惠就被封为婕妤，跳过了美人，连升两级，之后太宗经常与婕妤讨论国家大事。其实，如果换作媚娘同样也会与太宗讨论国家大事。但是有这么一点是需要注意的，这就是太宗实行的德政，与武则天的喊打喊杀格格不入。或许太宗也曾问过才人媚娘一些政治问题，只是，媚娘所持的论调对于太宗来说凶狠了一些。所以，媚娘没有机会再与太宗共论国事了。后来的徐婕妤又荣升为"允容"。这就进入嫔的行列了，看得媚娘眼都红了，但是没有办法，太宗不喜欢媚娘，媚娘只好继续当她的才人。如果说，此时的媚娘真是狐媚之人的话，她一定会想方设法接近李世民，或是暗害徐惠。然而此时的她并没有什么动作。从她入宫到徐惠被封为嫔也有六七年的时间了，这六七年是媚娘成长、成熟的过程。她固然妒忌徐惠的运气，但还不具备毒辣的手段，她能认识到后宫争斗的残酷，却还没有训练出争斗的技能。她知道一个君王对后宫女人的重要，却不知道怎样去获得君王的留恋。媚娘不能得宠很大程度上是她的性格所造成，与她后宫生活经验的不足也有一定的关系。

夜深人静的时候，媚娘也会想起自己初进宫时，母亲哭着送她的情形。母亲是对的，一入侯门深似海，大半个青春都过去了，却没有一点儿起色。杨氏家族指望着她复兴家业，谁知自己这样不争气，这么些年连个婕妤都没当上。徐惠和自己同为才人，自己的才华又不比徐惠差，凭什么就要这样落寞呢？媚娘心里充满了不甘和愤恨。她责怪命运的不公，责怪皇室的深宅大院，同时也责怪太宗的有眼无珠。十二年，对一个女人来说是何等宝贵啊？难道自己要一直这样荒废青春么？媚娘为自己的命运暗自慨叹。

然而，更不幸的命运还在等着她呢！是什么呢？这就是后来到了贞观末年，宫内外开始流传起"女主武王"的说法。媚娘听到这一传闻可被吓坏了。袁天罡的话她是知道的，这不是小事情，弄不好自己的小命就没了。媚娘提心吊胆地过生活，怕哪一天太宗真的把自己给查办了。

但太宗还是知道了这个消息，于是就秘密找来了袁天罡的徒弟李淳风来问话。李淳风早听师傅说过二图的事儿，他来到太宗面前煞有介事地说："臣夜观天象，发现太白经天，这说明有女子要执掌大唐的朝政啊！"接着又神秘地说，"我仔细地推算了一下，结果发现这个女子已经在皇帝您的宫中了。用不了三十年，她就会接替您的位置，执掌大唐江山，而且会诛杀您的子孙。但是到最后她还是会把江山还给李氏的。"李世民一听，脸都绿了。自己辛辛苦苦打下来的江山，怎么可以落到旁人手里，还是个女人！兹事体大，还是小心为妙。宁可错杀一千，也不可错放一个。于是，太宗将与"武"沾边的人都召集到了一起，让李淳风辨认。李淳风对太宗说："此是天机，不可泄露。况且王者是不可杀的。"太宗听了又垂头丧气地将包括武媚娘在内的一群人解散了，媚娘提到嗓子眼的心终于落了下来。

也有人说，当年袁天罡为二图算过命后，进京见到太宗将

— 37 —

这一事禀报过太宗了，但是太宗并不信这事。况且，袁天罡一直以为二囡是个男孩，不能女主天下。后来，太宗遇到武则天，才想起了袁天罡的话，心里犯了忌讳才不肯亲近武则天的。是不是有这事儿，我们不清楚。但从太宗后来封媚娘为才人，又叫她做近身侍女的事情上来看，太宗是不太可能知道这个预言的。

也有一些记载是，太宗让李淳风指认"武王"，李淳风说："皇上呀！您后宫这么多女人，我怎么能分辨得清啊？"实际上，李淳风是不想把这件事说出去。太宗当然不干，你说看不清就看不清啊？既然你看不清，我就帮你分分。于是，将宫里的人按百人编成一队，让李淳风指给他看。李淳风还是笑笑说，这目标太大，我还是看不清。太宗就将原来的百人变成了五十人一组，李淳风就指了指有武则天一组的人群。太宗再让李淳风看时，李淳风说话了："皇上，臣能做的只有这些了，剩下的事就只能由您来处理了。"太宗就问李淳风把这五十个人杀了好不好？李淳风说："杀人也难解决问题，李家王朝有此一劫，躲是躲不开的。违了天命，恐怕会有更严重的后果。"李世民也没了办法，只好在心里暗暗防备。

事也凑巧，玄武门前一名叫李君羡的守将撞在了枪口上。玄武门是长安城的正北门，这个门相当重要。当年，太宗就是在这个门下将自己的哥哥和弟弟杀死的。之后又逼迫父亲退位，自己做了皇帝。这个门是长安城的要道，唐统治者极为重视。

李君羡的命里也该有此一劫。李君羡的官职是左武卫将军，爵位是武连郡公，又是洺州武安人，与"武"结下了不解之缘。就是这个与"武"的缘害了他。

一天，太宗来了兴致，在宫内大摆筵席，款待守城的武将，李君羡也在这一行列。太宗忽然想出了一个取乐的点子：就是自报小名。结果本来压抑的气氛一下子活跃起来。将士们七嘴八舌地说开了。什么狗儿啊，和尚啊，木头啊，灶台啊……应有尽有。当问道李君羡时，李君羡脱口而出："我叫五娘子"，大家一听哄堂大笑。真是天下之大，无奇不有，这个名都想得出来，男人叫女人的名，直是太好笑了。但谁也没有注意到，太宗脸上的笑容此刻正在凝结，眼里渐渐露出了凶光。这一连串的武，使他不由得联想到"女主武王"的传闻。本来以为会是个名副其实的女子，所以把侦查重点都落在了女人身上。原来，是你小子啊！没过多久，李君羡就被太宗给杀了。李君羡一死，太宗和媚娘都松了一口气。

有人说，这是武则天杜撰出来的故事，是为了宣扬自己称帝是受命于天而编造的。之后，武则天还为李君羡昭雪平冤，为的就是说自己是合法的皇帝。实际上是有这种可能的，袁天罡的看相我们都不敢肯定，更别说是后来太宗玄乎其玄的抓捕行动了！而可以肯定的是，太宗确实不喜欢媚娘，媚娘在太宗时期的生活是不如意的。也可以肯定的是，媚娘在宫中是经历过惊涛骇浪的。宫廷的争斗以及朝中的变故，是媚娘不能忽视的。这时候的她或许已经萌生了改变命运的想法，因为她已经厌倦了这种万事不由己的生活，希望生活会有些转机，而这个转机在不久后就到来了。

非伦奇缘

李治成太子

　　太宗晚年，家里出了一件震惊朝野的大事。先前说过，帝王家的事就是国家的事，帝王家的每一个变化都可能牵扯到国家政局的变动。帝王家最大的事情莫过于立太子，什么立妃啦，削减家用啦，嫁公主啦，太子结婚啦都没有这个问题来得重要。这是个关系到后继统治者的大事件，这个问题也因此成为千百年来困扰皇室家族的最棘手的问题。皇子们为了成为太子，也就是将来的国君，可以不惜代价地争夺，根本不念及骨肉亲情。唐王朝更是如此，李世民本身就是废长夺权的代表，他深知立太子的利害关系。所以早早地立了长子承乾为太子，认真地按着皇帝的标准来培养承乾。

　　谁知道就算这样，还是没有办法避免皇位的争夺。人说赌场无父子，这极权面前也无父子可言，更何况是兄弟。先前也说过，太宗十分爱长孙皇后。长孙皇后生了三个儿子：大儿子承乾，二儿子李泰，小儿子李治。爱屋及乌，太宗十分疼爱这

三个儿子，把他们带在身结亲自抚养。李承乾天资聪慧，机敏过人，深得太宗喜爱。太宗一直以为李承乾是个治国的料子，好好培养定会有所成就。所以太宗给李承乾请了最好的老师教他读书识礼、经世治国。李渊死后，太宗守孝，他让太子处理政务，以此来锻炼太子处理政务的能力。太子也竭尽全力地完成父亲交给的任务，太宗还是比较满意的。太宗出巡也留下太子看家，还在大臣面前夸奖太子有自己的样子，以此树立太子的威信，朝中大臣对太子也颇为敬重。

　　人啊，是不能只有娇宠，没有鞭策的。太子看到父亲这样看重自己，朝中大臣又对自己敬重有加，以为自己的位子坐稳了，就飘飘然起来了。以后便整日里游手好闲，吃喝玩乐样样精通，就是不往正道上走。据说，他还收养了罪犯，让他们偷百姓的马给自己。这哪是太子该干的事儿！这还不算，他还有个怪癖，喜欢突厥文化。叫人修了突厥人住的帐篷、房屋，命令手下的人穿突厥人的服饰；更离谱的是，他还一个人直挺挺地躺在地上让穿了突厥衣服的手下为装死的自己哭喊、嚎叫，把唐宫搞得乌烟瘴气。太宗知道后，失望至极。派东宫的大学问家孔颖达、于志宁、张玄素等人去劝导太子。李承乾装作老老实实，认真悔改的样子，暗地里却将这几个人打得半死。于志宁多说了两句，他竟然派人到他家把他给暗杀了。太宗对太子的所作所为十分恼怒，但一时间也没有办法。人说，希望越大失望越大。太宗对太子承乾抱的希望太大，所以太子的堕落给太宗打击也很大。这些，媚娘是看在眼里的。她料定太宗会有所行动，只是不知道事态会如何发展，这个时候，媚娘还不觉得这些事情和自己有多大关系，她只是作为一个有政治敏感性的旁观者，冷眼看帝王之家的荒唐和闹剧。

　　太宗的二儿子魏王李泰，看到自己的哥哥这样不争气，认为机会来了，便动了歪脑筋。本来嘛！王侯将相宁有种乎？况且我们还是一个种的，凭什么就是你当皇帝，我对你俯首称臣的？父亲你不也是老二嘛，还不是做皇帝得稳稳当当的。李泰对太子位摩拳擦掌、跃跃欲试。当然，李泰不会没有动作。李泰做了两件事。第一件就是讨好太宗，他知道太宗爱文，便认真地学习文学以及治国方略，太宗看了很是欢喜。第二件就是礼贤下士。太宗对人才极为爱惜，魏征反反复复地顶撞太宗，太宗却总是接受他的建议，并称他是自己的一面镜子。李泰对父亲的这些爱好看在眼里，记在心上。为了博取太宗的好感和信任，李泰网罗天下有才这士编写了《括地志》呈献给太宗。太宗高兴极了，认为二儿子是个可造之材，将来有希望接替太子的位子。于是在朝廷里拔高李泰的声望，想以此取代大儿子承乾。魏征一看，这可了不得了。这是要废长立幼啊！这样会引起朝廷大乱的：他和太宗你不同，你以前为大唐立下过赫赫战功，百姓爱戴，夺了江山也没有太多人反对。而你这个二儿子不是什么好鸟啊！平日里结党营私，排除异己。这会儿就因为一本毫不费力的《括地志》你就这样信任他，岂不糊涂？不行，我还得劝劝。于是，魏征和褚遂良一商量，联合起来对太宗进谏，希望太宗停止对李泰的拔高。冷静下来的太宗也回来想起太子承乾的种种好，便又寄希望于承乾能改掉恶习，恢复到原来的样子。

李泰看到太宗对自己的态度不似先前好了，就知道事情起了变化，于是加紧了夺位的步伐。他拉拢附马柴令武、房遗爱、黄门侍郎韦挺、工部尚书杜楚客做自己的幕僚。威逼利诱大臣，企图逼迫太宗立他为太子。好了，有其父必有其子，儿子学起父亲来还真不含糊。只是李泰没有太宗的智慧，也没有太宗的胸怀，否则说不定真能谋了位，成为第二个太宗呢！媚娘把这些都看在眼里，她的心凉了。宫廷里的明争暗斗将她最初进入唐宫的喜悦与憧憬冲刷得荡然无存，她明白宫廷又将进行一场

厮杀。这场厮杀是否有硝烟她不知道，但是她知道，它一定会发生，媚娘目前能做的只是静观其变。

太子承乾不知中了什么魔，明明知道自己的亲弟弟要谋他的位，仍旧不改胡作非为的行为，依然终日里饮酒作乐。周围的人没人敢劝他，他自己也说："谁再来烦我，我就杀了谁，杀到没人敢来劝谏为止。"太宗对承乾由失望转为了绝望。这样一个不争气的儿子，我该怎么办啊？太宗遥望昭陵对死去的长孙皇后频频发问。我若废了承乾，是对不起你皇后啊！我若不废他，是对不起大唐社稷啊！我该何去何从啊？太宗老泪纵横，体会到了自己在夺位时李渊的心情。难过归难过，李世民还是要坚持着处理政务。媚娘看到李世民的痛苦，她没有行动。李世民是她这一生中最为崇敬的人，但是她知道，在李世民心里，她什么都不是。李世民不肯多看她一眼，她根本没有说话的份。

经手下人提醒，承乾终于意识到了问题的严重性，他串通了自己的叔叔王元昌、吏部尚书侯君集、中郎将李安俨等官员打算谋反，直接取代自己的父亲称帝。当然，李泰也一直没闲着，此时更是紧锣密鼓地进行他的夺位计划。一场宫廷政变一触即发。

而可笑的是，还没等承乾和李泰动手，齐王祐先造起反来。太宗的这点遗传基因还真没有浪费，这些儿子就没几个消停的。李祐与李承乾差不多，浪荡公子一个。太宗得知消息后，十分气恼，将李祐关进大牢，交由刑部审问。李承乾一听李祐造反不禁轻蔑地哼了一声，接下来对手下人说："我住在宫殿的西边，距离宫廷只有二十几步远，我们的事情怎么能是小小的李祐可以比的呢？"这话放到那里还没凉，他自己就被牵出来了。这又是怎么一回事儿呢？原来在审问李祐的时候，牵连到了李承乾，而李承乾的部下也不是什么守节之士，经不住轮番审问，就将李承乾要谋反的事全部抖了出来。太宗不太敢相信，赶紧将案子交给最信任的老臣长孙无忌和房玄龄来审。结果，证据确凿，不由得太宗不信。太宗气瘫在龙椅上，这还了得！我还没死呢？你们就这样，眼里甭说是亲情了，就连一点儿尊重都没有。你们当我是你爷爷好欺负啊？好，给你们点儿颜色看看。一气之下，太宗废了太子李承乾。好，该废，把大唐江山留给这么一个败家子儿，还有什么希望？太宗回到后宫，痛苦万分，这个孩子是他从小看着长大的，小时候多么招人喜爱，懂事听话、聪明活泼，现在怎么会变成这样。我哪里有疏于管教么？皇后啊！对不住了，我要对得起列祖列宗啊！这时候媚娘也为太宗感到寒心，同时也更加佩服太宗的果决。媚娘更加清醒地认识到，宫廷之战就是你死我活。一旦斗争就只能斗到底，没有任何回头路可走。

本来太宗是想立二儿子李泰（当时已经是魏王）为太子的，但是老臣长孙无忌坚决反对。照理说，长孙无忌是不应该反对的。李承乾和李泰都是妹妹长孙皇后的儿子，手心手背都是肉，立哪个，废哪个都不是这个做舅舅的能轻易决断的，他这样坚决地反对李泰做太子一定是有着他的道理的。李泰是长孙无忌看着长大的，这孩子从小爱耍心眼、捉弄人，对下人总是横挑鼻子竖挑眼的。李泰长大后，表面上对长辈们毕恭毕敬，事实上却在朝中安插自己的势力，排挤元老。长孙无忌是看不过眼的，他认为李泰阴险狡诈，不可以立为储君，一旦李泰得势必定会使朝廷大乱。但是，太宗却不这么认为。也是，谁愿意相信自己的儿子如此不堪呢！太宗对大臣们说："昨天李泰在我的怀里说'我能成为父皇您的孩子，是我的福气啊！我有一个孩子，等到我死的时候，就将他杀死，让位给我的弟弟晋王（李治），有谁不疼爱自己的儿子呢？我看他也实在可怜啊！"褚遂良一听，便出列对太宗说："皇上啊，您觉得他可怜，微臣倒觉得他可怕呢！您试想一下：等到皇上您驾鹤西去了，魏王就会占据天下，他还会杀了他的爱子，传位给晋王么？以魏王的言行来看，你要先立魏王就要先妥善安排好晋王。不然，魏王恐怕会先向晋王下手啊！"这话一语中的，长孙无忌是不好这样说的。他们是近亲，实打实的舅甥。怎么能说得如此透明呢！长孙无忌憋了很久的话终于被褚遂良说了个痛快。

太宗不是不知道这里面的利害关系，只是他不愿意接受这个现实。平民百姓的脸尚且不愿意丢，何况是帝王的脸！帝王的脸一丢就丢到全天下去了。太宗也是人，不仅是一家之主，还是一国之主。繁重的国事已经够他处理的了，这又来了这么一档子叫人揪心的烂事儿，太宗实在顶不住了，竟然在大臣面前失声痛哭起来："你们还要朕杀了自己的儿子，朕实在是做不到啊！"

就在太宗商量着怎么处理李泰的时候，李泰也没闲着，他怕太宗立李治为太子，就跑到弟弟李治这里来，威胁李治说："你和汉王李祐的关系不错，现在太子和汉王都因为谋反被处决了，你不怕么？"李治本就是个胆小的人，听哥哥这么一说，大气都不敢出了。之后李治就终日里担心着哪天会不会被心狠的哥哥给杀了，所以，整天愁眉紧锁，闷闷不乐。太宗看了奇怪，平时这个孩子总是父王前、父王后的，这几天是怎么了？太宗便询问起李治来。李治开始还不肯说，后来看太宗火了，就将实情和盘托出。太宗听了愣了好半天。他想什么呢？他在想，李泰啊李泰，不是我相信你，是我太愿意相信你。可是你都做了些什么呢？你哥哥对我说是你逼他谋反的，我还不愿相信，认为他是狡辩。可是你呢！你又跑到你弟弟这里威胁起他来，真是太让我失望了。太宗想来想去，还是立李治为太子吧。

可好，李治是鹬蚌相争，渔翁得利。天上掉下了个大馅饼，一下子砸在了他身上，差点把李治给砸晕了。李治对于自己做

【第一章】武氏有奇女

太子是想都没想过的，他不像其他皇子对权位感兴趣，他喜欢舞文弄墨，如果他不出生在帝王之家或许是个可以传世的书法大师。李治身上文人的气质太浓郁。善良、敏感、柔弱、不喜争功。如果是做自己的接班人，可以说太宗对李治并不太满意。他太了解这个儿子了，他宽厚、仁爱，但是不够果决，他满腹经纶却缺少雄韬伟略。但是，他是长孙的儿子，只有这一点就够了，其他是可以慢慢培养的，太宗也只能这样安慰自己了。

太宗知道李治在朝中没有两个哥哥有声望，他是自己第九个儿子，除了承乾和李泰以及李祐中间还有五个皇子，怎么轮都轮不到立他做太子。何况平日里李治又很少与大臣交往，大臣们多半是不愿意臣服他的。这时的太宗是有些偏心的，因为他爱长孙，所以要立她的儿子为太子。于是，太宗想了一个办法，让大臣们臣服李治。什么办法呢？太宗是个聪明人，聪明人做事自然是很高明的。

这一天，太宗将大臣召到两仪殿中，注意，是两仪殿，而不是朝堂。朝堂是皇帝要高高在上，除了侍女、太监，大臣是很难靠近的地方，而两仪殿则不是。在两仪殿太宗对大臣们说："我的儿子做出这样荒唐的事来，我实在没有脸见诸位爱卿了。"说着拔出剑来就要自裁。这下可吓坏了左右的大臣，他们急忙跑上前去阻拦。这是太宗料定了的，不然也不会在两仪殿召见你们，方便你们阻拦我。当时长孙无忌就在身边，握着太宗的手腕不让他动。太宗将剑指向李治，长孙无忌是何等聪明的人，立即知道了太宗的意思，就说："皇上，请您明示吧！我们都听从您的吩咐。"太宗放下剑对大臣说："我想立李治为太子，你们看怎么样啊？"长孙无忌一听，这还不好么？反正都是自己的亲外甥。虽然李治没有太宗的英明，但总归还是有些德行的。况且他没有治国之智，却有用人之明。长孙无忌第一个表示赞成，其他大臣见太宗决心已定，也没什么话说了。

都废了两个了，再不行就说不过去了。

太宗见状对李治说："大臣们愿意拥护你，你还不谢恩？"李治这才急急地给大臣们叩头，就这样，这块疯狂的幸运面包就砸到了柔弱的李治身上。

非伦之恋

当上太子的李治可谓爱情事业双丰收。太宗年老，急切希望李治能撑起这份江山。于是，加紧对他进行帝王式的魔鬼训练。太宗整天把李治拴在自己身边，教他治世之道以及驾驭百官之术。无论大事小情都要叫李治来问一问，不放过任何一个教导他如何做好一个君王的机会。

李治频繁往来太宗宫殿，引起了一个人的注意，这个人就是媚娘。李治，有文人的儒雅气质，对宫里的人一向以礼相待，即使是侍女也不会有所轻视。媚娘在太宗宫中伺候笔墨，与李治能经常见面。李治看见媚娘也是以礼相待，不菲薄她的才人身份。媚娘在李治这里找到了一份尊重，这是媚娘愿意接近李治的原因之一。

在李治眼里，媚娘是有些特别的。媚娘不似其他女人那样端腔拿调，而是很麻利地做事。话不多说，脸上也不堆笑。见惯了女子逢迎的李治对媚娘产生了一点莫名的情愫，总是很渴望见到她，于是，总是往父王宫里跑。太宗以为李治上了轨道，一边为他高兴，一边放松了对他的监督。媚娘和李治间或有独处的机会，这样的机会一多，就容易发生故事。

李治是长孙的小儿子，又深得太宗疼爱，依赖心理比较强。他本人感情又极为细腻，对粗犷、强大的事物较为好奇和倚重。可以说，是媚娘身上的野性和强悍对李治产生了致命的吸引。而李治对媚娘的一份尊重，也让媚娘有一种得到荣耀的快感。随着两人接触的增多，各自心里都渴望接近对方。只是碍于伦

理，不能如愿，但两人眼神的交汇却从未少过。

在深宫里的女子不光要忍受互相倾轧的竞争，还要忍受常人难以忍受的寂寞。媚娘也是个人，而且是个有着强烈表现欲和好胜心的女人，她是不甘于寂寞的。李治对她的关注，恰恰让几乎对宫廷生活绝望了的她又重新燃起了希望之火。当然，这会儿的火更多的是情欲，而不是权欲。

人们总是把媚娘与李治的关系描绘成很不堪的勾引关系。而且过错方似乎都在媚娘。其实，这是有失公允的。如果只是李治看上了媚娘，而媚娘对李治没有一点心思，李治也断然不会与媚娘扯上任何关系。不为别的，就为媚娘是太宗的女人。太宗还没有过世，他有这个贼心也没这个贼胆。如果只是单纯的媚娘喜欢或是想利用李治，而李治不喜欢媚娘，那么，他们也是不会有任何关联的。李治身边也不缺少漂亮女人，他怎么就会要自己父亲不愿意多看的女人？两个人在当时必是彼此喜欢对方的，感情这东西越压抑，就越强烈，越想得到，因为大家还保持着原始的朦胧美与想象美之中。

女强人一般有一个通性，那就是自尊心强，她们不容易爱上一个比自己强大的男人，因为比她强大的男人容易役使她，使她的自尊心受到伤害。而强大的男人也不愿意受女强人的控制，所以，和女强人配偶的多数都不是很强的男人，两个个性太强的人在一起肯定容易起冲突。婚姻或是恋爱可不比做经济，强强联合能使效益最大化，婚姻里强强联合容易让人不幸福。李治爱媚娘是因为媚娘的强，媚娘的见解可以弥补他自身的不足。

在贞观十八年时，高句丽派兵袭击了大唐的藩邦新罗，太宗很不高兴，决定亲自带兵攻打高句丽。大臣们都劝他不要去了，一来路途遥远，对战争来说不是什么好事，二来岁月不饶人，年纪大了老胳膊老腿未必管用了。太宗也是个好胜的人，他还是要扬一下威的。太宗没有听从众人的劝告，执意带着兵出发了。

就在饯行的时候，太子李治怕太宗这一去再也见不到父亲了，便不由自主地哭了起来。在马上端坐的太宗这个气啊，你说说这个儿子有什么出息？我还没叫你出征呢！你哭什么？就算我会战死，你也用不着这样哭，真是枉做了我李世民的儿子。李世民厉声阻止李治哭下去，而后扬鞭而去。媚娘见到李治这样失态，又被自己父亲痛骂，不免有些同情。媚娘知道李治是个感性的人，见不得生离死别，此时的她心疼李治的成分是多一些的。并不像有的后来人所说，是鄙视李治的妇人之仁。如果李治像自己父亲李世民一样披挂上阵，那媚娘只会敬重他而不会喜欢他了。

在这之后不久，被废掉的太子李承乾在流放黔州时死去了。李治听到这个消息后，又是一阵感伤。怎么说都是自己的亲哥哥，在一个房子里长大，一起读书，一起玩耍，大哥又没做过对不起自己的事，所以李治的悲痛不是装出来的。媚娘对这个是可以理解的，非但没有觉得他太女人气，反而觉得他挺重情义的，媚娘对李治是信任和关爱的。因为太宗在外征战，用不着侍女，所以媚娘就成了太子的侍女。就是这段时间，媚娘对李治多了些了解。媚娘在李治身边好言相劝，李治深感媚娘在他身边的重要，就更加喜爱她了，两个人的感情就是在这个时候急剧升温的。

尽管两人的感情加深了，但是仍没有做出什么非分之举。凭什么这么说呢？太宗走后，原来的宫女、太监都来伺候太子了。太子身边的下人一下子多了一倍。他们进进出出忙个不停，就算李治想和媚娘多说几句话都要找机会，所以两个人还只限于柏拉图式的爱恋。但这种时刻或许是最美妙的，互相之间渴望在一起，又不能在一起，这就多了一份苦涩的甜蜜。这种感

情压抑得越久，就越让人难以忘怀。李治后来还惦记媚娘或许也是聚少离多的距离之美所致。

贞观十九年冬天，太宗终于肯班师回朝了。天气太冷，仗不好打。与高句丽的战争没有多大进展，太宗灰心丧气地回到长安。经过战争，再加上风寒，太宗累病了。太宗躺在病榻上，情况时好时坏，开始以为撑一下就过去了，谁知祸不单行，这时大家最喜爱的小女儿不幸死去。太宗很伤心，一个多月吃不进东西，整日以泪洗面。人到老的时候，感情会变得脆弱。太宗也是如此，他对周围发生的事经常会悲观起来，会常常叨念是不是自己的时日不多了。每每听到这里，李治和媚娘就会忍不住难过。太宗还是渴望能多活些时日的，于是找来人给他炼丹，希望能通过吃丹药延长自己的寿命。结果，药越吃越多，精神却越来越萎靡，搞得太宗整天心神不宁的。贞观二十三年的时候，更不幸的事情发生了。和李世民出生入死，最为太宗倚重的爱将李靖也永远离他而去了。太宗悲痛不已，以为自己可能难以挺过这一关了，于是前往终南山养病。但是太宗并没有停止服用他的丹药，在疗养期间，他还是吃天竺方式炼制的丹药，结果导致上吐下泻，病情愈加严重。

这段时间，媚娘与李治每天在终南山的宫中服侍太宗，太子终日忧心父亲的病情。一方面，李治确实是个孝子，他连哥哥死都会难过不已，更何况是自己的父亲。另一方面，李治是个依赖性很强的人，父亲一死，这偌大个王朝就要靠他自己支撑了，他没有信心能像父亲那样撑起李氏江山。媚娘也难过，此时的她心里清楚，一旦太宗归西，自己的前途就会更加没希望。因为她不是嫔妃、也没有子嗣，什么依靠都没有。虽然看得出李治是喜欢自己的，但是这有什么用呢？李治会为了爱情置礼教于不顾么？这时，媚娘对自己前途的担忧远远胜过了对太宗病情恶化的难过，她无法得知自己命运的走向。在太宗忽而清醒忽而糊涂、李治最无助的时候，媚娘一直陪在李治身边，宽慰李治。媚娘说："太宗是治世的英才，会万世留名的，他还留给你这么多大臣，你不用担心自己不能胜任，而且我也相信太子你会像太宗一样做个好皇帝。"李治听了很是感动。可见，媚娘较之前成熟了很多，至少知道去揣摩他人的心理了。李治看到娇媚的媚娘竟有如此强劲的生命力，越看越喜欢，不知不觉将媚娘揽在怀中，媚娘也顺从地听任李治摆布。

太宗最终还是以他的步伐走向了他的另一个世界，在病危之际，他召见了自己的老臣长孙无忌和褚遂良，将后事做了交代。他对老臣说："太子是仁慈的人，你们要好好辅佐他，不要辜负了我的嘱托。"又对太子李治说："有这两位贤臣辅佐你，你不必杞人忧天。"接着又召见了自己的妃嫔以及太子妃。太宗目视李治和太子妃王氏，对长孙无忌和褚遂良说："这两个孩子就交给你们了……"话说完后，太宗慢慢合上了眼。大家哭天抢地了一番，也就各自做起了自己的事。媚娘也大概知道了自己的去向，最为清苦的生活很快就要向她走来。她又该怎样应对呢？

否极泰来

贞观二十三年，22 岁的太子李治继位，是为唐高宗。此时的媚娘已经 26 岁了，李治即位后，颁布命令大赦天下，对文武百官加官进爵。长孙无忌被封为太卫兼任中书令，李勣为宰相，立太子妃王氏为皇后。封皇后的父亲为魏国公，母亲为魏国夫人。

升一批、进一批，必然也要放一批。不然皇宫再大也禁不住只进不出啊！唐朝人还是很聪明的。按照唐朝宫廷的规定，后宫没有生养子女的嫔妃们要到皇家寺院里削发为尼，青灯古佛了此一生，武媚娘就在这一行列中。而此时身为妃子的徐惠，

也没有子嗣。按规定她也要到寺院里去，但是徐惠是个痴情的女子，愿意陪太宗一起死。太宗死后，她滴水未进，绝食而死。倘使徐惠真是为殉情而死，太宗这一生算是非常圆满了。

媚娘是不会为太宗殉情的，因为当时她的情不在太宗身上。太宗在世，没有对她有过多关注。她只能随同其他没有子嗣的嫔妃一起前往感业寺，陪伴古佛。

在赶往感业寺之前，李治是一定会见媚娘的。史书上虽然没说，但是我们不难推测，两个人正如胶似漆，被生生地给分离开，怎能不悲惋缠绵呢？见是见了，但这也不能改变媚娘必须进感业寺的命运。这是祖宗的规定，表面上不能不遵守。李治自然好言相劝，说一些隔靴搔痒的话安慰媚娘。末了，也可能出于感情承诺会接媚娘回宫。媚娘自然是将信将疑的，但，多少也是个盼头，之后媚娘不得不起身赶往感业寺。

出发这一天，天气出奇的好，风和日丽，本来是酷暑时节，今天却凉风习习，好像特意为这群不幸的女子开恩一样。媚娘迈出这古老的宫门，心里竟然紧了一下。多少年来，自己一直都盼望有机会能出宫走走，谁知却是这样的走法，也许这辈子都不能回来了。太阳有些耀眼，刺得媚娘头有些疼，心有些痛。李治是会忘记自己的吧！他身边莺莺燕燕那么多，怎么会记得我呢！媚娘此时没有任何念头，爱情、前途对她来说是一起失去了。媚娘脸上挂着凄美的微笑，满车的人有什么过错呢？她们只不过是没有子嗣而已。这就是我们女子应该有的命运么？媚娘忽然很不平。为什么男人就该三妻四妾，而女人却要在男人死后还为他吃斋念佛？媚娘有些恍惚了，甚至有一刻她差点昏厥过去。

有些人总是喜欢写媚娘在这个时候胸有成竹或心如止水。这些简直可以说是笑话。任何人也不可能在这个时候，没有任何心理活动的，就算绝望到极点也会发出一声长叹吧！把前途压在一个身边有众多美女环抱的人身上，她能胸有成竹吗？这个时候，她能想到的只有一个等和一个愤。

媚娘坐在前往感业寺的车上回忆起自己十二来的生活。她付出了什么，又得到了什么呢？付出的是青春，得到的是落发。徐惠殉情而死，而自己没情可殉。想到李治，帝王的爱情又怎么可以轻易相信呢！说不定明天就把我忘了，我难道要这样生活下去？我能忍受这样的寂寞么？我要怎样摆脱这样的生活呢？这些问题在媚娘脑海里时时刻刻盘旋着，折磨着媚娘不甘寂寞的心。

终于到了感业寺。感业寺依山傍水而建，这里风景秀丽，空气清新，是个修身养性的好地方。但对于生命力旺盛的媚娘来说简直是牢笼，这里没有了往日的喧闹，只有木鱼的当当声；没有平日的华衣美食，只有粗茶淡饭。媚娘望着眼前的生活有些不知所措，就这样打发自己的一生？此刻，李治温柔的眼神浮现在她的眼前，如果能见到李治或许不会这样孤寂的，即使没有先前的宫廷生活，也不至于孤苦伶仃。女人，就算是再刚强的女人在最危难的时候，也希望有个男人在身边给自己一些温暖，哪怕这个男人给不了她温暖，之后刚强的女人才会想办法突出重围。

媚娘做《如意娘》是有一些目的的，但也是她的真情流露。一个十四岁在宫中生活的女人，能接触多少外界的男人？除了太宗和几个皇子，她脑子里真的搜不到别人，而给予她温暖的只有李治，她不想李治还会想谁？一群断了发的妙龄女子，在清冷的尼姑庵里又怎能平静呢？怨天尤人的有，郁郁寡欢的有，寻找机会逃走的也有，谁也不想老老实实地在这佛门之地清修。

媚娘听着老尼姑嘴里念的经，心头一阵阵烦乱，这样的生活比宫中还寂寞。虽然有了相对的人身自由，但是根本没有可

以打发时间的办法，这样清淡的生活真的不适合媚娘过。她需要的是惊涛骇浪、浓墨重彩的繁盛生活，这样的生活简直让她崩溃，她时时刻刻盼望着离开这个鬼地方。对现实生活的不满和对李治的思念，将媚娘的心绞揉得乱七八糟。

媚娘是个不一般的女人，她现在能明确判断出自己想要什么了。她要进宫，哪怕只做个宫女，也不要做尼姑。李治不一定会娶她，但说不定会让她进宫。这时候，李治是媚娘唯一的希望。她希望李治能想起她，也希望李治能够到感业寺来，只要李治来到感业寺她就有办法回到唐宫。只是这个等，她自己也不确定能不能等来，这就要看她的运气了。

媚娘在感业寺住了三年，三年里媚娘将这几年在宫中的生活反反复复地回顾着。哪些事应该做，哪些事不应该做，哪些话应该说，哪些话不应该说，说话、做事要怎样达到自己想要的结果。媚娘总结着自己在宫中的得失。总结归总结，媚娘等在感业寺三年，心灰意冷，她认为李治已经把她给忘了，不然怎么会三年都不见李治有任何动作呢？不管怎样，还是要活着，活着就有希望。媚娘不是没想过逃走，可是逃走又怎样？她是皇上沾过的女人，逃走后一定会被四处通缉，难道要东躲西藏地躲一辈子？就算逃走了自己也已经徐娘半老，不会再嫁到好人家，难道要平平淡淡地过一辈子么？媚娘不甘心。后来媚娘发现感业寺里有很多经书，媚娘本身就是个爱读书的人，经书可以帮她平静内心，顺便打发百无聊赖的时光。

就在媚娘几近绝望之际，一个天大的好机会降临在她的头上。感业寺的老尼告诉媚娘，李治要来感业寺为太宗祭奠了。媚娘初听到这个消息，还不敢相信。冷静下来后觉得这是一个好机会，必须得抓住它，否则就永无出头之日了。三年不见，李治身边一定有喜爱的女人了。怎样才能打动这个曾经对自己如痴如狂的男人呢？媚娘没有忘记李治的多情和念旧。李治对父亲、兄弟的情谊媚娘是看在眼里的，所以她要用软刀子扎这位仁爱的皇帝。此时的媚娘想接近李治主要是出于功利性，感情因素已经不大了。寂寞的三年足可以荡尽一个女人心底残存的温情，媚娘很现实地面对自己的前程。媚娘打定主意以柔克柔，于是写了《如意娘》等待李治前来上香。

这一天终于到来了！李治望着这些似曾相识的面孔，眼睛在急速地寻找着一个人的身影，这就是和他曾有过约定的媚娘。李治身边有女人没错，但是这些女人都没有媚娘对他的吸引力大。他也曾想过到感业寺来看看这个特别的女人，可是，他有孝在身，不能轻易到感业寺来。他对媚娘的思念多过媚娘对他的思念，媚娘是一寸相思一寸灰，李治是剪不断、理还乱。李治终于见到了媚娘，媚娘的眼泪在眼圈里打着转转，李治看得有些心酸，心里觉得对不住媚娘。但是，这么些大臣、随从在身边他无法给她安慰，只能默默地看着媚娘。媚娘动了动手里的丝巾，李治明白媚娘是有话要跟他说，只是不方便，兴许会有书信给他。在李治例行公事之后，媚娘找了个机会将《如意娘》暗中递给了李治。当晚，李治打开《如意娘》：

看朱成碧思纷纷，憔悴支离为忆君。

不信比来常下泪，开箱验取石榴裙。

李治看罢深为感动，不光是他思念她啊！原来媚娘也在这样思念着他。宫廷里的女人多是为了争宠才在他面前曲意逢迎，而媚娘却是在这荒凉的寺院里一心想着他，这是多么厚重的情谊啊！李治因为被他心里的女人爱着感到莫大的幸福。只是李治还不知道，此时的媚娘已经不是三年前的媚娘了，在她心里爱只不过是借以攀援权力的阶梯而已。

李治看到这样情深意重的诗句，再也抑制不住拥抱媚娘的冲动。于是，在细心的安排之下李治与媚娘见面了。《资治通鉴》上说两人相见，你也哭、我也哭，很有久别重逢的气氛。

这时候，两人确实是动了感情的。一番云雨之后，李治承诺将媚娘接回宫中。李治想不想接媚娘回宫呢？当然是想的，但是这不是一般的事。媚娘的身份是最大的障碍，第二大障碍就是王皇后。后宫的事是由皇后管理的，媚娘若要进宫必须经过王皇后同意。上天待媚娘不薄，给了媚娘一个她和李治都没有想到的机会，因为这个机会所有问题都迎刃而解了。这是什么机会呢？

这个机会就是李治后宫的争宠事件。原来，高宗李治的皇后和妃子正在上演后、妃争位的大戏，王皇后与萧淑妃之间的硝烟弥漫了整个后宫。高宗的皇后王氏系出名门，端庄贤淑、严肃美丽。正是她的严肃要了她的命，她若是在太宗一朝也定会得太宗喜爱，但是她是李治的皇后，李治是什么人？李治是内心敏感又自尊心颇强的人。王皇后整天板着个脸，没有一点儿生气，王皇后高傲的样子总是让李治敬而远之。后宫佳丽这么多，我干嘛要看你的脸色过日子，所以李治一点也不愿意到皇后宫里去。除非迫不得已，不然连见都不愿意见她。

李治不来皇后宫，总得有地方去啊！李治选中了一个地方，这就是淑妃宫。李治下了朝就往萧淑妃宫中走，恨得王皇后牙直痒痒。萧淑妃是李治当太子时候的侧室，长得是闭月羞花，且性格泼辣、爱撒娇。人们传说，萧淑妃并不是一个好妃子，恃宠而骄，对下臣较为刻薄。但李治并不在意这个，萧淑妃千娇百媚，总比只会板脸的王皇后赏心悦目。她萧淑妃再折腾能折腾出什么来？但冷若冰霜的王皇后实在让人望而却步。实际上，王皇后是严肃了些，但不至于像李治认为的那样不可亲近。哪个女人会对自己的男人冷淡呢？何况这男人还是九五至尊的皇上。但后宫可供选择的机会太多，李治容易抛却皇后另寻新欢，当他恋上别的女子时，王皇后性格上的缺陷他就越发不能忍受了。李治不是太宗那样的人，太宗对女子的要求是识大体、

顾大局，是一个君王对整个后宫的要求。而李治对女子的要求是活泼灵动、最好有些霸气，是单纯一个人的要求。李治对萧淑妃的宠爱使得王皇后十分不满和忌惮，因为撇下皇帝那虚空的爱情不说，长此下去，连自己的地位都保不住了，所以王皇后开始想办法对付萧淑妃。

后来王皇后知道了武媚娘的存在，开始时是气愤异常的：宫里的还不够，还要到宫外面去找！这样下去怎么得了？但冷静下来的王皇后忽然有了个主意。既然皇帝这样多情，那么，引来一个女子，转移一下他的注意力，不让他全情投入到萧淑妃身上去，说不定会达到权力的制约和平衡。王皇后小算盘打得叮当响，这下也正好成全了在感业寺挨苦日子的媚娘。媚娘和李治还真是天造地设的一对，总能在鹬蚌相争中得利。王皇后打定主意要将在感业寺的尼姑接回来，拿她对付萧淑妃。这下可把李治高兴坏了，没想到王皇后还这么深明大义，愿意成全自己。李治又觉得往日对王皇后太过冷落了。有了利用武则天的决定后，王皇后即时行动，首先她找到自己的舅舅商量，舅舅柳奭是兵部侍郎，位高权重，如果他能同意，那么朝中对这件事的反对之声就不会太高了。柳奭听了王皇后的意思，也觉得这事可行，媚娘在朝中除了势力较弱的杨家也没什么依靠了，她应该比较听话，就算不听话将来对付起来也比较容易了。某种程度上讲，人生就是一场博弈，认为自己比别人聪明的人基本上是敢于下注的。只是人生的赌本很大，压的是一个前程。王皇后以为自己下的注并不大，没想到就是这一注，赌掉了自己的身家性命。

王皇后在舅舅的支持下，派人到感业寺吩咐媚娘蓄发。媚娘对此倒是有一些心理准备的，李治离开时曾经说过要接她回宫。他还是守了诺言的，媚娘看到了希望。但媚娘并没有想到是王皇后要她入宫的。媚娘在这边蓄起了发，等待进宫的日子。

这天终于到来了，宫中派出了一顶小轿，将她抬回宫里。

王皇后接媚娘回宫之后，自然会在她面前邀自己的功，我如何如何在皇帝面前替你美言，如何要下臣们接受你的身份等等，媚娘表面上则是千恩万谢，俯首贴耳。实际上，她早已揣摩出了王皇后的用意。在感业寺的日子里，回想起自己在宫廷十二年的经历，期间的阴谋与伎俩渐渐了然于心，谁也不会做无利不起早的事儿，媚娘只是不知道王皇后让她对付的是谁。但媚娘权当不知情，而是表现出一副愚钝的样子。她知道，只有装傻才能保证自己的安全。之后王皇后让媚娘在正宫的侧室住了下来，一方面，有机会接触皇上，另一方面，可以控制媚娘。

媚娘否极泰来，自此以后开始了另一段人生征程。此时的媚娘能想到的或许只是有一天摆脱王皇后的控制，与其他妃子平起平坐，或许更好一点争得皇后的位子，但是这不是目标，只是愿望。很多时候人们过多地考虑一个人行为处事的连贯性，而忽略了人的成长性。人并不是一开始就知道自己要干什么，要取得怎样的成就的，人对自己内心的探索是一个循序渐进的过程。在这个过程里左右自己决定的是自己所处的位置和对周遭事物的认知，而对周遭事物的认知与人自身的经历是有莫大关系的。媚娘在过去近三十年的经历里，明白宫廷斗争的残酷性和不进则退的潜规则，她要做的就是随机应变、力争上游。如果说，现在的她对政权、对皇位有什么企及那就太高看人的思维了。即使是自幼心怀大志的陈胜也不过说："王侯将相宁有种乎？"项羽也是受了刺激后才对项燕说："我要做始皇爷一样的人物。"

人们对于媚娘篡位乃蓄谋已久的说法或许是过于严厉的偏见。不管后人怎么看，媚娘还是以她不紧不慢的步伐走着自己的人生之路。

后宫风云决

第二章

　　皇帝的后宫一向是最有看头的。它表面上歌舞升平、繁花似锦，实际上却是明枪暗箭、硝烟四起。一个男人，一群女人，必定引发一场场血肉模糊的厮杀。这是后宫女人的悲哀，却不是武媚娘的炼狱。后宫的争斗锻炼了武则天处理政治事件的能力，使武则天游刃于政治漩涡之中。

后宫争宠

　　媚娘正式落户唐宫，好不容易重逢的两个人终于可以厮守，李治除了上朝以外，寸步不离媚娘。媚娘也尽其所能地迎合李治，日子过得也颇为滋润。但事情并不像媚娘想得那样简单，好好做妃子，将来有机会再做到皇后。王皇后本来就是要拿她当对抗萧淑妃的工具的，怎么可能容许她安安稳稳地过日子，最后还接她的班呢！

　　媚娘进宫后，如王皇后所愿，萧淑妃确实受到了冷落。李治只知道有媚娘，不知道有后宫。之所以会出现这种情况，一方面与李治确实喜爱媚娘有关，另一方面也是因为媚娘的手段和霸气所致。媚娘深知作为帝王的李治随时可能抛弃自己，所以要趁着这个热络劲笼住李治的心。她揣摩李治的心思，着重跟李治打心理战。她知道李治的性格，也知道李治喜欢什么性格。媚娘时而温柔妩媚，时而声色俱厉，把李治弄得晕晕乎乎的。越是搞不懂的女人，男人越有兴趣，所以李治越发迷恋起媚娘来。王皇后看在眼里，急在心上。这该如何是好，前面送走一个虎，后面又引来一匹狼。王皇后开始琢磨起媚娘来，媚

娘当然知道自己的处境，所以她行事更加谨慎、小心。

公元652年，就是李治当皇帝第四年的下半年，媚娘生了一个男孩，这就让媚娘悬着的心放下了一半。在古代，就是寻常百姓家添了个男丁都会欢天喜地，更别说是帝王的妃子了。生皇子对于后宫的女人来说可是件大事情，"母以子贵"这儿子就是母亲下半生的依靠了。媚娘有了皇上的骨肉，自然就会在后宫有一席之地了。王皇后这个恨呐！恨自己怎么这么没脑子，忘了后宫的女人是野火烧不尽、春风吹又生的。但是，这个时候她拿媚娘却没有什么办法，不能又来搬起石头砸自己脚的一招了。

媚娘感到自己在李治心里和宫中的地位渐渐稳固，是为自己挣点儿什么的时候了。所以媚娘请求李治为自己的父亲追加封号。李治虽然柔弱但是并不昏庸，他知道媚娘是想明正身份，光宗耀祖，这个要求并不过分。武士彟确实是大唐的开国功臣，理应有这样的待遇。但是，时隔多年才提及这个问题，朝廷里的人一定会认为是自己偏爱媚娘的缘故。所以，要扯块遮羞布遮遮丑才行，于是李治把武德时期的功臣都给追封了。这样，媚娘就成了名门之后，出身就不那么寒微了。这个时候媚娘已经被封为昭仪了，如果系出名门，对以后的升迁是大有好处的，就像现在公司里提干，本科毕业证和硕士毕业证是有区别的，武昭仪得先给自己弄个文凭出来才好。其余的是小事儿，什么让自己的亲属来看看自己啦，这些都是人之常情，没有谁在这上面计较。这下杨家以及武家终于算是扬眉吐气了，媚娘在满足虚荣心的同时，野心也在不断地膨胀。她开始不安于现状，她有了更高的追求。当然，她并不着急，十二年的宫廷生活，三年的寺院孤寂，已经让她学会了忍耐。

武昭仪在宫中的地位扶摇直上，王皇后又急又恨。这样一个厚颜无耻的女人，勾引丈夫的儿子，出了家还不老实，我把

你接回宫来，你还不安分守己地过日子，还要四处招摇，竟然还得寸进尺起来，封这封那的。王皇后的内心极度不平衡起来，但一个皇后最大的悲哀不是皇帝不爱她，而是她没有皇后的胸怀和智慧。

武昭仪已经学会了一整套宫廷争斗的战略，她会阳奉阴违，会媚上谄下，会转嫁危机，但是她不会在不该使用的时候使用。媚娘每天照样给王皇后请安，照样把家里人带来的东西进献给王皇后，谁知王皇后就是不领情。每天对她横挑鼻子竖挑眼的，不是骂她狐媚就是说她如何的低贱。女人做到这种程度是十分失败的，你已经没有了爱情，却连最起码的风度都输掉了。就像《蜗居》里宋思明太太和她闺房密友所谈论的："女人无论心里有多龌龊，但举止一定要优雅。"这也就注定了王皇后永远成不了长孙皇后。

武昭仪望着高高在上的王皇后，忽然有些不屑。这样的女人怎么配做皇后呢？和村妇没什么区别，我武昭仪比她强多了，这样的人都能做皇后，我不信我做不了。武昭仪此时有了取而代之的心动。更让武昭仪难以忍受的是，王皇后竟然当着众人面训斥她、侮辱她。武昭仪本来就是个有着强烈自尊心的人，王皇后这样做一下子冲到了武昭仪的肺管子上。武昭仪对皇后的那点崇敬之心荡然无存，对这样的女人没有什么仁慈好讲，你若一直被她踩在脚下，就会永远受她的辱骂。大家都是爹生娘养的，你凭什么对我趾高气昂？武昭仪压着心头的怒火，脸上却还带着谦和的笑。

武昭仪心里清楚，王皇后接自己回来的目的就是对付萧淑妃，现在萧淑妃失宠没了气焰，按照王皇后的个性，接下来就会对付自己了，武昭仪做好了与王皇后一决高下的准备。对于后宫不是你死就是我活的游戏，武昭仪心里清楚得很。她现在不行动是因为时机还不成熟，她不能再冒狮子骢事件那样的险，她需要步步为营。

武昭仪刚生下儿子没几天，又怀孕了。得知这一消息的王皇后气得暴跳如雷。她更加疯狂地对待武昭仪，武昭仪的处境十分险恶，宫中谣言四起，说武氏是狐媚之人，迷惑皇帝，排挤后宫，甚至企图篡夺后位。武昭仪知道这都是皇后勾结萧淑妃所为。皇后还警告武昭仪："这后宫是我的后宫，谁敢坏了我的规矩，我是不会轻易放过她的。"武昭仪听后不觉一激灵，这话说得没错，只要有你王皇后在一天，我的日子就不会太平。王皇后对后宫几乎有生杀予夺的大权，给自己安上个罪名，再折磨个半死打发了是极有可能的。这样的事历朝历代都有，而且屡禁不止，我不能坐以待毙了。王皇后又一次打草惊蛇，要不怎么说她是个不聪明的人呢！之后武昭仪向皇后吐出了狠毒的信子。当然，她比王皇后聪明得多，她绝对不会像王皇后泼妇骂街那样，大喊大闹，她会巧妙地逼皇后走上死路。女人的心一旦狠起来，连老虎都要闻风丧胆。

武昭仪首先要做的就是让皇上知道自己有危险，主要目的不是要皇帝保护自己，而是要为自己将来的行动找到脱口，最起码是自卫反击。李治来到武昭仪宫中之时，武昭仪忧心忡忡地对李治说："皇上您不能太过宠爱我了，这样后妃们难免心理不平衡，皇后要用家法惩治我了，您还是时常到皇后宫里看看吧！安抚安抚她的情绪，免得她伤心。"李治多少也是了解王皇后的脾气的，拈酸吃醋的事她没少干，但是要说对那个妃子动用大刑还是不多见的。所以李治对媚娘的话是将信将疑，于是来到正宫见皇后。

皇后多日没见李治，以为是媚娘害怕自己，劝李治过来看望自己。于是在李治面前说尽了武昭仪的坏话，还说要给武昭仪一点儿颜色看看，不然她不会服从管制。王皇后的不智就表现在这里，第一，她不明白自己的处境，顶着皇后的头衔却得不到皇帝的尊重，更别说是皇帝的爱了，在后宫没有皇帝尊重的皇后，处境比一般的妃子还差。第二，武昭仪挖好的井，她看都不看就兴高采烈地往里跳。你没有德行也就罢了，连智慧都没有，就难怪别人会取代你了。李治看着王皇后丑恶的嘴脸，不免心生厌倦，开口对皇后说："皇后，武昭仪从没有说过你半句坏话，你为什么总是和她过不去呢？"王皇后一听更来了劲头："她是故意这么做的，目的就是叫你迁怒于我，皇上您不能信她呀！"李治听了更加心烦，回了一句："皇后你也应该有点皇后的样子，这样小的气量还怎么做皇后？以前我对淑妃好的时候，你老是说淑妃的坏话，现在我对武昭仪好，你又说起武昭仪来，你这是干什么？"王皇后还要狡辩什么，看到高宗的脸色很难看就住了口。李治实在不愿意在王皇后这里过夜，找了个借口又回武昭仪那里去了。

武昭仪初战告捷，她看得出李治是真宠爱她，这下她更加有恃无恐了。上边的工作做得差不多了，就要安抚下面的人，让下面的人做自己的耳目，这样王皇后有什么行动，也便于自己做好准备。出身并不显赫的武昭仪在这方面独具优势，她经受过苦难，容易与下人们打成一片。而王皇后身在高位，平日里养成了养尊处优的毛病，对下人也不体贴，下人们对她颇有微词。王皇后母亲的行为更是离谱，仗着自己是皇后的母亲、皇帝的丈母娘总是趾高气扬地使唤下人，下人稍有差池便会受到严惩。但武昭仪不仅对自己宫中的下人施以恩惠，对其他宫中接触过的人也礼貌相待。两相对比，宫中的人没有不说武昭仪好的。被她笼络的人监视着皇后和淑妃的一举一动，一有风吹草动，立马告诉武昭仪。皇后平时的寡恩薄施让下人都不愿意接近她，巴不得她被废掉，让武昭仪升为皇后。"得民心者得天下"，武昭仪没白在李世民身边呆。后宫包括李治在内，基本被武昭仪摆平了，剩下的就是取得朝中大臣的支持了。

【第二章】后宫风云决

李治有很强的依赖心理，有这种心理的人多数对自己不太自信。而武昭仪恰恰是个能给人以自信的女子，这也是李治喜爱武昭仪的原因。武昭仪性格里刚毅的因子对李治来说是一种信任和支撑，李治在朝中处理不了的事情，会与武昭仪一起商量解决。武昭仪因为做太宗才人的时候侍候太宗笔墨，所以对政治文书以及政治权术较为熟悉，又因为年长李治几岁，所以处理起事情来干净、麻利。如果武则天甘心做一个男人背后的女人，或许又会是一个贤后。可是武则天不是长孙皇后，也不是徐惠，她要的比她们多。李治对武昭仪的能力刮目相看，李治虽然柔弱，但是他有识人的能力，对于有才能的人，他不会妒忌和迫害。武昭仪对他的鼓励与宽慰使李治更加依赖她，人不管身处哪里，都要做那个不可或缺的人，而不是可有可无的人。王皇后或是萧淑妃对李治来说都是可有可无的人，而武昭仪不同，武昭仪能在他最为无力的时候给他力量。也正是因为李治让武昭仪参与政务，才给了武则天拉拢朝臣的机会。

这一天，高宗下朝归来，心神不宁，左右思量。武昭仪看到后猜想是有什么事让李治拿不定主意了，就问他："皇上，您为什么事烦心呢？昭仪能为您做点儿什么呢？"高宗就说了郑州刺史许敬宗要请辞的事儿。李治不知道让不让他辞。我们说李治是个爱才的人，许敬宗就是个有才华的人，按照李治的意思是不愿意让他辞职的，可是以长孙无忌为首的大臣排挤他，他不得不辞职。李治知道长孙无忌在朝中的地位，不敢轻易作出决定。

李治告诉昭仪，这个许敬宗，祖辈都是大学士，很有文采，许敬宗遗传了父辈的基因也是很有文采的人。贞观初担任著作郎，兼修国史。后撰成武德、贞观实录，太宗加封男爵，升黄门侍郎。后来我当了太子时，做我的右庶子（所谓的右庶子就是类似老师、谋臣一类的虚职，但是是太子的近人。）。后来许敬宗跟随太宗远征高句丽，起草诏书很快就能写好，太宗很是欣赏，对他更为器重。许敬宗是因为向异族的女婿多收了些彩礼被长孙无忌抓到了把柄，才被贬为郑州刺史的。

　　武昭仪也曾听说过许敬宗这个人，只是没有今天听到的这么详细，她对太宗时期的事也较为了解。长孙无忌一直追随太宗，深得太宗器重，占据着国家的要职。人在高位呆久了就不免滋生出不良的情绪来，以长孙无忌为首的陕、甘的名门望族势必会排挤其他地区的官员。这不是普通的高官辞职问题，而是涉及到朝中权力均衡的大问题，可以说是牵一发动全身的事情。武昭仪有着政治家的头脑，她立刻知道了李治的忧心。她对李治说：“皇上您在这个时候要坚持自己的意见。现在长孙无忌、褚遂良等人占据了朝廷的重要位置，而房玄龄、岑文本等人受到排挤，大臣们都在观望您是不是有决心平衡朝中权力的分配，许敬宗如果辞了职，以后就没人敢与长孙无忌他们抗衡了，这样对皇室是十分不利的。我们不如借着这个机会，把房玄龄一派给扶正了，这样他们之间互相牵制才不会对皇家有威胁。当然，这也要一步一步来，许敬宗就是第一步。”

　　经武昭仪这一提醒，李治知道怎么做了。许敬宗被调回中央任职，不降反升。这都是武昭仪的功劳，而武昭仪想让许敬宗知道自然会有办法让他知道。

　　许敬宗回到朝廷后，武昭仪亲自接见了他，一番嘘寒问暖之后，切入正题。武昭仪旁敲侧击地说在朝中多交些朋友对自己有好处，受排挤的时候也有人给说个话。许敬宗也是个聪明人，知道这话有两层意思。第一，要他与武昭仪保持“友谊”，第二，在朝中多拉拢一些重臣。皇上的宠妃这样交代，许敬宗还有什么不放心的呢！放开了怀抱迎四方宾朋。这只是武昭仪拉拢官员的一个例子，随后她又拉拢了一批官员成为自己的支持者，一场轰轰烈烈的夺后之战马上就要拉开帷幕。看来，

"三分靠命运，七分靠打拼"的箴言是有道理的。武昭仪在朝中自己没有任何亲信的情况下，竟然也培植了一批自己的势力，而且是光明正大地培植。你不能不敬佩她的智慧和能力。

勇夺后位

昭仪的阴谋

武昭仪正在与皇后明争暗斗的时候，朝廷中发生了一件令武昭仪瞠目结舌的事件。这个事件让武昭仪看到长孙无忌势力的强大，同时坚定了武则天推倒王皇后的决心。这是件什么事呢？

原来，朝中涌现出了一股反高宗的势力。这就是高阳公主的驸马、房玄龄的儿子房遗爱，以及巴陵公主的驸马柴令武在一起谈论丹阳公主的驸马薛万彻想拥立荆王李元景为王的事儿。这件事后来被长孙无忌探知了，长孙无忌想利用这个机会排除异己，将在朝中反高宗及反自己的势力铲除。

高宗仁爱，不忍心将自己的叔父李元景以及一班参与此事的人处死，于是对长孙无忌说："你看看啊！荆王是我的叔叔，

就赦免了他的死罪吧？"长孙无忌沉吟了一会儿说："皇上您宅心仁厚，不想赶尽杀绝，但是我们却不能置国家法律于不顾，如果连这样的事情都不治罪，那么以后再有这样的事情发生我们怎么惩治呢？"高宗没有办法只好治了这些人的罪。有人说，这次事件是长孙无忌谋划的，也有人说这是长孙正直无私的表现。对武昭仪来说，长孙是不是陷害已经无关紧要，最重要的是她看到了长孙在朝中的权力，她想要成为皇后，必须得过长孙这一关。朝中的权力之争更让武昭仪看到了斗争的血腥性，一方胜利就意味着另一方的灭亡，她不能被王皇后打倒。武昭仪下定了扳倒皇后的决心。

怎样扳倒皇后是个大问题，要先有个罪名才行。这个罪名一定要大，最好是害命的。人命关天，想不被废都不行。但皇后可不是轻易杀人的人，即使害过谁，也不是能轻易查出来的。废后需要天时、地利、人和。天时，还算有，现在的李治与自己如胶似漆，凡事都问询自己的意思。人和，也算做到了一半，宫中的宫女、太监都与自己交好，外廷里也有了一部分自己的人。地利，在哪里呢？谋害皇后的地方没有，暗杀是最下策，不到万不得已，谁都不会用。

武昭仪的运气还是不错的，这个地利的条件，她没有等多久就有人给她创造出来了。这个人不是别人就是王皇后自己。自从李治上次训斥了王皇后之后，王氏自觉在李治心里没了地位，希望能通过假意与武昭仪交好，来缓和帝后之间的矛盾。于是，皇后三天两头地往武昭仪宫里走。一段时间内王皇后与武昭仪也似乎冰释前嫌，出现了后妃和美的景象，李治也颇感欣慰，只有后妃双方知道这里面有多少虚情假意。

公元前654年正月，武昭仪又生下了一个小公主。时间过得飞快，转眼五个月过去了。五月大的小公主已经会逗人笑了，会做很多表情，武昭仪和李治都很疼爱这个女儿，李治一有时间就会跑到昭仪宫里来逗小公主开心。皇后偶尔也会来抚弄小公主，但她眼里更多的是妒忌和怨恨。女人的妒忌是很可怕的，她可以毁灭一个人，武昭仪对这些都看在眼里。这一天，皇后又一次来到昭仪宫看小公主，武昭仪看出了皇后眼神里的羡慕和愤恨，不无挑衅地说："皇后喜欢，孩子长大了可以让她做您的女儿啊！"皇后听了一愣，冷冷地说："你还是自己留着吧！"说完转身走了。武昭仪看着皇后的背影，心里产生了一个罪恶的念头。这个念头产生后也吓得武昭仪一激灵，她也不明白自己怎么会有这样的念头，但是，这个念头一产生就像油锅里沸腾的油，时时灼烧着她的内心，让她寝食难安。这是一个关于自己命运和血肉亲情的抉择，如果处理得好，没有谁会怀疑到自己，也必定会在宫中和朝廷上引起轩然大波。如果处理不好，不但会白白牺牲了自己五个月大的女儿，还会搭上自己的命。武昭仪想到这里又是一个寒战。看着自己的小公主，这是一个生命啊！母亲要不是事出无奈也不会出此下策，生在帝王家不见得是你的福分，长大了是一场政治婚姻，说不定还会远嫁外邦，生死也难控制。武昭仪这样想着，心理稍稍舒坦了一些。武昭仪到底要干嘛呢？她要谋杀自己的亲生女儿嫁祸给王皇后，希望借此一搏上位。武昭仪在苦苦挣扎之后，终于下定决心用女儿的命换自己终生的地位。母亲呀，母亲呀，谁叫我生在帝王之家呢？我用性命满足你的欲望，也就算是报了你带我来到世上五个月的恩了。武昭仪知道什么是心碎，她更知道什么是自己最想要的。

武昭仪计算着平日李治到来的时间，自己该出场的时间，谋划着必要的安排、实施的步骤等一系列与行动有关的细枝末节。

武昭仪准备就绪之后，按照计划好的时间去请皇后过来，皇后也没多想，就跟着下人们来了，结果，宫女们回话说，昭仪临时有事儿出去一趟，一会儿就回来，请皇后等等她。皇后在昭仪宫中逗留了一会儿，等不耐烦了就摆弄了小公主几下。小公主咯咯地笑了几声，王皇后觉得厌烦，便起身告辞了。皇后走后，躲在一旁的武昭仪便开始行动起来。她急急地掀开被子，看着小小的公主还在张着双臂让母亲抱抱的样子，武昭仪眼泪一下子掉了下来。但武昭仪知道这样的机会太难得了，必须马上动作，否则前功尽弃。武昭仪一边用被子蒙住孩子的头，一边把脸转向一边。小公主在被子里蹬着腿，脚脚都蹬在武昭仪的心上。孩子终于停止了挣扎，武昭仪探了探孩子的鼻息，没有了，一个小生命就这样结束了。武昭仪来不及多想，按照计划先是惊叫起来。听她这一叫，所有的宫女、太监都聚拢过来看是怎么回事。结果发现小公主已经死了。这下宫里可炸开了锅，大白天的出了人命，而且这不是一般的人命，是皇上的女儿，所有的下人都慌了。

正在大家乱作一团的时候，皇上来了。高宗来并不奇怪，他几乎每天都要来看望小公主一次，时间也都差不多。不然，武昭仪也摸不着这个规律，更难把握自己作案的时间。武昭仪见高宗来了，就大哭起来。问左右的人，小公主怎么死掉的，有谁来过昭仪宫。左右的人自然实话实说，告诉昭仪，皇后来过，还摆弄了小公主好一阵子。实际上这是武昭仪故意问的，明明就是她派人请皇后来的，怎么还问谁来过？高宗不明就里，一听说是皇后来过，联想到皇后数次嫉妒其他妃子、排除异己的事儿，高宗火往上撞，认定了是王皇后杀死了自己小公主。武昭仪不失时机地哭天抢地，添油加醋地诉说之前在皇后那里受到的种种不公，高宗一听更加气愤，前去宫中找皇后质问。

王皇后从昭仪宫里回来之后，一直心绪不宁，似乎预感有什么事要发生。正在坐立不安之时，听外面喊皇上来了。王皇后不知道皇上怎么会来，但她知道皇上来她这里不会是叙旧情的，这是她的经验。果真，皇上怒气冲冲地冲了进来，指着皇后说："你这歹毒的妇人，竟做出这样残忍的事情！真是枉做皇后！之前你拈酸吃醋朕也就不跟你计较了，而今你竟干出这种泯灭人性的事，简直恶毒到了极点，朕不会放过你的！"王皇后听得一愣一愣的，这是怎么了？我近来已经很谨小慎微了，没做出什么出格的事啊！皇上莫非打了鸡血，这样质问我？正要开口问原因，高宗说话了："武昭仪到底哪里得罪了你，你连五个月大的小公主都要杀？""皇上，你说什么？小公主？小公主怎么啦？""你还跟我装，死不承认？""我装什么呀，皇上？"高宗气愤地控诉王皇后的"罪状"。王皇后听后都傻了，怎么会有这样的事？自己走时小公主明明是好好的，怎么会这么短时间就死了？要说是武昭仪陷害，这也不可能啊？哪一个母亲能舍得杀自己的孩子再嫁祸给别人，这怎么也说不过去啊！王皇后百口莫辩，连自己都想不通。高宗见王皇后不作声了，便气愤地丢下一句："是你太不自爱了，别怪朕无情。"高宗下定了废后的决心。

废后行动

废后可不是一件小事儿，甚至关系到整个国家未来的走向。在古代王朝里，如果有皇上的皇后被废，极有可能影响到由谁来继承皇位，以及朝中势力的再分配。所以，立后还是废后一向不是皇上一个人说了算的事情，要大臣们一起商议才能决定，这是王朝的传统。虽然王皇后没有儿子，但是皇后身后的大臣仍不能小觑。

武昭仪明白长孙无忌在朝中的分量，只要长孙无忌点头，事情也就成功了一大半。我们说长孙无忌在朝中的地位不一般，是因为他是前朝的老臣，又是皇帝的舅舅，最重要的，他是先帝临终前将李治托付的人。就是说，李世民的意思是让长孙帮助李治拿主意。而初当领导的李治也多亏了这位老臣不遗余力地辅佐，才稳定了帝位。李治对他既尊重、感激又忌惮，在废后问题上，一定要先征求长孙的意见才可以。

在经过一番筹划以后，李治带着武昭仪屈尊来到长孙府上做客，长孙无忌是何等人物，两朝元老，惊涛骇浪没少经历。对后宫的起起伏伏也没少看过，他闭着眼睛用脚后跟都能想出来李治和武昭仪来他家的目的。他有他的立场，这是个非常棘手的问题，他不会轻易发表意见，因为处理不好可能连性命都保不住。

李治当然不会直奔主题，这么大的事儿，又不是什么光彩的事，总要先试探试探才行，所以李治一个劲拐弯抹角地绕长孙无忌。长孙无忌心想：小屁孩儿，你才当家几年啊，就跟我玩儿这套把戏，你还嫩呢！但他态度是相当谦和的。李治当然是有备而来的，这备可是相当大的礼。他先是把长孙无忌的功绩大大地提升了一番，接着就问你们家儿子都干啥呢？长孙无忌就把自己儿子的情况都说了一遍。其实李治早就知道他这几个儿子都干啥呢，不然怎么叫有备而来啊！长孙无忌讲出自己有几个儿子没有学成，没有官职，没有俸禄。李治听到这里高高兴兴地对长孙无忌说："这哪行啊？你是国家的栋梁啊，怎么能委屈我的表兄弟呢！我马上封他们为朝散大夫。"朝散大夫是干什么的呢？朝散大夫就像一般武侠小说里的逍遥王。只是个虚官，不做工作，却拿着很高的工资，而且还享有一定的政治地位。李治就是想用这个笼络长孙无忌，长孙无忌很明白这一点，他不会拒绝，拒绝就代表反对，这样没有实际权力的官职，不犯错误，不落是非，不要白不要！

长孙无忌命令手下人准备饭菜，款待李治、武昭仪等人。

李治看自己的舅舅收了这份大礼又备酒备菜，心里便有了些着落。酒席开始不久，李治便转入正题："舅舅啊，你的儿

子个个都这么优秀，我真是打心眼里为你高兴啊！可惜啊，王皇后没有儿子，不过还好，武昭仪有儿子。"言外之意就是，舅舅你看，你的儿子我都给安置了，我的儿子你也帮忙安置安置，而要安置就要先安置儿子他妈。长孙了然于心，于是，顾左右而言他地说："是哦，武昭仪生了个儿子，来，来，老臣恭贺您一杯！"说着举起酒杯一饮而尽。放下酒杯，又是给昭仪满酒，又是给皇上夹菜。李治、武昭仪一看，这是没打动我们的国舅爷啊！于是，加大了剂量。武昭仪不好说话，便在一旁给了李治一个眼色。李治又转个话题说："舅舅，我从宫里出来也没带什么大礼给你，有几车金银和绸缎权当这些年你为国家奔走的奖赏了。"李治吩咐一声，将几车金银及绸缎搬到长孙面前，长孙一个劲儿地谢恩。李治说："舅舅，您看我虽然拥有天下，但是皇后没有儿子，武昭仪有儿子……"好嘛，又绕回来了。长孙倒是沉得住气，还是不表态，还是让人吃东西，结果李治和武昭仪无功而返。武昭仪见公孙不表态，心里很是不快，仇恨的种子就此埋下了。

武昭仪通过长孙无忌的表现看明白了皇后在朝廷中的影响力。小公主之死因为没有确凿的证据，无法治皇后的罪，接下来要做的就是拿到或者说制造出确凿的证据来撼动王皇后在朝廷中的地位。人一旦做了坏事就很难停手，武昭仪知道自己已经不能也不可以回头了。她一定要取得皇后的位置，否则，她的小女儿就白牺牲了。

很快，武昭仪找到了一个机会，这个机会就是王皇后与她的母亲一起用巫术诅咒高宗和她死的事。这可是大罪，诅咒当今圣上是欺君的大罪，而且这是有证据的，绝跑不掉。这又是怎么一回事呢？原来，王皇后见李治不信任她，便让她母亲到宫外刻了高宗和武昭仪的小木人回来，用针扎在自己最痛恨这个人的地方。结果被武昭仪的耳目给发现了，告诉了昭仪，昭仪再怂恿李治去皇后宫里找，一找找了个正着。皇后就此被废掉了。但后人对此颇有争议，有的说是武昭仪故意栽赃陷害，有的说是王皇后自作自受。公说公有理，婆说婆有理。但不管怎么说，这是武昭仪最想得到的结果，就算这个"厌胜"不是武昭仪搞出来的，她也会想出别的办法来对付王皇后，她的位置，她的性格决定了她肯定这样做。

高宗对此很愤怒，下令禁止王皇后的母亲柳氏再入宫，罢吏部尚书柳奭，把他贬为遂州刺史。皇后在朝中的势力受到重创。武昭仪看到自己当皇后在朝中遇到的阻力很大，便退而求其次，请高宗封她为妃子。按照唐朝宫制，妃只有四位，唐宫中四位全占满了，那就在四妃之上再加一妃，起名为"宸妃"，"宸"就是北极星的意思，就是说只有武氏才配做高宗的妃子，这样，武氏离皇后就差一步了。但这一提议立马遭到宰相韩瑗等人的反对。这个"宸妃"武昭仪到底得没得到，各家史书记载不一，《新唐书》和《旧唐书》说她曾是宸妃，但《资治通鉴》记载当宰相韩瑗等人反对后此事被搁置了，没有被封。

母仪天下

后宫易主

在李治为武昭仪争取"宸妃"事件之后，李治和武昭仪一直没有放弃立昭仪为皇后的努力。而武昭仪能成为皇后不能不提一个人，这个人对昭仪成为皇后起了很大的作用。他就是唐宫的中书舍人李义府。

李义府原是一个穷书生，后来做个国史馆的学士，据说此人的人品不怎么样，但是才华出众。事实上，人们说"文如其人"的观点是有些偏颇的。文章写的好的不一定为人就好。严嵩的文章也不错，不也是一个大奸臣？和珅的才学也不简单，还不是照样贪得无厌？胡兰成的文学造诣也算深了，还不是个浪子？"文如其人"不过是文化人给自己脸上贴的金。真正的人是做出来，而不是写出来的。李义府是很识时务，宁可弯腰也不会委屈名利的人。李义府在做中书舍人的时候，得罪了长孙无忌，长孙无忌想要把他发配到现在的四川壁州去做司马。司马本来也是五品官，与中书舍人一个级别，这样的调动算不

上是贬谪。但是，李义府不甘心啊，在中央跟朝臣们你来我往能提升自己的人气不说，最重要的是能让皇上认识你，记得你，这样你才有机会得到提升和重用。调到地方去就不同了，八百年见不到皇帝老子，过不了几天皇帝就忘了你长什么样了，还提什么升迁啊，要职啊！不光是李义府不愿意去外地，就是其他朝臣也不愿意跑到边远的蜀地去做官。李义府本来就是有些学问的，自恃才高更不甘心做地方官了，于是就四处寻找能留在朝廷的良计。

这一天他找到了同为中书舍人的好友王德俭。王德俭的外号叫"智囊"，一听就是鬼点子很多的人。王德俭听了李义府的想法后，对李义府说："这个事不难解决，只要兄台你不怕得罪长孙无忌等老臣就行。"李义府喜上眉梢："我都已经得罪了，还怕再得罪一次么？只要能留在中央，我甘愿冒这个险。"王德俭说："这就好。"接着说出了自己的主意："现在皇上想立武昭仪为皇后，只是害怕大臣们反对，所以犹豫不决。如果你能为这件事出一把力，一定可以转危为安。"李义府一听这事儿真是不难，最多是被长孙无忌给驳回来，接着到四川去当他的司马，如果搏胜了或许可以留在朝中被重用呢！于是，李义府决定试一试。

李义府的任命书当时已经在门下省了，为了赶在任命生效前见到皇帝，李义府深夜来到皇上面前请求废王皇后立武昭仪。李治和武昭仪正睡得朦朦胧胧的，忽然听说李义府求见，很是不快，便拉着脸出来见李义府。当李义府说明来意后，李治两眼顿时放了光。这样的支持者太少了，在朝廷中他和武昭仪势单力薄，正愁如何实施下一步计划呢！忽然李义府就来了，这太是时候了！武昭仪当时也来了精神，叫李义府继续讲下去。李义府看到这种状况，心想这回可是来对了。于是便说："皇上啊，武昭仪厚德，天下百姓都拥戴武昭仪为皇后呢！您不如

顺应了大家的意思立武昭仪为皇后吧！"其实，谁都知道这不是天下百姓的想法，这只是为迎合李治而造出来的说法。李治当然也知道，但是李治愿意听到这样的说法。李治旁敲侧击地告诉李义府，你要坚持下去，最好再找几个同盟，这样你就有希望留下来了。李义府领会了李治的意思，便高高兴兴地等待留京的命令。

第二天，武昭仪就派人来答谢李义府的帮忙，李义府被提升为中书侍郎。这一个动作，很明显地告诉大臣们：你们如果支持废王皇后立武昭仪，那我不会亏待你们，至于不支持会怎么样，那就等着瞧了。这样下来，稍微笨一点的臣子也都明白李治和武昭仪的用心了。于是，风吹两边倒的朝臣就开始向武昭仪献媚了。许敬宗本来就是武昭仪的人，只是他们小团体的力量太弱小，无法发挥作用而已。这样一来王德俭、御史中丞袁公瑜以及御史大夫崔义玄等人就与许敬宗一起组成了支持武昭仪的集团，废后的呼声更高了。

长孙无忌对这些看在眼里，但是他没办法，他收了皇上和武昭仪的大礼，不能反对。但是废后是他不愿意看到的，所以他只能不说话。要不怎么说吃人家的嘴短，拿人家的手软呢！长安令裴行俭对此很不满，曾对长孙无忌说过："如果立武昭仪为皇后，我们的国家从此就不得安宁了。"这些话被袁公瑜听见了，告诉了李治和武昭仪。李治就把裴行俭打发到吐鲁番做都府长史去了。看吧，不识时务的人就是这样的下场，你不支持废后就是裴行俭这样的下场，朝中沉默之声因此又多了一些。

时间已经到了九月，高宗认为时机差不多了，便召见长孙无忌、褚遂良等重臣到内殿。李勣知道是怎么一回事，就称病不来见李治。褚遂良在殿外对高宗召来的大臣们说："现在皇上召见我们一定是为了立武昭仪为皇后的事儿，看来皇上是打定主意要废后了。你们这些人除了皇亲国戚就是功臣名将，皇上不会杀了你们，而我只是平民百姓出身，又没有建立什么功绩，但我是先帝的顾命大臣，我一定会据理力争的，否则我没脸见死去的太宗。"褚遂良实际上是在变相地告诫众臣子，我们是受了先帝的恩的，不能做对不起先帝的事情。大家听了沉默不语。

进了内殿见了高宗，高宗把头转向长孙无忌大声问道："皇后没有儿了，武昭仪却有，我想立武昭仪为皇后你们看怎么样啊？"长孙无忌没有言语，褚遂良听了上前一步说："皇上啊，皇后出身名门，是先帝看中的儿媳妇，先帝驾崩之前拉着我们的手将你和皇后托付给我们，如今想起来还好像是昨天的事，皇后没有什么大的过错，我不能迎合皇上您的意思，违背先帝的命令。"李治一听，这不是拿我父亲来压我么？于是就说："先帝以为皇后会有生育，所以对皇后没有要求，而皇后至今没有个儿子，我废后先帝是可以理解的。"大臣们不置可否，高宗没有办法只好秉退了这些人，让他们明天再议。意思很明白，李治是不达目的不罢休的。如果说之前李治没有把废后的事拿到台面上来说，是因为废后的事还有回旋的余地，现在既然端到台面上来了，就不能轻易说算了，否则皇帝的颜面何存？李治可不是太宗，太宗本来就英勇，他听别人的意见是礼贤下士，但李治不同，李治虽知人善用，但多半部分他是柔弱的。李治明白这一点，所以这个也关系到他能不能在朝中立威。李治现在是打定主意要立武昭仪为皇后了，这一方面是为自己心爱的女人争一席之地，另一方面是为自己在朝中给人留个不那么懦弱的印象。

第二天大家继续讨论。褚遂良还是不依不饶："皇上您要是想废旧立新，后宫中哪个女子不行，非是武媚娘不可么？这是所有人都知道的事儿，如果您立武媚娘为皇后，后世的人会怎么评价皇上您啊？臣罪该万死，请皇上您三思。"说着把手里的笏板（是古代臣下上殿面君时的工具。古时候文武大臣朝见君王时，双手执笏以记录君命或旨意，也亦可以将要对君王上奏的话记在笏板上，以防止遗忘。）扔到了地上，又摘下帽子磕破了头让高宗收回成命。高宗左右为难，长孙无忌看到这种状况连忙为褚遂良求情："褚遂良虽然有罪过，但是他是先帝临终受命的老臣，是不能惩罚的。"这是什么道理，先帝的老臣就不能罚了？长孙无忌也是实在没有办法求情了才这么说的。《资治通鉴》上说，这个时候，武昭仪在朝堂的帘后突然冲了出来大喝一声："怎么不杀了他！"也有史书说武氏并没有言语。实际上正如一些史学家所说的武昭仪冲出来的可能性不是很大，就算武昭仪是个爱出风头，性情残暴的人，但是这是关系到她命运前途的大事，她不会如此冲动地从后堂直冲殿前。抛下礼法不谈（武昭仪本就不顾及礼法），我们就武昭仪所处的境遇和心理来看也是不可能的。武昭仪在后宫听政，朝臣们可以睁一只眼、闭一只眼，但是武昭仪这样大摇大摆地闯进前殿，必然会招致群臣的一致反对。就算是李治因为爱她可以原谅她，朝臣们也会更加认为她没有体统，从而更加反对她。武昭仪不会连这一点都想不到。再就武昭仪的经历来说，武昭仪在宫中呆了十二年，没惹出什么祸端，可见她对于自身感情的克制已经到了一定的水平，不会轻易动怒，加上在感业寺寂寞的磨炼，性格应该已经趋于沉着、冷静了。所以，在这里有可能是司马光听信了这方面的传闻。就像现在的我们写前人的一些事也不过是按史书或实物推理一样，司马光的观点也可能受材料的左右，说武昭仪闯出来大喊，使人们觉得武则天是个悍妇。

　　退朝以后，李治和武昭仪商量起来。事情不能总这样僵持下去，夜长梦多啊！在说到宰相李勣为何一言不发时，武昭仪

说："他可能有苦衷，不如我们把他偷偷地叫进来问话！"于是，李治就秘密召见了李勣，李勣只说了一句话："这是你的家事，你何必问外人呢！"这一句话虽然简短，却使李治茅塞顿开。对呀，这是我的家事，关你们当臣子的什么事儿。说句不好听的，你们也不过是替我们家打工的，主子的家务事怎么反倒要下人来管了？

接着，李治不再跟群臣商议，而是直接在朝堂之上宣布废掉王皇后，与萧淑妃一起贬为庶人，她们的七大姑八大姨也被流放到岭南去了。

公元655年十月，文武百官请高宗立武昭仪为皇后，高宗答应百官的请求立武氏为皇后。之后高宗就下达了正式的文件，正式的文件就是高宗下的诏书。诏书上说，武昭仪一家辅助先帝创立基业，声望很高，武昭仪因为才华出众，品德高尚被选入宫中。我做太子的时候，她在先帝身边做侍从，勤勤恳恳任劳任怨，从不与后妃们争宠。先帝很欣赏她才把她赏赐给我，就像当年宣帝赐宫女给儿子一样。所以，我要立武昭仪为皇后。好嘛，自己也觉得不好意思，也要找块遮羞布挡一挡。只是这块遮羞布太薄了，天下人对此看得一清二楚。但是不管怎么样，即使是皇帝新装了一把，武昭仪好歹做了皇后啊。

诏书下完，武昭仪就是武皇后了。武皇后可与其他女子不同，她是个表现欲极强的女子，只是在太宗时期她的个性受到了压抑和磨砺，才渐渐没有那么锋芒毕露了。此时的武氏终于有了出头之日，一定要耀武扬威一把。人们说武氏有创新意识，其实说武氏算有胆量才对。武氏对于她的走马上任也有不同的要求。按照宫廷的传统，皇后不能出现在大庭广众之下，而我们的武皇后可不管这个，她不但要在大庭广众之下露脸，还要把着脸露得不遮不掩、坦坦荡荡。所以，她选择在肃义门接受百官的朝贺。这可是很大的突破，胆子不够大是做不了的。历

来皇后登位，只接受有职位的女官的朝贺，现在武皇后不仅要接受女官的朝拜，还要接受文武百官和四夷酋长的朝拜，这可是史无前例的。李治对此是有些为难的，因为这是违反大唐礼制的事，他不能轻易答应。但是武氏要做的事又怎会轻意放弃呢！软磨硬泡直到李治点了头才肯罢休。

武皇后为什么一定要这么做呢？为什么她不按照宫廷的礼仪来进行上任仪式？是她现在就有了做皇帝的心么？表面上看好像是有，因为她接受的是皇帝般的朝拜，但实际上武皇后并没有这样的野心，直接将自己定位为皇帝。有些人说她一步一步都是谋划好了的，这太抬举武氏了，武氏这么做有两个原因，一个是她的性格原因。她爱慕虚荣，希望借此可以扬眉吐气，真正地告诉天下我武氏是正宫皇后，没有哪个皇后能比得上我的地位，要做就做到极致，我做的皇后也应该是皇后里档次最高的。另一个更主要的原因是，在她心里极其渴望得到社会认同，她自认为出身低微，又是太宗的才人，因此自己的出身并不光彩，这样做她认为可以抬高自己的身价，在人们的头脑里树立起自己的权威。

不管怎么说，武氏终于坐上了皇后。这皇后做得很辛苦，是该好好显摆显摆才行。武氏志得意满地接受着朝臣的朝拜，心里突然有一种巨大的满足，如果总能接受这样的朝拜该是多么美妙的事情啊！但武氏的念头一闪而过，没留下过多的痕迹。满朝文武，男官、女官还有外族官员，统统都趴在武皇后脚下祝贺，可这祝贺又有多少是真心实意的？武皇后不管是在后宫还是在朝廷，她都还有敌人存在，她的皇后位要怎样坐稳，是武皇后接下来要考虑的大问题。

排除异己

经过艰苦奋斗，武昭仪终于登上了皇后的宝座。在高兴之余，她并没有忘记朝廷和后宫仍有她的敌人。关陇的旧臣对她当皇后耿耿于怀，后宫的王皇后和萧淑妃虽然被废，但皇帝李治耳朵软，说不定哪一天又把她们召到自己的身边来，自己就是前车之鉴。她还处于危机四伏的状态。尤其是以长孙无忌为首的老臣，虽然在皇后的废立上他没有表态，但是也足以说明他的不赞同，其他官员腹诽的也不少。所以斗争才刚刚开始，有你休息的时间，可没有你怠慢的时间。

武皇后上任后，开始大规模培植自己在朝中的势力。一方面她提拔自己已经收买下的人，另一方面她争取人心，将得罪过她的臣子给予表彰，以此来显示她的宽厚。许敬宗才华出众又有朝廷做官的经历，被提拔为礼部尚书参知政事，这可不是小官了，可以参加国家大事的讨论和决定。同样的，李义府被封为中书侍郎参知政事。这样下来，朝中的话语权就不被长孙无忌等老臣一派掌握了，新的势力开始崛起。

一般皇上继位或皇后新立，都会大赦天下。就在高宗大赦天下的这一天，武皇后上了一个奏表，意思是说："皇上啊，之前我曾被封为'宸妃'，韩瑷、来济几个人与您争得面红耳赤，这是很难得的，如果不是出于对国家的深厚感情是不会如此的，现在请皇上嘉奖他们。"韩瑷是当朝宰相之一，来济是中书令，都是权高位重的老臣，这两个人都是反对封"宸妃"的中坚力量。武皇后选在今天为这两个人讨赏是有特殊目的的。这个决定可以一举三得。第一，显示自己的大度，不计前嫌；第二，可以收买人心，这人心包括李治的心，也包括下臣的心；第三，给朝中反对势力一个警告，你们的意见我都记在心里呢，我在大赦的日子里给你们讨赏实际上是在请求赦免你们，你们别以为自己真的就该领赏的。果真，两位老臣主动请辞。不过，李治怎么会答应呢？这都是国家的栋梁，武皇后都不计较，我就更不会计较了。于是没有同意两人离职，只有胜利者才有资格施与失败者，武皇后的施与是高姿态的。

对待长孙无忌，武皇后也是如此，长孙无忌在立后之时，史料上记载因为看不下去走了。武氏请求皇上李治下书表彰他的正直。这样做，其实涉及到此事的人都明白武皇后出的是什么牌。但天下人则会觉得武皇后很仁爱，连反对她的人都能原谅并褒奖，这是多么难得的一位皇后啊！收买人心对武皇后来说就是动动嘴巴的事儿。武皇后果真高明，想做稳皇后先稳住人心，真就没白在太宗身边呆，大有太宗的遗风。

武皇后是个有胆量、有魄力的人，她是希望李治像太宗一样有作为的。但是，李治是懦弱的，做起事来畏首畏尾。像李治这样的人做领导确实需要一位像武皇后这样的女人来辅助，前提是这个女人甘愿做这个男人背后的女人。在武皇后没有欲望做皇帝之前，武皇后确实称得上是皇帝的得力助手。她鼓励自己的丈夫推陈出新，劝他改元，李治接受了武皇后的建议将大唐改元为显庆。武皇后希望有个新气象，他们开一个夫妻店儿，共同经营这个王朝。这个夫妻店要开下去，就得坐稳老板娘的位子，要坐稳老板娘的位子，就要先把自己的儿子扶上正位。于是，武皇后又计划将自己儿子立为太子了。

武皇后的长子是李弘，次子为李贤，武皇后暗示许敬宗上书另立太子。这也正常，皇后换了，太子自然也得跟着换了。许敬宗还真不是浪得虚名，洋洋洒洒一大篇文章，就将事情搞定了。他是怎么说的呢？他说："必须废掉庶出的李忠，立武后的嫡子。否则就是，天地不容、大树倒着栽、衣裤倒着穿，官民心里慌乱，原来的太子也会宁静。"高宗也没有意见，本来太子多是皇后的儿子，这没什么好说的。不然大家也不至于为个皇后位争得你死我活的。

公元656年正月，高宗下诏立太子弘为太子。于志宁做太子太师，中书令崔敦礼为太子少师，许敬宗、韩瑗、来济为太子宾客，李义府兼太子左庶子。从这些朝臣的任命上我们就可以看出武皇后的势力了。韩瑗、来济是老臣，为了显示不任人唯亲，还是要给个职位的，其他的基本上是武则天一边的人。立太子，必定会废掉、安置原来的太子，原太子李忠被封为梁王，就相当于梁洲的刺史，没有什么实权。李忠离京时，原来与李忠交好的官员都不敢前去相送，只有右庶子李安仁哭着为他送行。武后知道后，在百官面前赞美李安仁的美德，还请高宗提拔这样的人。武皇后做这些并不完全出于收买人心的需要，她确实深受太宗影响，有政治家的气量和胸怀。高宗很是佩服武皇后，认为自己得到这样的皇后是福气，武皇后在朝中的名气也渐渐高了起来，她在李治心中的地位更加稳固了。就在这一年的十一月武后又生下了一个儿子，名字叫李显，被封为周王。安排好自己的家族成员后，武皇后盯上了关陇旧臣长孙无忌。长孙无忌在朝中的势力是相当庞大的，宰相韩瑗、中书令来济虽然表面上看已经被她给安抚了，但实际上还与长孙无忌保持着密切的联系。长孙无忌一向与褚遂良同仇敌忾，褚遂良的强烈反对，长孙一定是背后的支持者，长孙无忌不除，她的地位还有可能会动摇。所以武后把目标锁定在了长孙无忌身上。

当然，长孙无忌也没闲着，自册封大典以后，他就开始策划抑制武后势力的膨胀。一场权力之争即将拉开帷幕。

这里面老臣韩瑗、来济很关键，因为他们是两方争夺的主要对象。这两个人都手握重权，哪一方赢得了这两个人就等于赢得了在朝中的大部分席位。长孙无忌在一番探问之后，发现两位老臣还是向着自己这一方的，于是，长孙请他们两位将贬到地方上去的褚遂良召回京城。这样就可以加固关陇旧臣在朝中的地位。两个人也是关陇的老将了，于是听从了长孙的建议，向高宗进谏请求将褚遂良召回朝廷。有这两位老臣当前锋后面的关陇世家就一拥而起，纷纷向皇上奏请。李治依赖武后惯了，不能做主，于是问武后。武后一听这还了得？这不是对准我来的么？我这边安插自己的人，你那边提升自己的人，这样下去，我的人哪还有地方站啊！武后也因此意识到自己的敌人还是很顽固的。长孙一派又拿出妲己、褒姒一类的人物讽谏高宗，高宗哪爱听这个，说武皇后是红颜祸水，不就是在说我是商纣、周幽么？岂有此理！于是高宗不理睬韩、来的请求，韩瑗急了，就拿辞官来威胁高宗。高宗心想又来了，你辞官我也不怕。长孙实在没有办法了，只好从其他地方找突破口。

不管什么人都是有缺点的，只要肯努力找，总会找到的。下臣也罢，皇帝也罢，皇后也罢，没有没破绽的人。只许你皇帝、皇后找下臣的破绽，难道就不许我们下臣找你们的破绽？这一注意倒不要紧，还真没费什么劲就找到了。

在这个关键时刻掉链子的首先是李义府，李义府做了一件不太光彩的事儿。这事儿就成了长孙一方攻击武氏一方的把柄。到底李义府做了什么不光彩的事呢？

原来，洛阳有一个案子捅到了大理寺。这个案子的主人公有点特殊，叫做淳于氏，淳于氏生得很美，身边的风流韵事总是不间断。没想到就是这些风流事给她惹了麻烦，她的奸情被拿到大理寺去审了。李义府听说这个女人很讨人喜欢，便去看，这一看就看出祸来了。李义府被淳于氏的美貌吸引，怎么也迈不开步了。他串通大理寺丞毕正义徇情枉法，把淳于氏给释放了。接着就把淳于氏接到府中，想把她纳为妾。长孙无忌在大理寺也是有党羽的，大理寺卿段宝玄就是其中一位。段宝玄对李义府所作之事很清楚，便写了诏书给皇上，李义府害怕事情败露就逼毕正义自杀了。因为死无对证，李义府纳小妾的事儿又未成事实，所以也就放下了。

虽然法律上无法给李义府定罪，但是，事实是存在的。于是，关陇集团以李义府为借口一口咬定武后包庇李义府。御史

王义方上奏继续审理这个案件，奏折中说："李义府在皇上的眼皮底下，擅自杀死六品的寺丞。都说毕正义是自杀，实际是受李义府威胁而死的，这是他杀人灭口的做法。现在生杀予夺的大权都不从皇上您那里出了，我们怎么能任由这种风气助长呢？请皇上您斟酌啊！"但由于武皇后的力保，李治始终没有给李义府治罪，这件事被折腾了几个来回，最后竟然到了李义府和王义方到朝廷上对质的地步。王义方痛斥李义府的罪行，李义府也不示弱，两个派系之间就展开了争斗。武皇后见到两派相争，便谏言高宗责问王义方，王义方被贬为叶州司户，李义府升为中书令，兼任检校御史大夫。

对李义府的品行，高宗和武后多少有些了解，这件案子中李义府是理亏的。李义府不降反升，使得武后在朝中的口碑进一步受到影响。这样，武后的口碑继续变差，但是她的威慑力却增强了，官员们说话、做事对武后颇为忌惮。

然而，更让后宫和朝中大臣不寒而栗的是接下来发生的事。这件事武后做得干净、决绝，足可以震慑后宫，也是这件事让武后与李治两夫妻的感情出现了裂痕，为以后武后与李治争权埋下了伏笔。

事情是这样的，这一天，高宗闲来无事，由侍卫陪同着到御花园散步。李治是个念旧的人，对自己曾经宠爱的萧淑妃和自己对不住的王皇后多少有些挂念。散步只是个幌子，真实目的是想看看她们。这是可以理解的，一个男人对曾经与自己有深切交往的女人，偶尔会惦记是人之常情。张爱玲说得很好：也许每一个男子全都有过这样两个女人，至少两个。娶了红玫瑰，久而久之，红的变了墙上的一抹蚊子血，白的还是"窗前明月光"；娶了白玫瑰，白的便是衣服上的一粒饭粘子，红的却是心口上的一颗朱砂痣。所以啊，王皇后与萧淑妃以及武后，也是李治的白玫瑰或红玫瑰。虽然都被娶了，但是不在身边了，反而会沉淀出好来。李治一想起她们的好，就想跑过来看看。武后毕竟是皇后了，他把荣耀与爱都分给了她，剩下一点儿怜悯就想给他曾经爱过或对不起的人。李治并不想把她们怎么样，只是想看望她们一下，知道她们还好会让自己安心些。

来到后花园，由侍者指引着来到一所院落前，院子还算整洁，只是与之前两人的宫殿相比寒酸得很，有些像下人住的地方。有人曾描绘过王皇后和萧淑妃被贬为庶人的住地，说什么是个只有留有送食物的小洞的石屋，王皇后与萧淑妃多么多么凄凉。这样的情形不大可能出现，皇后与萧淑妃只是庶人，不是一般的囚徒，不会和囚徒享有一样的待遇。另外，为了彰显自己的贤德，武后不会对王皇后和萧淑妃太过苛刻。武后是个聪明人，她在后宫的地位还没有完全站稳，对王皇后和萧淑妃太刻薄会引起朝廷非议，也会让李治产生反感。所以，就算是做表面文章，王皇后与萧淑妃所住的地方也不会让人惨不忍睹，只不过与之前的奢华相比，肯定会显得寒酸许多。

李治见到王皇后与萧淑妃这般落魄不免有些伤感，走进院落问王皇后和萧淑妃是否安好。王氏和萧氏见李治来看她们，顿时声泪俱下。王皇后说："臣妾是戴罪之身，能得到皇上探望是我的荣耀啊！"萧淑妃在一旁请求道："皇上如果能念及我们昔日的情分，就让我们重见天日吧！请皇上赐这个院落为回心院吧！"李治安慰她们说："朕会想办法，你们不必忧心。"

李治当然要征求武后的意见，但武后一听就翻脸了。这是怎么说的，就因为她们可怜你便想她们过得好？她们杀我孩子的时候怎么没可怜我那五个月大的小公主？她们诅咒、陷害我们的时候，怎么没想到可怜可怜我们？这事儿一点都没商量。结果李治无功而返。

李治这么一折腾倒把武后给惊醒了。李治这样心慈手软的个性，如果留着她们，总有一天，会让她们把李治给迷惑了，

到时再来个二进宫，我的麻烦可就大了。我自己就是一个鲜活的例子，不能再让这样的事情发生。武后下定决心要将这两个人除掉，以绝后患。

武后的凶残与暴戾在这时候尽显无遗，她先是派人把二人拖出，各打一百仗，接着又将她们的手脚砍掉，最后把她们杀死。就在这件事上李治对武后有了新的认识，他开始质疑武后的性情和为人，对武后逐渐产生了反感。

朝中旧臣当然不会放过这个机会，他们对武后的行为提出了强烈抗议。但是抗议也是没有用的，还是像李勣那句话说的，这是皇家的家务事，没你们大臣什么事儿，哪儿凉快，哪儿呆着去吧。其他大臣不敢说话，但是心里腹诽的不少。旧臣们不能正面抨击这件事，就编造了一些谣言来诋毁武后。武后认为洛阳的地理位置和环境都比长安更适合做都城，所以将洛阳定为东都，旧臣们攻击武后说，她是因为怕王皇后、萧淑妃变成厉鬼来找她报仇。这也确实给武则天带来了很大的困扰，武后做了亏心事，心里也是不安的。但是想到自己也曾被王皇后和萧淑妃攻击，不是她们死，就是自己亡，心里也就平静下来了。连自己孩子都能杀的人，还有什么事不敢干的呢？

武后明白这是旧臣造的谣，她怎么可能任由这些人放肆下去呢？于是武后指使许敬宗和李义府参奏韩瑗、来济和褚遂良暗中谋反。高宗对这一事件是有所怀疑的，加上之前武后对待后宫王、萧的做法，李治就更加怀疑了。但是，虽然证据不足，表面的证据还是存在的，况且因为自己立武后以及武后排除异己的行动引起他们不满，进而起反叛之心也是有可能的。所以，高宗还是把韩瑗赶到了海南岛做刺史，来济也被赶到浙江台州做刺史。褚遂良更倒霉，被赶到爱州，就是今天的越南清化去做刺史了。从对几个人的发落上来看，高宗还是留有余地的。谋反可不是一般的事情，是要被杀头的大罪，而这里高宗只是

把他们贬为刺史，可见，高宗虽然软弱，但是并不糊涂，他是对武后存有戒心的。此时的武后也是老江湖了，对李治的态度变化不可能没有察觉。于是，她自己也留起了心眼儿。夫妻两个一旦产生隔膜，就要花费很大的精力来修复。如果没有修复，那么夫妻关系只会越闹越糟，更何况是皇帝与皇后的关系！皇帝后宫多的是女人，皇后不如意，就找其他女人消遣。李治在政治上依赖武后，但在房事上还是相对自由的，结果李治与武后的裂痕更在无形中拉大了。

通过上边的行动，基本上关陇旧臣的主力被瓦解了。既然破了旧，就要立新。在韩瑗等人被贬的同时，许敬宗被提升为侍中，兼任户部尚书，户部尚书杜正伦兼任中书令，李义府因为与杜正伦不合，两人互相扯皮、指控，双双被赶出朝廷，一个发配横州，一个发配普州做刺史去了。这下关陇旧臣就只剩下长孙无忌在朝廷中鹤立鸡群，但武后还是不放心，想将长孙无忌也一起铲除了。但是，长孙无忌不是一般的人，他不只是皇亲国戚、关陇核心、枝繁叶茂这么简单，他还是李治当太子的支持者和顾命大臣。也就是说李治能做上皇帝，并且把皇帝的位子坐稳了，是与长孙无忌分不开的，李治对这位舅舅一直心怀感恩。即使有些事情做得过分些，也不会与他太过计较，关陇集团在朝中把持朝政的局面李治是知道的，李治也希望这个集团瓦解，但是不希望自己的舅舅被贬。但武后可不能放过长孙无忌，对于她当皇后，长孙从根本上就是不赞成的，她要培植自己的势力，长孙是最大的障碍，不除去他，难以让武后安心。我们的国舅即将走上末路了。

公元 659 年四月，李治和武后在东都洛阳处理朝政，洛阳人李奉节控告太子洗马韦季方、监察御史李巢结党营私，高宗让许敬宗和辛茂审理这个案子。谁知审着审着韦季方竟然自杀了。这下许敬宗可找到了借口，什么借口呢？原来韦季方是长孙无忌的门生，许敬宗就说韦季方是受了长孙无忌的指使，想要谋反，事情败露后就畏罪自杀了。高宗吃了一惊，大为怀疑，一个劲地说，有人陷害长孙舅舅。许敬宗反反复复列举长孙无忌的反常之处，请高宗不要犹豫，并且危言耸听地说，再迟疑，长孙无忌准备好了，大唐的社稷就不保了。高宗就有些动摇了，毕竟长孙无忌是有些傲慢的，自武氏封后以来，他始终不上朝，还与人商量着将贬到地方上的老臣召回，这确实有些说不过去。想到这些高宗不免想到了谋反的事儿，忽然就伤起心来。一边流泪一边说："我家门不幸，亲戚们老是存有疑心，前些时候，高阳公主和房遗爱谋反，现在舅舅也反了，我还有什么脸见人呐！"他不知道，真正的家门不幸是因为他立了武后。

许敬宗看出了高宗思想的动摇，便顺坡下驴说："房遗爱可是个乳臭未干的毛头小子，高阳公主也是个妇人，他们能成什么大气候？但是长孙无忌不同啊，他是同先帝一起征战的老臣，声望极高，权力极大。他做宰相三十年，天下有谁不知道他呢？他要是想谋反，皇上您怎么阻挡啊？多亏了宗庙有灵，皇天痛恨恶人，从一个小案件里牵扯出一个巨大的阴谋来，这是天下的大幸啊！如若不然，他举手一呼，乌合云集，那可就成了宗庙社稷的大祸了！我曾听说过去隋炀帝信任宇文化及父子，结成了儿女亲家，委以重任。宇文述死后，他的儿子宇文化及就在江都反了，杀死不响应的大臣，我的家就是在那时被毁的。后来连大臣苏威、裴矩等也不得不屈服。大隋江山是亡于旦夕之间啊！请皇上赶紧决定吧！"高宗被他这么一说给说蒙了。心里头不愿意相信，但是又害怕长孙真的谋反，只得叮嘱许敬宗仔细查清楚。

许敬宗奏报说："韦季方曾承认与长孙无忌谋反。问他原因，他说：'韩瑗、来济、褚遂良的外放使长孙无忌日日担心自己的地位不保，于是找我商议谋反的事。'臣已查明供词，符合实情。请皇上下旨逮捕长孙无忌。"高宗痛哭流涕地说："就算舅舅果真如此，我也不忍心杀他呀！天下人会怎么看朕，后世人又怎么评价我呢？"许敬宗又说："薄昭是汉文帝的舅舅，文帝做皇上薄昭功不可没。后来薄昭杀了人，文帝让百官穿上素服，哭着杀了他，至今人们还在称赞文王的圣明。而长孙无忌不念两朝对他的大恩，竟然想谋朝篡位，他的罪可比薄昭大多了。幸好这样的阴谋暴露了，逆贼自然而然地服刑，皇上您还顾虑什么呢？长孙无忌是王莽、司马懿一样的奸人啊！皇上您再迟疑恐怕会发生变故，到时候后悔都来不及了。"

高宗一听是这么个道理，觉得亲自审问实在无法面对帮自己这么多的亲舅舅。于是审都没审就削了他的太尉职，封邑也收回了，只留下个扬州都督的官职，接着又外放到黔州做官。李治对这个舅舅没有赶尽杀绝，怕他饿着，给了他一品官的俸禄。

武后指使许敬宗扳倒长孙无忌之后，开始彻底清理朝中的关陇势力。许敬宗上书给高宗，请高宗削去柳奭、韩瑗的官职，对死了的褚遂良追削官职。将褚遂良的儿子彦甫、彦冲流放爱州。长孙无忌的儿子附马都尉长孙冲被除名，流放到岭南，长孙无忌的族子驸马都尉长孙诠被放嶲州，长孙无忌的表兄弟、高士廉的儿子高履行也被贬为永州刺史……总之，与关陇集团沾亲带故的官员没有一个有好果子吃。流放的流放，发配的发配。

这样，武后还是不放心，后来干脆一不做，二不休。在长孙无忌流放黔州的时候，许敬宗又派中书舍人袁公瑜再去追问他谋反的事，结果，长孙无忌被逼得自杀了。之后，柳奭和长孙祥也被杀害了，长孙思则被流放到檀州。

这下武后总算安心了。能跟自己争位的王、萧两位妃子已经死了，后宫没有人再敢和她一较高下；朝中反对自己的关陇

旧臣也都收拾得干干净净了，再没有人在皇帝面前进自己的谗言，皇后的位子从此没有威胁了。把所有稳定后位的工作都做完后，武后长长地舒了一口气。武后感到一片祥云在自己头上笼罩着，不由得心花怒放。

经营后位

我们知道武后包括武士彟都对自己的出身耿耿于怀，虽然家里出过几代当中层干部的人，但终归不是什么名门望族，一直以来，唐宫的重臣们也都以出身寒微的借口来阻止她晋升。现在她已经贵为国母，怎么能让自己再因为身世问题受到他人非议呢？虽然在做昭仪的时候，高宗曾经人为地提升了他父亲的地位，但总归是临阵磨枪，没有一个像样的说法。

武后按照南北朝的做法，促使高宗编了一本书，这本书就是《氏族志》。在这本书里她将自己的姓氏提高到一个很高的位置上，以此来证明自己身份高贵。

我们也提过，魏晋南北朝的时候，社会上出现了士族为上的现象。世家望族在社会上有很大的影响力，一般人们通婚或者做官都要考虑到你的出身、门第。

魏晋南北朝实行九品中正制，就是把人分成九个等级，接着根据这个人物的等级来确定该当几品的官。给人物评级就要看这个人的家庭背景了，实际上就是看你的血统。如果你根正苗红，老子有能力，原来就是中央的人物，那么你就是中央的一分子，如果你是是市长、县长的儿子，那么你就也有类似的官做。这是很不公平的，寒门子弟没法做官，政治得不到清明。婚姻上也是如此，古来就有门当户对的说法，到了魏晋南北朝此风更甚。他们实行士族内部婚姻，即你必须与同一个阶层的人通婚，否则就是违反社会规范、辱没家门的做法，是要受到鄙视和唾弃的。在这样的情况下，个人的出身、姓氏就决定了

这个人的前途和命运。

魏晋南北朝以来，受这种风气的影响，不管是官还是民，对世家都很重视。魏晋南北朝时期就曾编这样的参考书来告诉人们，哪家是望族，哪家是贱民。

到了隋唐时期，社会有了巨大进步，就是废除了九品中正制，代以科举制。科举制是我国历史上的一个壮举，它确定的选才标准比较符合国家发展和大众的需要。就是说，不管你出生在哪一家，你都有机会通过考试取得你想要的职位。世家的地位逐渐衰落下去，他们的政治影响力也逐渐下降，皇权不断提升。虽然世家没有了先前的政治影响力，但是你知道，根深蒂固的思想是没有办法一下子改变的，人们头脑里的社会意识也不会那么容易清除。因此，在社会上世家的声望还是很高。"五姓七望"这些人家都是内部通婚，不跟别人结婚，那如果别人想要与他们结婚呢？就出点血，拿钱来吧！这叫"陪门财"，但是，即便是这样，门第低的一方也得不到尊重。"五姓七望"是很傲慢的，他们甚至连皇家都不放在眼里，更别说是一般的人家了。

武后在铲除关陇旧臣的同时，扶植了新晋的官僚，他们在做官之后，很希望得到应有的社会认可和尊重，希望自己的门第得到进一步提升。武后也十分想抬高自己的身份，高宗也希望皇权加强，不再受世家遗风的影响。于是，适应几方需要的《氏族志》就诞生了。《氏族志》是一本重新评定社会等级的书，它在显庆年间编订好了以后，改名叫《姓氏录》。这个《姓氏录》比世家制要合理一些。它按照当朝为官的高低来定姓氏的等级。也就是说，你在朝为官，你就被收到这个《姓氏录》里，你不当官了，你的姓氏就从这个《姓氏录》里除名了。

按照这样的原则来编写，武后是皇后，几乎与皇帝平起平坐，理应将她的姓氏收录到《姓氏录》中一等一的门第当中去。接下来的品级就按照官位的品级来定，你立了什么功，被封了什么官，就被录入到几级世家当中去。你犯了什么过错而被赶出朝廷，或是你祖辈在朝中为官而你没能在朝中做官，就将你的名字从世家中除名。这个改革触犯了旧贵族的利益，引起了他们的强烈不满。这根本就不是什么姓名索引，根本就是功劳薄嘛！就是说谁为大唐立的功多，谁的级别就高。谁的功劳小，等级就低。虽然旧贵族们很反对这个《姓氏录》，但是，它却很符合寒门子弟的利益，得到了他们的拥护。他们出身寒门，无论怎么努力都无法得到晋升的机会，也得不到社会的认可，这对于有志之士来说是莫大的阻碍。有了这个《姓氏录》寒门弟子欢呼雀跃，他们可以通过自己的努力，得到应有的社会地位和尊重，这大大刺激了他们奋斗的积极性。如果可以混进朝廷得到个一官半职的，就会被列入世家行列。这么一来，统治阶层就由原来的贵族扩展到"士庶"合流。

武后也因为这个变革，从灰姑娘变成了公主，她的家族一下子成了文水一等一的门庭。做完这些以后，她还是觉得不尽兴，于是请求高宗追封自己的父亲为周国公，封自己的母亲杨氏为"代国夫人"，没几天又改封为"荣国夫人"。"荣国夫人"是正一品，正一品是怎样的级别呢？当时妇女的最高品级是王公大臣的母亲或妻子，也不过就是个从一品。杨夫人被封为荣国夫人那她的地位就仅次于武后了，是全国女人中第二号人物。但有件事看起来很好笑，武后的父亲是周国公，按理说她的母亲应该和她的父亲保持一致，封为周国夫人才匹配。这里封个"荣国夫人"有点让人摸不着头脑，是武后高兴地找不着东南西北了么？当然不是，这是武后故意安排的。武后的意思是要向天下人宣告，我的出身并不低微，我父亲是有功之臣，我母亲也是了不起的人物，她教育我成为你们的皇后，应该享

有这样的待遇。我是知恩图报的人，我母亲的养育之恩我没有忘记。在证明自己出身并不寒微的同时，也证明了自己是个孝女。

武后知道自己在朝中和百姓中的声望并不高，所以，一心想要壮大自己的声势，提高自己的声望，于是她积极参加各种礼仪活动，为的是宣扬自己的德行，武后最先想到的就是亲蚕大典。我国古代是传统的男耕女织的社会，国家大典中有一项就是亲耕之礼，亲耕之礼是指皇上这样的一国之君亲自下田劳作，为农夫做表率。这样一来天下的百姓就更要好好种田，为国家尽心尽力。实际上这些活动基本上相当于今天的某某领导举行的奠基仪式。亲手栽棵树，或者亲手填两铲子土，以此做示范，没什么实际意义。皇后是一国之母，是皇帝的老婆，自然是全国妇女的典范。国家大典中也有一套是为皇后准备的典礼，这就是亲蚕大典。就是皇后要亲自养蚕织布，给天下的妇女做表率。这样的大典是很隆重的，但是皇后们平时养尊处优惯了，偶尔干点活就会觉得腰酸背痛，没有几个愿意干的。多半都是做做样子就敷衍了事。最要命的是这个典礼的程序很复杂，先是斋戒五日，待第五天这一天天不亮就要起床，而后带着全体内外命妇（也就是皇帝的嫔妃、太子的妻妾以及公主、王公大臣的妻妾）一起到预先准备好的先蚕坛按照程序完成亲蚕仪式。这样的典礼，照理说是不用太费心的，但是武后不这么认为，她认为要做就要做到最好，尤其是这种面子上的事不能就这么草草了事。这是个表现自己的好机会，不能把它当成样子来做。事做得好坏很大程度上取决于我们的态度，态度端正了，自然会有人肯定你的。武后在做皇后期间，一共亲蚕五次，每次都尽心尽力，确实赢得了一些好评。

武后做的另一个提高声望的事，就是在成功打击长孙无忌之后，与高宗一起衣锦还乡。那是显庆四年的十月，高宗和武后一起巡游东都洛阳之后，沿着洛阳北上到并州去。并州对李治和武后都有不同寻常的意义。李治到并州是因为并州是大唐王朝的龙兴之地，高祖李渊在并州起兵，最后打到长安，建立了大唐王朝。对李治来讲，这是祭奠先烈，表示自己是继往开来的君主。而并州是武后的老家，她在这里度过了一段并不愉快的时光。父亲死后母亲带着她们姐几个回到并州文水老家，在这里她们娘几个受尽了哥哥们的欺负，过得那叫一个窝囊。借着这个机会，她也该扬眉吐气一把了。于是，武后高高兴兴地带着李治回娘家去了。高宗还封并州80岁以上的老太太为五品郡君，就是说给她们一个荣誉头衔，让她们任五品以上的等级，只吃粮不管事儿。李治和武后在并州度过了两个月的美好时光，武后的威仪在民间得到了充分显示。

在提高自己出身和提升自己声望的同时，武后也没有忘记处理与皇室成员的关系。皇室是我国古代社会最为复杂和庞大的家庭单位，要处理这样的关系，需要十分的智慧。皇室的关系对于武后来说主要是处理亲生儿子与非亲生儿子的关系；婆家与娘家的关系。

武后有四个儿子，三个在显庆年间出生。我们之前曾经提到过，就是先前的长子李弘、次子李贤，以及三子李显。她给自己的儿子们争取到什么了呢？李弘，被封为太子，李贤被封为雍州牧，李显被封为洛州牧。雍州是长安地区，洛州就是洛阳地区。东都、西都各拥一个。这样，她的儿子就占据了大唐江山的两个都城。李贤小的时候多病，武后在洛阳的龙门为他开石窟，就是为了给他祈福。

武后对自己的亲生儿子可以说是情深意重，那她又是怎样对待她的非亲生儿子呢？一方面她要防范他们，另一方面还要表现出她的宽厚仁爱。武后成为皇后以后，在清除朝中关陇势力的同时，也将她的非亲生儿子贬到地方当刺史去了。对于原太子李忠，武后颇为费心、费力。因为李忠不同于其他皇子，李忠是没有错就被废的皇子。如果处理不好，就会落下话柄。李忠是皇子里面年纪较大的一个，知道武后是故意废了自己立她的儿子为太子的。他害怕武后赶尽杀绝，就整天假装疯癫地玩乐，显出一副神经错乱的样子。武后因为正在跟朝中的长孙无忌较劲，所以也就没有搭理李忠。武后收拾完了长孙无忌后，腾出了时间对付李忠。

李忠身边有个刘氏宫女，跑来告发李忠，说李忠连夜里说梦话说的都是谋反的事。高宗看着一个这么报废的儿子，实在没有什么用途了，就说用谋反的罪来定罪算了。武后就聪明在这里，她是怎么做的呢？她跑到高宗身边对高宗说，李忠这孩子也不容易，是我看着他长大的，您就看在我的面子上饶过他吧。那是自己的儿子，再怎么不好，不到万不得已也不能处死他呀！李治以为皇后会借此苦苦相逼，谁知皇后却是这个表现，那还不有个台阶就下啊。于是，诏告天下，李忠是该判谋反罪处死的，是皇后晓之以情，费了不少口舌才让我的态度有所缓和的。死罪是免了，但也要软禁起来才行。这样做给人的最重要的信息是，武后是一位仁慈的皇后，不是一个毒辣的后妈。武后一国之母的威仪进一步得到了提升。

实际上处理亲生儿子与非亲生儿子的关系，对武后来说并不困难。一朝天子一朝臣，新官上任总得提一批自己的人才行。武后对李治儿子们的做法是可以理解的，李治也明白这一点。只要让自己的儿子有口饭吃，李治不会介意其他儿子不在身边或是吃一些苦的。虽然武后对待王、萧的做法过于偏激了些，但是对这几个儿子的处理，显然要比处理他的女人仁慈，李治也就不那么较真，以免帝后失和，再添烦乱。李治多少抱着些息事宁人的态度。

皇室的关系最难处理的是婆家和娘家的关系。武后是个聪

明人，她知道在处理与婆家的关系上，婆婆和大小姑子的关系不可轻视。婆婆们在朝中有外戚，大小姑子们在朝中有驸马。处理不好这几方的关系，别说是在朝廷，就是在后宫都难以立足。于是武后与太宗留下的嫔妃以及女儿们都保持着良好的关系。就拿高阳公主来说，她曾经参与过谋反，最后被杀了，连公主的封号都被剥夺了。这对一个公主以及后人来说是件极其不幸的事儿，武后为了缓和双方间的关系，追封了她一个合浦公主的称号，连死人都能利用也亏武后想得出来。当然，其他公主也是不能忽视的，聊聊天、谈谈佛法，拉近彼此距离。这样武后在后宫就有了较好的声誉，婆家这一方算是摆平了。

对于与娘家的关系，武后就十分严格了。一方面因为她在娘家的时候没有受到同父异母的兄弟的优待，另一方面她也想显示自己不偏袒娘家人的风范。所以，她在后宫当家的第二年就亲自编写了《外戚戒》一书，主张外戚不可过于恩宠，前朝外戚干政的祸患她历历在目，长孙无忌把持朝政，驾空高宗是现实的教训。所以，她告诫高宗抑制外戚，于是便出现她的几个同门兄长被外放的事情。我们知道，武元庆和武元爽是武后同父异母的兄弟，除此以外，武后还有两个堂哥，一个叫武惟良，另一个叫武怀运。这几个兄弟原是六七品的官，按照传统，新立皇后的娘家人是可以被提拔的，因此哥四个被提拔为四品官。本来这是件极好的事儿，但后来一件事的发生却触怒了武后，武后把手又伸向了自己的兄弟们。

事情是这样的，有一天，武后的母亲杨夫人在家里宴请儿子和侄子们。杨老妇人谈得兴起，提起以前的生活不禁有些感慨。于是说："我最近时常回忆起以前的事，你们对现在的幸福生活有什么感想呢？"子侄们知道这是杨老妇人在邀功，希望听到自己对她说几句恭维、感恩的话。但是，武元庆、武元爽哥儿几个还真都是硬脾气，谁也不念武后的好，武惟良说：

"我们当官是祖上积来的德，我们是功臣的子弟，应该做官的，只是我们没有什么才德，所以愿意当个小官。现在我们被提升了，心里反倒不安，高兴不起来。"武家兄弟说的或许是实话，但是实话有的时候是伤人心的。武惟良这么一说，就会让杨氏认为，武家人一点不念武后的恩情，自己反倒强迫了别人。杨夫人一听这个气呀，这不是费力不讨好么？于是进宫找女儿告状。武后原本想，都是自家兄弟，就算不亲近也比外人强，将来有事儿总归有个照应。谁知道他们不领情，将来有什么事也就未必肯帮忙了，这样的人留在身边也没什么用，干脆把他们贬到小地方去，这样不但可以出口恶气，更重要的是可以彰显自己的大公无私。

就这样，武后以抑制外戚为名，将武元庆、武元爽哥儿几个贬到偏远的州当刺史去了。李治看到自己的皇后这样识大体、顾大局，对她更加欣赏了。

武后经过精心经营，在后宫、朝廷和民间都有了一定的名望，后位渐渐坐稳了。对于一个女人来说，后位坐稳了差不多就可以安享太平了。但是，很多时候，不是你想太平就太平的，武后刚把皇后的宝座坐热，就发生了几件需要她继续向前奋进的事，武后又有个不甘平庸的性格，所以，她注定不能就此停下她向高峰挺近的脚步。

武后始摄政

第三章

　　武后在稳定了自己的后位之后，本是打算辅佐高宗再治出个"贞观之治"的，可是，高宗不是治世能君，再加上身体一天比一天弱下去，武后面对这样一个丈夫和这样一种局面，加上心中对权力的向往，于是，开始走上她的晋级之路。

帝后失和

高宗与武后尽管总给人感情融洽印象，但并不是没有矛盾的，我们说武后处死王、萧两人的手段在李治的内心打下了不好的烙印。只是李治依赖武后的果决和鼓励，而且那时两人的感情还十分要好，所以对武后也没有过多责问，但心里终存了芥蒂。高宗与武后矛盾的最终激化在于处理李义府的问题。

李义府的品质一向不好，这是武后知道的。武后之所以不动他，是因为他一直对武后忠心耿耿，是武后的左膀右臂。我们之前曾提过李义府先前犯过的案子，因为正处于清除旧有派系的关键时刻，所以，武后和高宗力保了李义府，不降反升。

李义府知道自己受宠，又有武后在后面撑腰，所以越发恃宠而骄。高宗龙朔三年，就是公元663年，李义府做右相典选（专门负责选拔官吏的官员），他看到有利可图，便干起了卖官鬻爵的勾当。官员的任用和升迁，不看政绩，而是看你给了李义府多少好处，李义府在这个过程中大大地捞了一把。这下可苦了那些寒门子弟，有才能也得不到提升，结果弄得怨声载道。高宗听说后很是恼火，就警告他说："爱卿你的儿子和女婿都

不是很检点的人，做了很多违法的事，我一再为你掩饰，你要好好地劝劝他们。"李义府听了竟然变了脸色："您这是听谁说的呀，皇上？"高宗说："我都这么说了，你又何必追问呢？"李义府后却大摇大摆地走了，高宗看他这样目中无人，心里更加气愤。

李义府是个迷信的人，他想保住自己的荣华富贵，于是，便想找人给他看看风水。这时，有个叫杜元方的方士出现了。杜元方告诉他："你的府第有狱气，应该积聚20万缗来消灾免祸。"什么意思呢？就是说，你有牢狱之灾，要破财免灾才行。李义府一听可急了，这哪行啊，自己好不容易爬到这样的位置，怎么能有牢狱之灾呢！于是四处敛财。他盯上了谁呢？他盯上了长孙无忌的孙子长孙延，长孙延原来被流放到岭南，好不容易九死一生的回到长安，却没有官职。谁不想当官呢？李义府想到这一点，心里便打起了如意算盘，接着就去找长孙延。见了面，开门见山地说："长孙延，你是名门之后，因为父亲犯了罪才被株连，我现在给你个机会，让你有所作为怎么样？"长孙延一听这个立即明白了他的意思。于是急急忙忙地筹好了一大笔钱送给李义府。李义府说话还真算话，真给长孙延弄了个六品的官当。这个官给了不要紧，却一下子激起了众人的愤怒。你不给寒门子弟当官的机会也就罢了，还给罪臣的孙子官做，这是什么居心？马上就有看不上李义府的人向上边反映这个情况了。反映什么呢？反映李义府与反臣子弟勾结。高宗正不知道给知法犯法、不顾皇帝颜面的李义府点什么教训。现在出了这么一档子事儿，高宗自然不会放过，立马立案侦查。这一查不要紧，查出了更多的罪过，数罪并罚，什么卖官鬻爵啦，什么贪赃枉法啦，什么造反啦……总之，罪恶滔天。

高宗越发地生气，于是在龙朔三年四月的一天，把李义府给逮捕了，交给有关部门审理，又派大臣李勣监审。

高宗下令把李义府除名，流放到巂州，就是现在的四川西昌。他的儿子李津也被流放到了振州。其他的与他沾亲带故的、买了官的，流放的流放，罢免的罢免。李义府也一直没有被召回朝廷，死在了流放地。

高宗算是给朝廷除了大害，但是这时候有个人不愿意了，谁呀？就是武后。李义府是武后的人，向来是她的左膀右臂，这么一搞就相当于砍掉了她一只胳膊。武后老大不高兴，不高兴也没有办法，李义府罪证确凿，又民怨纷纷，特别是得罪了高宗。武后只好忍痛割爱了。但是，这一件事让武后意识到李治也并不是事事都听自己的，他也有自己的想法。这让武后有了思虑，保不准哪天他对自己产生厌倦，也会像废除王皇后那样废除自己。武后琢磨着怎样才能让自己享有不被别人主宰的权力，一想到这个，就想到了皇位。一想到皇位，武后又开始踌躇起来。女子夺位可是千百年来没有的事情，这想法是不是太荒唐了？武后寻思着。

李义府被贬对于武后来说是个不小的打击，高宗的气焰显然看涨。毕竟是男人，谁还不能有点个人见解呢？天下毕竟是李家的，怎么就不能由自己多做些主呢？高宗也感到自己对武后的依赖过重了。他钦佩武后处理政事的能力和具有前瞻性的目光，但是这并不意味着他甘心做一个傀儡。高宗与武后的距离进一步拉大了，然而使他们关系恶化的事情还在后面。

武后的母亲杨氏被封为荣国夫人之后，又被封为鲁国忠烈夫人。她守寡的姐姐也成为韩国夫人，可以入宫居住，谁知就是这个举动使得武后差点丢了后位。真是祸起萧墙啊！这又是怎么一回事儿呢？

高宗本来身体就不大好，国事忧烦，加上贪恋美色，身体状况就更糟了，朝政倒是武后处理的更多些。随着武后处理朝政的增多，便少了时间和李治温存。李治耐不住寂寞，便与韩国夫人有了床弟之欢。

韩国夫人比高宗大六岁，风流、妩媚、婀娜多姿，又不乏娇纵。李治感到很新鲜，就总是找韩国夫人厮混。韩国夫人还有个女儿正值青春年少，活泼开朗、楚楚动人，高宗也很是喜爱。久而久之，高宗与韩国夫人及其女儿便像一家人一样生活着。这件事后宫的宫女和太监都知道，只是怕惹出事端来，不敢捅破。武后也觉得高宗行为有异，但因为忙于国事，对方又是自己的亲姐姐就没有急着动手。谁知两三年以后韩国夫人却死了，有传言说是武后害死的。李治听了这个传言深信不疑，因为有王皇后和萧淑妃的前车之鉴，李治认为武后能够下这样的毒手，于是对武后非常恼怒。刚好在这个时候，太监王伏胜告发武后私招道士郭行真、行厌胜。高宗一听更为光火，当初王皇后就是因为这个被废的，如今武后又干这样的事儿，这不是自掘坟墓么？更何况私召男人进宫是犯禁规的，这样的事怎么能轻饶？于是密召西台侍郎上官仪商量这件事儿。上官仪是谁呢？上官仪就是武则天时期很出名的才女上官婉儿的爷爷。他是陕西人，文采非同一般，太宗时就是记录皇帝言行的起居郎，又任光禄大夫、西台侍郎等职务。上官仪对武后幕后执政很不满，一听说高宗召见他是为了这事儿，便说："皇后肆意专权，这是天下所不能容忍的，请皇上废了她吧！"高宗对武后幕后掌权本就心有忧虑，再加上武后又破坏了他的好事，在气愤之下便同意废掉皇后。于是他命令上官仪起草诏书，上官仪文思敏捷，很快就写好了诏书，诏书上列举了武后很多条罪过。

武后在宫中的耳目众多，在上官仪还没有离开皇宫的时候，她就赶到了。当时诏书就在桌子上放着，武后看到诏书后就哭了起来，武后知道高宗是个软弱、多情的人，她先将她们的夫妻情分哭了一遍，接着又诉说起她为大唐所做的贡献。来完软

的，又来硬的。武后质问李治："我到底犯了什么罪，你要把我给废了？"高宗本来就没有冷静地想过废后会怎样，怎么样废后这些问题，经武后这么一闹腾，高宗有些招架不住了，他是对武后有不满和厌倦，但是还没到废后的地步。武后这一哭诉，他倒想起自己对武后在政治上的依赖来。废了后谁来帮助我处理政务啊？我现在的身体这个样子，恐怕难担重任呀！李治只是软弱，但不糊涂。想起武后这么些年尽心极力地辅助他的情形以及往日的欢乐时光，李治心软了。上官仪走后，高宗解释说："我初无此心，皆上官仪教我。"

　　废后是多么大的事情啊！上官仪连草书都拟好了，这件事背后一定有阴谋。武后想起，上官仪曾是被废的太子李忠做陈王时的谘议参军，王伏胜也曾是废太子李忠的原东宫太监，这是他们串通起来欺蒙皇帝，企图废掉我。于是，她安排许敬宗向皇帝上奏，声称上官仪与王伏胜唆使太子李忠图谋大逆。高宗觉得对不起武后，总要给武后一个交代。于是，就在这一年的十二月，将上官仪逮捕了，接着又将他和他的儿子上官庭芝以及王伏胜处斩。两天后，高宗赐废太子李忠自尽。与上官仪有关系的右相刘道祥也被降为礼部尚书。左丞郑钦泰等朝臣都被流贬。

　　武后经过废后一事对李治和朝权有了新的认识。她知道李治对她的感情已经大不如前了，如果有人有确凿的证据证明自己有罪过，李治真有可能废掉她，她的命运始终掌握在别人的手中，武后越想越觉得心寒。要掌握自己的命运恐怕还是要先从朝政入手，武后内心起了波澜。

垂帘后的女人

武后垂帘

武后经过李治废后一事，开始思索她人生中最为重大的事情。这就是要想坐稳自己的位子，就要拥有与皇帝基本对等的权力。这个权力怎么来争取呢？武后认为朝中大臣是自己控制的对象。她知道现在的李治因为身体不好，更多的时候只能当一个摆设在朝堂上杵着。于是，她想到要让自己露露脸。当然，女人露脸在那个时代实属不易，虽然现在高宗身体不好，但还能上朝，自己怎么能露脸呢？武后思来想去还是觉得只有垂帘听政这一条路可以走走看。进一步说，如果自己垂帘听政，那么大臣们的言行也就在自己的眼皮子底下了，废后的事情会很难再出现，自己的位子才有把握坐稳当。主意打定，武后就开始对太宗游说。

武后对高宗说："皇上您是个圣明的好皇帝，国家在你的治理下呈现出良好的景象。但是，皇上您耳根子有点儿软，有些事情经不住大臣们的劝，你看，废后就是一个例子，上官仪

在你耳边不时地吹风，你就听信了他的谣言。像这样的事情以后肯定还会发生，不如我在你身边当个参谋怎么样？"高宗说："你不是在给我当参谋么？"武后笑笑说："我是指在你上朝的时候当参谋啊！"高宗听了有些为难，这可是前人没有的先例啊！武后见高宗迟疑就进一步说："我不是要替皇上您做决断，只是想帮皇上您分析分析大臣们说的话，以免以后您做出什么让自己后悔的决定。"高宗一想也是，自己身体不好，上朝总感到力不从心，有武后在后面听着也安心些，有什么疏漏或迟疑的地方，两个人可以互补，于是就答应了。

高宗就没有其他顾虑么？大臣们的反对，自己权力的分散，制度传统等等？当然考虑到了。大臣们一定会不满的，但是未必会强烈反对，一方面因为朝中武后有一定的人脉，另一方面也因为武后在做昭仪时，曾经在后殿听过政，当时虽然争执得有些激烈，终究还是没有什么乱子；而对于自己的权力来说，他身体不好，本来很多事情就由武后处理，但自己至少有表决权。况且，武后处理政务的能力是很强的，她是自己的妻子，不会夺了自己的位子，自己还是皇帝。更何况自己在废后的问题上确实是思虑不周的，他觉得有些过分了。就制度传统而言，于理可能不通。但是，自北朝以来，少数民族入主中原，出现了社会大融合的局面。北方人对妇女的束缚较少，可以与丈夫一起管理家里、外面的事务。就拿隋朝来说，隋文帝的皇后独孤氏就曾与隋文帝一起上朝。不过，独孤氏是坐在一边的侧室里，隋文帝有了问题要与独孤氏商量就派人与皇后沟通，这在当时是公开的秘密。高宗也知道这样的事情，综合几方面的因素，他便答应了武后的请求。

武后与高宗坐在一起主持朝政，一个在前，另一个在后面用帘子遮住自己。唐朝有人习惯把皇帝称为"圣"，武后基本上也相当于皇帝了。于是人们把他们称作"二圣临朝"

"二圣"临朝以后，为了显现自己的功绩，提升自己的地位，武后又提议李治进行封禅大典。

泰山封禅是中国帝王最为隆重的盛典，秦皇汉武都进行过这样的大典。一般进行这样的大典，一方面是帝王想表现自己的文治武功，另一方面也是昭告天下我是受命于天来当这个皇帝的，你们不能起反叛之心。泰山封禅是古代帝王加强皇权和中央集权的一个重要手法。

认为自己有功的古代帝王，都想到泰山彰显一下功绩。李治也不例外，做皇帝的，哪个不想自己留名千古啊？李治虽然对自己的功绩没有什么信心，但是，武后有啊！武后一点火，李治又有这个心思，能不着火么？武后想到泰山封禅是有她的目的的，这个目的就是要显示自己的功绩，让自己在天下人当中扬威。虽然李治是前面的人，但是朝臣们也都知道，没有后面的武后，李治难以应付朝政。光朝臣知道是没用的，要天下人知道才行。

武后认为自己是有资格参与其中的。是她帮助高宗稳定了江山，国家的文治武功才有了这么大的进步。就疆域来讲，大唐的管辖范畴已经超过了贞观年间，这个国家也是有泰山封禅的资格的。参加泰山封禅对一个女人来说更为重要，历史上女人堂而皇之地参加封禅大典的不多。她这一参加封禅，天下就没有人不知道武后是享有大半实权的唐皇后了，这之后，她再有什么大的举动，也不会引起天下太大的波动。

李治将封禅的事交给大臣讨论。早前，在李治刚做皇帝不久，就有人主张封禅，当时李治认为自己没有实力，就给放下了。如今经过这么多年的建设，国家确实比以前好了，再加上武后力挺，大臣们没有不点头赞同的。于是"二圣"下诏准备封禅大典。典礼由李勣、许敬宗、陆敦信、窦德玄为检校封禅使，准备封禅事宜，同时商议礼仪之事。

按照旧制，封禅典礼没有皇后的位置。祭天时，皇上为首献，亲王为亚献，德高望重的重臣为终献。祭地时，皇上为首献，皇太后为亚献，而且皇太后的亚献也是名义上的，实际仍由公卿代行。武后向来不是按章法办事的人，她从不缺乏创新意识。旧制没有的我们可以改一改嘛！她上书说："旧有的封禅典礼只让皇太后做名义的祭献、贵族大臣们操持是礼数上的不周全，如今我要率领宫内所有的妃嫔和皇姑、皇姐妹、皇女、皇太子之女、王之女和所有官员妻女，一同参加实际的封禅祭祀礼仪。"看来武后还是颇具女权主义思想的人物呢！这一决定虽然有人反对，但是不涉及到根本性问题，大臣们也就没有太过坚持。

高宗和武后的祭祀是按照汉武帝的形式和标准来办理的。在泰山南坡筑起圆坛，直径 12 丈，高一丈二尺。在泰山顶上另建一坛，直径五丈，高九尺，名"登封坛"。在社首山上也建一坛，坛分八隅，八面都有台阶，上以黄色土覆盖，周围以赤、青、白、黑四色土覆盖，称为"降禅坛"。一切准备停当之后，封禅典礼开始了。

这一年是麟德三年正月三十，高宗到泰山以南的祭坛，祭拜了昊天上帝。昊天上帝是远古时期人们就崇拜的神灵，传说他主管着自然和下国。祭完昊天上帝后，开始登山。第二天的时候，登上了山顶的"登封坛"，接着又祭了一次天，这次怎么做呢？就是把给天帝写的信放在一个玉匣子里，缠上金绳、封上金泥、印上玉玺，藏在坛下。其实就是祈求保佑的意思，古人还真能折腾。到了第三天，在社首山"降禅坛"祭祀地神。按照事前准备好的程序，由高宗先祭，其他人都退下，由宦官举着五彩缤纷的帷幕，武则天率领内外命妇登坛亚献，越国太妃燕氏为终献。这是开天辟地第一回，这么多女人浩浩荡荡地参加封禅仪式，简直是古代一大奇迹。第四天，也就是最后一天，高宗、武后登上朝觐坛，接受朝贺。文武百官、中外使臣奉献贺礼，礼毕之后，降诏立登封、降禅、朝勤碑，接着就大赦天下。再接着又改了一次元，将麟德三年改为乾丰元年，改博城县为乾丰县，用以纪念这个史无前例的封禅盛典。

一切礼仪都完成之后回朝，在路过曲阜时，赠孔子太师衔，以卿大夫礼致祭。在过亳州的时候，又拜谒老君庙，尊老子为"太上玄元皇帝"。终于算回到了东都洛阳，在洛阳呆了些时日后，返回京城。这次封禅用去了四个月左右。

人们对封禅的评论不是很统一，有的人认为这是加强皇权的需要，也有的人认为是劳民伤财的举动。对于武后的这次封禅大典，古代史家多是排斥的，但是现在的史家给了一些积极的评价。武后封禅是一个旷世之举，女人可以参加封禅，就意味着一定程度上女子地位的提升，武后的行为是中国女性的骄傲。实际上，武后当时考虑最多的是自己，并没有站在提高妇女地位的角度来进行活动，只是人们基于她的客观作用给予了很高的评价。

泰山封禅以后，武后的威望进一步提高。

再除情敌与武后避位

武后在泰山封禅期间，还做了一件对武后来说十分重要的事，这就是除掉了她的另一个情敌。武后的情敌是谁呢？就是她姐姐韩国夫人的女儿魏国夫人。

韩国夫人死后，家里留下一男一女两个孩子，一个是儿子贺兰敏之，另一个就是女儿魏国夫人。高宗很喜爱这两个孩子，在韩国夫人死后，也常常跑去看望他们。武后开始并没有留意，姐姐死了，留下两个孩子，孤苦伶仃的，李治看望看望也没什么好说的。贺兰敏之继承了武后父亲武士彟的全部爵位，改姓了武，被封了弘文馆学士兼左散骑常侍，这也算是高官了。魏

国夫人还是个少女，长得清秀可人，没想到这女子竟然继承了她母亲的风流基因，与高宗发生了不伦恋情，而且有了床笫之事。这件事不是谣传，高宗确实把她纳为后宫的女官。

武后知道这件事后，伤心透顶。自己丈夫与姐姐有私情也就罢了，怎么姐姐的女儿也与丈夫发生了这样的事？爱情与亲情同时背叛，让武后心里很受折磨。但武后毕竟不是沉溺于悲伤的女人，她冷静下来之后，开始想办法对付这个外甥女。自己是怎么走来的，自己知道，这个外甥女说不定会走上自己的路，所以不能留个祸患。

泰山封禅时，武后的娘家人武惟良、武怀运以及诸州刺史们都到泰山去觐见，接着又随车驾回到京城。这期间，武惟良、武怀远曾经献过一次食物给魏国夫人，魏国夫人吃了武惟良的食物以后就死了。高宗这个心疼啊！这样一个娇俏的生命说死就死，太让人难过了。高宗气愤地把武氏兄弟给抓了起来，第二天就处死了。多数人认为投毒一事是武后教唆的。一方面，武家觉得家门中出了这样的丑事很难堪，恨不得魏国夫人死。另一方面，武后怕外甥女夺了自己的位子，便煽动武惟良兄弟动手。也有说是武后想要将武惟良兄弟几个和魏国夫人一起除掉，才想出了这么个一箭双雕的方法。不管怎么说，反正人是死了，武后的这块心病也就除了。武氏兄弟死后，武后为了表示自己的清白以及显示自己公正，将武惟良等人的姓改为"蝮"，就是毒蛇的意思。武怀运已逝兄长武怀亮的妻子善氏也被牵连，她过去对杨氏也很不好，事发后被送入宫内当奴婢，杨氏为了报复她，竟然用棘条把她给打死了。

魏国夫人死了，贺兰敏之还活着。这个贺兰敏之也不长出息，整天里花天酒地，不干正经事儿。魏国夫人死后，李治见到他，对他说："我今天早晨出去时，人还好好的，退了朝人就断了气，怎么这么快就死了呀！"贺兰敏之哭着不说话，武后看他这样子，知道他是在怀疑自己，不自觉地加强了对贺兰敏之的防备之心。武后的母亲杨氏死后，需要守丧。守丧期间，贺兰敏之照样寻欢作乐，更可气的是连寿服都不穿。武后见他这个样子，对他越加反感。贺兰敏之却本性不改，一而再，再而三地干出些流氓行径。最让武后气愤的是，杨氏家族杨思俭有个女儿天生丽质，清丽脱俗。武后和高宗已经把她定为太子妃了，结果还没到成亲的日子，就被贺兰敏之给强暴了。武后气急败坏，上书请求惩罚这个不孝子。本来李治还顾念他与韩国夫人以及魏国夫人的关系，不想把事做绝。但他一再地干出大逆不道的事，高宗忍无可忍，就打算给他点儿教训。于是，便将他发配到雷州去了，途中贺兰敏之被人用马缰绳勒死了。武后原本是怕贺兰敏之为妹妹报仇的，这样一来，连魏国夫人的弟弟也一起除掉了，真是大快人心。

高宗因为魏国夫人的死，不免有些畏惧武后了。虽然没有证据证明魏国夫人是武后害死的，但高宗心里不禁犯嘀咕，武后可真不是简单的女人啊！以后行事可要小心些才行。

公元670年，关中发生了一场旱灾。百姓们颗粒无收，到处逃荒。大唐朝廷也没有办法，百姓都走了，你还统治谁呀？于是也把家从长安搬到了洛阳。再加上唐朝讨伐吐蕃的军队全军覆没，有些人认为这是武后带来的灾祸，就对她横加指责。哪知道祸不单行，这时候对武后至关重要的两个人也相继离开，这对武后的打击非常大。

这两个人一个是自己政治的依靠，一个是自己的骨肉至亲。谁呢？朝廷中的战友许敬宗，家中的母亲杨氏。许敬宗我们前面没少提及，许敬宗从武则天当上皇后那天起，就一直为武则天鞍前马后的效力，是武后在朝中最为倚重的大臣。但是许敬宗也不是神，逃不掉生老病死的命运。许敬宗老了，不能再为武后扛大旗了，他需要颐养天年。武后再想留也得体谅他，于

是就恩准许敬宗辞职。这么一来，武后对朝廷的控制力就下降了很多。朝中反武势力也渐渐抬头，武后在朝中面临着危机。

几乎与此同时，武后的母亲杨氏夫人也去世了，杨氏夫人去世给武后带来了沉痛的打击。多少年来母女几个相依为命，母亲是她这一生中最信任的人，也是对她最为体贴、最为真心的人。她的离世使武后在心灵上更觉空虚，从此，武后真的是孤家寡人了。高宗虽说因为要依靠她不能把她怎么样，但是他们之间的关系已经大不如前。他对她的关心，更多的是敷衍。母亲离世，自己就没了情感归宿，武后怎么会不感孤独！母亲在世，还可以帮自己与大臣们联系联系。如今母亲走了，谁还能为她拼死拼活地奔走呢？武后伤心地哭了。

在因大旱、兵败遭人非议，许敬宗、杨氏相继离开的情况下，武后想到了避位。避位就是皇后不垂帘听政了，皇上你单干去吧！人们对避位这一作法，议论纷纷。有的人认为，武后这个时候确实有避位的打算，她在朝中失去了爱将，势力不如以前，在家中又失去了老母亲。人总会有累的时候，她不是皇帝，不必坐堂上班，干嘛硬撑着干这个万人骂的活呢？也有人认为，武后这是以退为进的做法，她知道高宗离不开她，所以这样做可以进一步让高宗放权。就人来说，武后的做法可以理解。她现在的情形是内外交困，那她有没有想过过得轻松一些，放弃到手的权力呢？正常人是有的。她也需要休息、调整自己。

不管武后的目的是什么，反正高宗是没答应让她避位。你看，我们这么多年都过来了，你遇到这一点儿风浪就逃避了？我这身体又一直不好，你不帮我谁帮我呀！你要是怕自己在朝廷中受到非议，我可以帮你摆平。怎么摆平呢？就是为你造造声势。咱母亲刚去世，我们风风光光地给她办场葬礼，说明我有多重视你，国家有多重视你不就完了么？武后一听，也是这么个道理，自己好不容易得到的权力，一旦失势，恐怕连后位都不保啊！武后答应高宗继续垂帘听政。高宗对武后说话还是算数的，为了表示对已故岳母的尊重和哀悼，高宗辍朝三日，还亲自为杨夫人书写墓碑。接着带着文武百官以及内外命妇到杨夫人的宅子里去吊丧，又追封了杨夫人一个忠烈的谥号。忠烈，是只有大臣才有的啊！给一个女人真是不合适。但是高宗高兴给，你能怎么样？或许这是武后的主意也不一定。杨氏风光大葬以后，武后的威望又在无形中提高了。

武后垂帘听政十年，与高宗一起治理大唐江山。唐朝的疆域一步步扩大，国力也日渐丰硕。虽然武后干过一些令人发指的事情，但是她没有对国家造成危害。在垂帘听政十年后，武后处理政务的经验已经十分老道了，她有能力，也有信心登上一个新的高峰。

天后摄政

公元 674 年，李治在武后的提议下，自封为天皇，尊武后为天后。接着把自己的祖宗一路追封。把太祖李虎的祖父李熙追封为宣皇帝，李虎的母亲张氏为宣庄皇后；追封李虎之父李天赐为光皇帝，李天赐的母亲贾氏为光懿皇后；太武皇李渊为神尧皇帝，皇后窦氏为太穆神皇后；文皇帝李世民为太宗文武圣皇帝，文德皇后长孙氏为文德圣皇后。因为已追封了太宗和长孙皇后为"圣"了，为避其称号，才把先前的"二圣"改尊为"天皇"和"天后"的。追封表面看是为了彰显自己的孝顺，实际上是对自己的拔高。李治也好，武后也好，都有这样的心理。武后又是个极具创新能力的人，这样的文章做得多了，自己在天下的威望也就越高了。

但是尽管李治自封为天皇，也无法摆脱他身体日渐衰弱的状况。他的家族的人寿命都不长，李渊算是身体好的，活到了71 岁，李世民也只活到 53 岁，长孙皇后在 36 岁就死了。自封为天皇的李治此时已经是 46 岁，他觉得自己有家族病，估计也活不太长，所以，对待自己的病情很消极。这么些年，若不是武后在身边帮着处理政务，可能身体会更加不好。武后帮忙处理政务也 20 年左右了，有足够的经验处理政务了。武后是李家的儿媳妇，最多就是掌握实权，用自己一派的人。从以前处理朝政的结果来看，武后是不会败坏李家的江山的。想到这里，李治还是下了一个艰难的决定，这就是让"天后"正式摄政。

大臣们最初是反对的，采取了一些措施但没有收到成效，所以也就偃旗息鼓了。

武后知道自己所面临的境地，在朝中能够真正帮到自己的大臣并不多。有两个关键性问题摆在她前面，第一个，她要稳定局面、掌握政权就得在宰相中有自己的人才行。第二个就是她要控制住军权才行，这样在必要时就可以震慑他人。如果能控制住这两点，那么自己掌权的安全系数就会高很多。但是，当时的宰相以刘仁轨为主流，另外几位宰相戴至德、张文瓘为太子宾客，郝处俊为铁杆反武派，几个人中没有一个是武后的心腹。既然暂时无法在宰相中安插人手，那么只有另谋他法了。武后想到一个好主意，这就是利用爱好文学、编纂书籍的名义，培植一批学士作为自己的战友，这就是日后执掌国家权柄，号称"内相"的翰林学士的前身——北门学士。

武后觉得外人始终是外人，不如自己的亲人来得踏实，虽然受了韩国夫人、魏国夫人、贺兰敏之的伤害，但那毕竟是外家亲人，自己的亲人，武惟良、武怀运等不是没有背叛自己么？于是，武后将外放的几个侄子召回了长安，封的虽不是什么大官，但都是掌管皇室事务的重要官职，其中侄子武承嗣官职最为重要。之后武后更不断在朝中和皇室安插自己的亲信。

武后在朝中安排自己亲信的同时，向李治提出了十二条改革建议，全面发表自己对政治的见解。这十二条见解讲起来没有太大的意思，但是它却很有名，也是武后参政以后拿出来的最为出色的成绩单。

建言十二事内容如下：

一、劝农桑，薄赋徭；

二、给复三辅地，即免除京畿三辅地区的徭役；

三、息兵，以道德化天下；

四、南北中尚禁浮巧。要求少府监所署的官营手工业作坊停止生产淫巧之物；

五、省功费力役。要求俭省各项工程的费用和百姓的劳役负担；

六、广言路；

七、杜谗口；

八、王公以降皆习《老子》；

九、父在为母服齐哀三年。要求父亲在世母亲去世的也应该服丧三年；

十、上元前勋官已给告身者无追核，指上元以前的勋官，朝廷已经发给告身也就是勋官凭证的，不再审查核实；

十一、京官八品以上益禀入，指京官八品以上的增加俸禄；

十二、百官任事时间长的，才高位下者得进阶申滞，即长期任职的官吏，才能高、地位低的可以升职。

上书的内容涉及到经济、政治、军事等方面，是比较系统的施政纲领。主要有三方面的内容。一是，尊老子无为而治的思想，休养生息，轻徭薄赋。二是，清明政治和社会风气。三是，顾及官员和百姓的利益。这些施政纲领一出台，立即引起了人们的注意，人心向背不觉有了改变。我们不妨来看看这些建议，到底是怎样笼络人心的。

先看第一条、六条、七条。重视农业，亲贤臣、远小人，这是每个统治者都倡导的官样文章，也是太宗在位最为注重的几点。而第四点，禁浮巧，是高宗一直提倡的节俭主张。第八条是主张大臣们都学习《老子》，一方面，李家一直以老子的子孙自居，尊崇老子是表示对李姓江山的尊重。第四条和第八条是想向高宗和大臣表示自己的忠心，以防止大臣们的过分阻挠，同时也稳住高宗。而第三条是息兵，就是用道德去教化天下的百姓，而不是借助武力，这也是施政的核心内容。

我们再看第二条、第十一条以及第五条的政策，减免京畿三辅地区的徭役，八品以上的京官增加俸禄，俭省各项工程的费用和百姓的劳役负担。这些都是惠民和惠官的政策，是针对唐朝轻赋重役、奉薄、官职升迁难的现状提出的务实举措。这些措施一方面能让老百姓生活得轻松一些，得到百姓的拥护；一方面也让京城地区中上层官员得到实惠，京城地区中上层官员对武后感恩戴德，有利于稳定京都。

接着我们看第十条，这又有什么作用呢？勋官就是指普通的士卒可以通过建立军功来获得勋赏。唐代一向注重军功，身强力壮的民众以及庶族地主习惯于用应征的方式获取他们想要的功名利禄。大将军薛仁贵就是通过参加太宗远征高句丽的战争，由贫民布衣变为五品将军的。勋官不是职事官，就是说只有品级而没有具体工作，但是可以按照勋品的高低分到数量不等的土地，通过考试，合格的还能获得真正的官位。另外，在社会地位上，勋官享有同品官吏的待遇，但对前线将士所立的战功，回到朝中要一一核实，不合格的将追回政府颁发给他们的勋官告身，称为"夺赐破勋"。就像现在发一个上岗的本本给你，后来发现你没有真正通过考试就上了岗，于是，将你的上岗资格证给没收了一样。这对他们来说是个沉重的打击。武后提出"上元前勋官已给告身者无追核"，就是想笼络住这部分将士，为自己掌握军权铺路。

第十二条，让长期任职的官吏升级，这是基层工作人员的福音。这样一来连基层的官员都愿意武后直接摄政了。

第九条是让父亲在世而母亲去世的人服丧三年，这一点很有女权主义色彩。古代礼制以男权为主，父亲去世子女需服丧三年，母亲去世时如果父亲已经不在世，一样要服丧三年；但如果母亲去世时父亲还活着，为了表示对父亲的尊重，子女只要服丧一年就行了。武后觉得这样做不公平，希望能将女人的地位提高。但是大的波动人们接受不了，只能在小的地方做些事，毕竟没人愿意跟自己死去的亲人计较。

武后提这个还有另一个目的，那就是提倡孝顺母亲。武后自己是母亲，日后如果儿子接大位，自己要想保住摄政的权力，那么最起码的要儿子孝顺才行。

在这里我们着重提一下第五条，就是俭省各项工程费用，减少百姓劳役的建言。这个立场贯穿了武则天的整个执政生涯，同时也是她的统治基础。在后来的叛乱中武则天能得到社会底层的拥护也是因为这类举措对下层人民有好处，武后统治能深入人心。

高宗对这样的建言，多数是赞同的。但是赞同并不代表会竭力执行，尤其是"父在为母服齐哀三年"几乎就没执行，其他的也是略微执行。可见，高宗还是留了心眼的。

天后的这十二建言一出，让人们看到天后要比天皇厉害得多。在政治能力上李治不如武后，在身体上李治就更不如武后了，李治整天病病歪歪的，所以把大部分时间都花在了休息和疗养上，武后声望的提高和高宗的不济为武后摄政进一步减少了阻碍。

李室渐衰微

第四章

　　高宗死后,武则天掌握了朝政大权。儿子们的平庸和懦弱,以及她内心权力欲望的急剧膨胀,使得她一个接一个地废掉了李室太子。皇室血脉日渐单薄,武则天对政治的掌控力更加强劲了。

李弘猝死

公元 675 年春天，高宗的病情进一步加重了，前面只提到高宗身体不好，没提到高宗到底有什么病。其实高宗得的病是心脑血管疾病，从公元 660 年就开始得了。十几年过去了，高宗的病恶化到不能上朝的地步，他不得不把政务移交给武后处理。

我们前面说，高宗提出让天后摄政的时候，曾遭到臣子的反对，其中的代表人物是中书侍郎兼任宰相的郝处俊。他对高宗说："皇上是处理国家大事的，而皇后是处理后宫的事务的，这是天道。过去魏文帝有规定，就算是皇帝年幼，皇后也不能参政，所以杜绝了祸乱。皇上您为什么不将高祖、太宗打下的江山传给子孙，而要传给天后呢？"这话刚一说完，中书侍郎李义琰就应和着说："处俊这是大大的忠言呐！皇上您还是好好考虑考虑吧！"

郝处俊的观点很明确，就是反对武后摄政，主张将李氏江山交给李氏子孙，而不是武后。人们在朝堂上讨论时，武后就在高宗身后的帘幕里，这个郝处俊还真是不知天高地厚啊！我丈夫现在都病得不能上朝了，你再把政权交给我那还不太懂行政管理的儿子，这朝堂谁来管理？我武后20年来兢兢业业地为大唐江山出谋划策，就没有一点儿功劳么？我做的事不比男人差，你们说不让干就不让干了，这是什么道理？况且我武后也没说要称帝，就是替丈夫管管你们而已。武后想到这里，又憋气又窝火。男人怎么就这么看不起女人？女人就只是你们的附属品么？但是，这时候，朝廷上没有人敢就此力挺她。李义府不在了，许敬宗也去世了，武后没有办法通过朝臣对高宗施加压力。

在讨论完武后摄政之事不久，太子弘就突然死在了合璧宫。

李弘是武后的大儿子，就是凭着这个孩子，她才争到了皇后的位子。武后对这个儿子是有感情的。李弘的性格很像自己的父亲，忠厚、懦弱，不但如此，他也继承了父亲体弱多病的体质，从小就多病多灾的。

李弘也像高宗一样爱哭。他八岁监国与一大群大臣临朝听政，在古代，这个年纪的孩子多半都有独立能力了。一次，高宗与武后一同去东都洛阳，把他自己留在了长安。谁知李弘却因为想念母亲哭个不停，把大臣们闹得实在没有办法了就派人告诉了武后，武后只好把李弘接到洛阳自己的身边。

李弘又是个颇为感性的人，别说是现实生活中的丑陋他无法忍受，就连书上所写的不义之事，他也难以安然。这样的性格很不适合做皇帝。

他小的时候读《春秋》，当老师读到"楚世子商臣弑其君"时，他不想听下去了，认为这样的事情太血腥了，于是请老师讲别的书。老师只好给他讲《礼》。如果说这只是日常琐事，不值得注意的话。那么，另一件事的发生却让武后失望了。这件事发生在大唐平定高句丽之后，"二圣"在平定高句丽后下了一道命令，命令是，让逃亡的士卒限期自首，否则施以斩刑、

妻子儿女没为奴。李弘听了之后，上了一道折子劝说"二圣"取消妻子儿女没为奴这一条。就现在来说祸不及妻儿是法制的进步，但是在当时连坐作为防止人们犯罪的一种手段是较为普遍的。武后觉得这个儿子太像他父亲了，将来未必成大器。

有一天，不知道李弘怎么知道了自己有两个同父异母的姐姐义阳、宣城两位公主，实际上就是萧淑妃给李治生的两个女儿。这两个公主都三十左右岁了，还没有嫁人，原因是皇上、皇后没有命令，她们不能嫁。李弘听了心里很难受，于是上奏请求给两位公主办理婚事。这件事让武后很不高兴，这是武后因为萧淑妃咒骂自己而故意安排的，怎能就此放过她们呢！但是武后不好说什么，自己儿子提的要求合情合理。武后一气之下把两个公主嫁给了两个小军官，虽然这两位军官后来也被提升，但始终得不到重用。通过这件事武后觉得这个太子太不像一国之君了，这样拎不清事情，将来怎么处理国家军政大事，又怎么奴役群臣？

李治倒是很欣赏这个儿子，物以类聚嘛，他觉得太子对大臣彬彬有礼、宅心仁厚，将来可以勤政爱民。他怎么就看出李弘对臣子有礼呢？这里有一个例子，太子在东宫读书，不愿接纳宫臣。不接宫臣，应酬吃饭就少了很多。典膳丞邢文伟劝太子多接触臣属，好为以后执政打下基础。太子很诚恳地写信回复他说，自己身体不好，没有精力频繁地接触大臣，还说一定尽量做到多见宫臣和宾客。李治对李弘的行为很赞赏，还表扬了他。

大臣们也喜欢太子，他谦恭有礼，仁爱厚道，将来做了皇帝不会对自己太苛刻。如果武后一直主政，别说是有些事情不能做，就连有些话也不能说。武后聪明睿智、是非分明、性格专断，可不是好对付的人。人哪有不犯错的，在李弘这里能过的，在武后这里不一定能过。至于能不能管理好国家是另外一回事儿，重要的是他们不想让武后当家。

但是，让大臣们失望的是太子李弘死了。李弘是怎么死的呢？这是上元二年的事。太子陪同高宗、武后一起巡游东都洛阳时，死在了洛阳。因为太子弘死的时间刚好是高宗放话说要传位给太子之后。所以，人们就觉得事有蹊跷，所有人的目光都聚焦在了武后身上。

人们怀疑武后是因为武后与太子在公主婚事的问题上闹得很不愉快。武后觉得李弘触犯了自己的权威，如果高宗把位子传给李弘，那么自己的权力就会被限制或者被削夺。人们都风传武后曾经杀死自己的女儿，再杀死一个儿子，也不是难事吧？大臣们议论纷纷。

对于李弘的死，史料上有两种说法。一种是，李弘是病死的，没有人为因素。另外一种就是武后杀死了李弘。

说李弘是病死的人是依据高宗的话来判断的。高宗在李弘死后为他下了一篇制书，名字就叫《赐谥皇太子弘孝敬皇帝制》。制书的内容是说给皇太子李弘一个谥号。是什么谥号呢？谥号是孝敬皇帝，制书中说，李弘仁孝英果，将来会是个好皇帝，李治想把他培养成自己的接班人，但是天妒英才，让他得了病，在他得病期间李治安慰他说："等你病稍微好一点，我就传位给你。"没想到的是太子一听这个就激动起来，结果病情恶化，一口气没上来便去世了，李治因此很悲痛，想到自己的承诺无法实现，就想给他一个谥号，叫孝敬皇帝。这是高宗制书的内容，这个制书说明李弘是因病自然死亡的。《唐实录》、《旧唐书》都支持这样的说法。

还有一种说法是，武后杀死了自己的亲生儿子，太子是个仁爱之人，因为向武后请求两位公主出嫁惹怒了武后，武后又想临朝，就毒死了李弘，李弘是不得好死的。《新唐书》里支持这一说法。

后人一般认为，武后不会杀死李弘，因为李弘确实有长期患病的记录，记录上显示李弘从小得了肺结核病。我们知道肺结核病是一种慢性病，会随着时间的推移越来越重。即使是医学发达的今天，结核病也不是完全能治好的病。更何况是一千多年前的唐朝！李弘病发是从咸亨元年开始的，到上元二年，过去了五年的时间。五年里，李弘病重接着死去并不奇怪。只是他的时间比较巧，刚好是朝廷想让他做皇帝的时候，所以人们才做出了种种猜想。实际上，武后也没有杀死李弘的必要。李弘的性格像李治，身体也像，一方面，李弘受精力所限，会将主要政务交给母亲打理，另一方面，李弘的柔弱便于武后控制。武后可以在不杀害自己亲生儿子的情况下，继续执掌政权。

因为李弘没有儿子，所以在李弘死后，二十二岁的李贤继承了太子位。

李贤谋反案

公元675年，天皇、天后立原雍王李贤为太子，李贤是武后的二儿子，高宗的第六子。

李贤与李弘性格迥异，仿佛更多地继承了武后的基因。性格刚毅，行事果断，不因循守旧。年幼的李贤举止文雅、睿智好学。因为有过目不忘的本领，学起东西来特别快，诗书文章样样精通，高宗、武后都很喜爱这个孩子。更可贵的一点是，小李贤自小就有做帝王的资质。他读书读到"贤贤易色"时，曾反复吟咏。贤贤易色的意思就是说看到比自己贤明的人，就改变态度，对丁帝王来讲就是礼贤下士的意思。

李贤才学出众做父母的自然高兴。高宗先后给李贤封了不少官，永徽六年封他做潞王；显庆元年封为歧州刺史，后加封雍州牧、幽州都督；龙朔元年，封为沛王加扬州都督兼左武卫大将军；二年加扬州大都督；麟德二年加右卫大将军；咸亨三年封雍王授凉州大都督，其它封爵、封邑和原来一样，实际上封一千户，上元二年六月立为皇太子。

李贤被封为太子后，留在长安做监国，此时的高宗和武后多在洛阳办公。应该说，武后还是很看重李贤这个儿子的。朝中的重要大臣和监国属官有一半留在了长安为太子效力。高宗病重，随时可能撒手人寰，武后必定也考虑过这个问题。高宗死后，太子必定会登基，李贤被安排在长安做监国，实际上是给李贤一个做皇帝的试用期。能不能通过试用期，就看李贤的表现了。如果说武后此时想做皇帝的话，不可能将有能力的李贤安排在这个重要的位置上。之前她一直希望的是有与皇帝基本对等的权力，甚至偶尔有取而代之的想法，但是，现在可以坐拥天下的是自己的儿子，她会不会与儿子争权呢？如果这个儿子肯给她对等的权力，武后是不会要一个皇帝的名的。毕竟武后到后来还是把江山还给了李家，这说明她内心深处还是觉得做皇帝的应该是李家的人，她要的就是实打实的权力。所以，武后才会给李贤安排出色的老师教导，出色的大臣辅助。我们看看李贤身边的人就知道了：戴至德是右仆射，同时担任太子宾客；张文瓘为侍中，也兼任太子宾客；郝处俊是中书令，兼

任太子左庶子；李义琰为同中书省门下三品，兼太子右庶子……同时，高宗与武后还给太子安排了一大批下层属官，如太子洗马刘纳言、司议郎韦承庆等，这些人不是唐初名臣之后，就是才华横溢的学者。足见天皇、天后对李贤的重视。

李贤开始时表现得相当出色，很有些帝王的架势。什么刑事诉讼啦，听政议政啦，恪守职责啦，做得颇为到位。高宗、武后听说后也感到高兴，于是对李贤表扬了一番："太子李贤刚刚监国，就能留心政事，呕心沥血地处理国事很是难得。在处理刑讼方面，力求准确；在听政议政的同时还不忘攻读先贤的遗作，深刻透彻地了解先王的治国之道，肯取其精华，恪守职责，没有辜负我们的希望，我们很放心。"李贤受到表扬自然高兴得不得了，于是又召集下臣为范晔的《后汉书》做注释。书完成之后，李贤拿到高宗、武后处供他们御览，高宗、武后又是一番赞赏。

李贤的个性比较活泼，又是爱玩的年纪，有了一点小成绩就不免沾沾自喜起来。于是经常带着仆人、武士到长安郊外打猎、游玩。这一玩便开始堕落了，玩的最过的是，玩同性恋，同伴是赵道生。

对于这些事，大臣们是不敢说的，最怕的当然是自己受到太子的报复。司议郎韦承庆有些胆量，上书给太子规劝太子的行为。但是，太子依然恶习不改。武后知道这件事后大为光火，这哪里还有一点儿太子的样子？不好好教育教育怎么能行呢？于是，武后让北门学士编写了《少阳正传》、《孝子传》来教育太子孝顺父母，不要辜负父母的希望。李贤受到责备后，心里不舒服，厌烦起武后的唠叨来。照理说，一个母亲教训自己孩子两句也没什么大不了的，为什么太子李贤会对武后有这么大的反感呢？

原来，李贤听说一些事，这些事让他耿耿于怀。是些什么事呢？就是关于武后这位母亲的种种传闻。太子宫中有个典膳丞，名叫高政，是长孙无忌的亲戚，武后在除掉关陇势力的过程中，高政受到很大打击。见太子对武后有不满和怀疑，高政便将听来的、猜想的事情一股脑地讲给李贤听。说武后怎样害死太子，怎样杀死韩国夫人，又怎样解决了魏国夫人，除掉了自己的儿子李弘。让李贤对武后的"罪行"有了一个清晰的认识，李贤听到这些便更加怀疑武后的为人。这还不是最坏的，最坏的是，李贤听说自己不是武后的亲生儿子，他的生身母亲是韩国夫人。因为，他出生的时候正是高宗宠爱武后的姐姐韩国夫人时期，有传说，韩国夫人生下李贤后，因为惧怕丑事外泄以及武后的反对，所以将李贤送给武后做二儿子。李贤回想起自己确实要比其他两个兄弟不受武后宠爱，于是，认为这件事很可能是真的。他对这位母亲的态度自然冷淡下来。

李贤是不是武后所生呢？这是个难解的迷。一般认为，李贤不是亲生的可能性不大。武后对李弘、李显的关心要多过李贤，但这是可以理解的，李弘、李显自幼多病，父母不放心身体不好的孩子，多过问问是人之常情。另外，如果说李贤是韩国夫人所生，而武后又将他纳入自己宫中，又不被外人所知。那么，就要先怀孕且同时与韩国夫人生产才可以，这样的巧合实在难找。但是李贤不管这个，他就是觉得武后很可能不是自己的生身母亲。

就在长安宫中谣言四起的时候，武后正在洛阳为自己的儿子卜算未来，为她卜算的是明崇俨。明崇俨是洛阳城外很有名的巫师，打着医道的幌子混进后宫，还当上了五品的正谏大夫。传说明崇俨会气功，高宗久病不起时，乱了方寸，才召他进宫行医的。

武后秉退了左右后，明崇俨神神秘秘地对武后说，现在的太子是继承不了大位的，他将自毁前程；英王李哲（就是后来

的李显）看上去很像太宗，但是也没有太大的作为，李旦倒是有几分天子气，以后可能登大位，但也不尽然……说完这些，明崇俨便走了，武后陷入了沉思。她对这三个儿子进行了一番评估，评估来评估去还是觉得李贤的能力最强。但是，明崇俨这又是什么意思呢？武后摸不着头脑。

宫中向来是最不透明同时也是最透明的地方。每个人都可能有自己的耳目，也都可能是别人的耳目。太子李贤自然不会缺少自己的耳目，明崇俨的话很快传到了李贤的耳朵里，李贤心里这个憋屈。

李贤忌惮自己会成为第二个李弘，于是准备好了武器，藏在东宫马坊里，又作了一首打油诗在宫中传唱。"种瓜黄台下，瓜熟子离离。一摘使瓜好，再摘令瓜稀。三摘犹尚可，四摘抱蔓归。"一看就是写给武后的。武后诗词歌赋的造诣要比李贤高很多，能不知道这是什么意思？武后意识到这个儿子已经不属于她了，他恨自己，更加不会听从她的管教。李贤已经站在了自己的对立面。

公元 679 年五月，明崇俨从洛阳到长安去办事，结果在路上被杀了。天皇、天后十分气愤，派人到处捉拿嫌疑人，查来查去就是查不出来是谁。过了一段时间后，武后让李贤到洛阳去随王伴驾，李贤心里害怕，认为武后要对自己下手了，所以就故意拖延时间，不动身。武后见李贤很长时间还不来，心里便起了怀疑。等到李贤实在没有办法赶到洛阳之时，武后看到李贤心事重重、惊慌不定的样子，更加深了自己的疑虑。于是就查起太子来，这一查就查到了太子的同性恋赵道生胡作非为的事。接着太子的各种劣迹全都曝光了，在太子宫中还搜出数百套的武器、盔甲。在审问太子男宠赵道生的过程中，赵道生指控太子派他杀死明崇俨。人证、物证俱全，可以定罪了。无论是国法还是家规都不能宽恕这样的太子。谋反、杀人足够废掉李贤。

躺在病榻上的高宗知道李贤犯下这样的罪行之后，差点儿没背过气去。这是最有希望、最有能力继承王位的儿子，这个儿子再被废了，自己百年之后，谁来打理这个江山啊？李治看着怒气冲冲的武后说到："太子的事我也听说了，他是我们的儿子，我们能不能放他一马呢？"武后看着病重的高宗叹了口气："皇上，不是我不想宽恕他，只是这样忤逆不孝的儿子，我们不大义灭亲，将来还怎样管理天下呢？后人会怎么说我们啊？"高宗也没有办法，于是问武后如何处理李贤。武后说："就贬为庶人，流放到巴州去吧！我们与他断绝关系。"

这一年的八月高宗颁布了诏书，李贤被流放到巴州，后来死在了流放地。这个最有希望继承皇位的太子就这样陨落了，唐中宗继位后追封他为章怀太子。李贤的党羽在李贤离开洛阳那一天全部被斩杀，当然最先斩杀的就是李贤的情人赵道生。从太子宫搜出的数百套兵器，全部运到洛阳的洛河南天津桥边焚毁。高政被高宗交给了他的父亲高真行处置，高真行用私刑把儿子给解决了，高宗听了这件事很生气，把高真行贬为睦州刺史。

李义琰是个忠正的老臣，说太子犯下这样的罪行是自己的责任。高宗、武后没有责怪他，这在当时成为一种美谈。

旧有大臣希望李氏掌握政权，一直非议武后，说武后捏造了太子的罪名，企图独揽大权。武后也明白，高宗和旧臣们一样，是不愿意废除李贤的。为了缓和与高宗以及大臣的矛盾，武后上书给高宗，请求免了与李贤有关联的杞王李上金和鄱阳王李素节的罪，任上金为沔州刺史，素节为岳州刺史。义阳、宣城二公主被武后指婚给下级卫士官，曾经被放于外地，武后也请奏将他们召回，封给官职。这样，宫中以及朝廷的气氛逐渐缓和下来。

永隆元年，就是公元 680 年，天皇、天后又立李哲为太子，就是我们前文提到的李显，他是在即位时改的这个名字。

高宗归天

高宗病重

高宗的身体健康总体来说，是呈下降趋势的，但因为照顾得周到，这段时间还算平稳。李哲即太子位没多久，武后的女儿太平公主就出嫁了。因为婚事比较费神，高宗的病情急转直下。

太平公主的性格很像她母亲，睿智、果断、大方。因为武后只剩这么一个小女儿，加上太平公主比较讨人喜欢，所以很得高宗和武后的喜爱。

公元 680 年，文成公主逝世，吐蕃愿意与大唐再次结亲，于是派使者不辞辛劳地来到大唐求婚。原本吐蕃是想把太平公主娶回家的，谁知道高宗和武后舍不得，当然，太平公主也不愿意。这怎么办才好呢？使者都到眼皮子底下了，总不能不给个说法呀！武后想了一个办法，就是抬出自己的母亲做挡箭牌。说当年在自己母亲去世的时候，太平公主为了尽孝道，已经入

道观做了道士，发誓不嫁人了。武后为了把戏做得真些，还为太平公主改建了个太平观，让太平公主搬进去住。吐蕃使者没有办法，只好无功而返。

太平公主是比较有主见的女孩子，一方面遗传了武后的基因，一方面比较受宠，所以连在婚事上她也会自己做主。她想嫁个武官，又不好直接说，于是穿了武官的官服，带了武官的配饰，在自己父母面前表演。天皇、天后知道太平公主的意思，就着手为她选驸马。

皇帝家的女儿也愁嫁，虽然选中了三品光禄卿薛家，但是薛家人却不怎么愿意。尤其是薛绍的哥哥薛顗，他觉得太平公主是武后唯一在世的女儿，一定娇生惯养，娶到家里肯定不好相处。薛绍觉得这个可能性很大，于是找人商量，商量来商量去就被武后知道了消息。武后心里这个气呀！我们皇家没有挑你们，你们倒还挑起我们来了，简直岂有此理。但是婚姻的事不能下诏勉强，武后只好放出话去："薛家的媳妇都是平民百姓，我们还不愿意和他们做妯娌呢！"薛家人一听也紧张起来，这可不是闹着玩的，不答应真就变成平民了。赶紧同意了吧！婚事就这么定了下来。

办婚事本来就是折腾人的事，更何况是皇家的女儿。这场婚事的盛况是可想而知的。高宗自然高兴，又是宴饮，又是接受朝贺，不知不觉体力有些透支，病又重了许多。

高宗归天

高宗病重期间，向武后提出建议：希望立李哲的儿子为皇太孙，意思就是将来的太子。武后没有反对。人老了更加惦记自己的子孙，李治知道自己的时日不多了，就想方设法为儿孙争利益，他想给李哲的儿子设置府署和官属。武后有些不愿意了，这是干什么呢？是在防范自己么？怕我害自己的三儿子家破人亡么？对于这个不合常理的要求武后还真不好说什么，她找来吏部郎中王方庆故意询问这件事，王方庆说："晋惠帝和齐武帝都立过皇太孙，但是皇太子的官属本身就是可以做皇太孙的官属的，没有另立太孙宫府的先例啊！"高宗一听急了，"我死了不就行了吗？"实际上，李治知道他这样做是有悖常理的，但是他知道武后不会轻易放权，所以想借此把李家天下安排好，以免武后一直把持朝政，甚至取而代之。武后感觉到高宗的不放心，她的生活再一次被别人给安排了，武后实在恼火。

高宗身体越来越弱，最后连下床都困难了。头晕目眩，四肢无力。高宗自知大期不远，于是想要游遍五岳，嵩山封禅，最后看看他的大唐江山。这是可以理解的，人到生命的最后一刻总会想不留遗憾地走。高宗在政治上没有大的成就，但是怎么着也要看看自己曾经统治过的江山吧！

武后劝高宗不要这样做了，高宗就是不听，是啊，人如果连最后的心愿都不能达成是多么不甘呐。武后没办法只好找来大臣商议，大臣们自然表示反对，监察御史李善感上书说："皇上你已经封了泰山，宣告天下太平，置下了众多的福瑞，可以与三皇五帝相提并论了。你看，这些年来，我们国家庄稼收成不好，到处是饿死的人，边境又不太平，每年都要打仗。皇上您要考虑用为政之道来消灭灾祸才是，这几年又不断地建设宫殿，百姓劳顿，人们没有不失望的。我听到这样的事情，私下里很是担心啊！"

这道奏折说得很严重，简直有指责高宗的意思了。有人说这是武后授意李善感写的，是想制止高宗的行为。上这道奏折时，有这样的情况：洛阳暴雨连连，城内外的人家被冲陷了很多家。而且，全国普遍受灾，灾情严重，饿死、病死的人尸横遍野。武后对自己有危害的人，经常是残暴的。但是对待天下的百姓，还是能站在明君的角度去考虑问题的。她命令后宫削

减开支，省下钱充实国库。武后在这个时候不愿意高宗去嵩山，也是想节省些耗费。谁知，高宗就是想去，大概他知道，泰山封禅实际的获益人是武后，而不是自己。在死之前要为自己做一件事，武则天最后还是同意与高宗一起嵩山封禅。

公元683年十月，在诏书下了又改，改了又下之后，高宗和武后终于做好了封禅准备。封禅进行到一半时，因为高宗病情加重，实在没有办法主持封禅大礼，所以只好停了下来。高宗头疼得厉害，眼睛也即将失明。于是找来御医秦鸣鹤给自己看眼睛，秦鸣鹤想用针灸的方法为高宗治疗。武后听了大怒说："岂有此理，这个人应该拉出去砍头，竟要向天子头上插针！"秦鸣鹤吓得扑通一声跪地求饶。高宗实在禁不住疼痛，便对武后说："刺就刺吧，说不定会好呢！"经过秦鸣鹤反复针灸，高宗真就感觉有所好转，高兴地说："我的眼睛能看见了！"武后很高兴，赏赐秦鸣鹤一百匹彩缎。但秦鸣鹤的治疗只是治标不能治本，高宗已经病入膏肓，在稍有好转之后，他的病还是不可逆转地恶化了，武后只好回洛阳。

武后为了祈求上苍保佑，再次改元为弘道，大赦天下。在大赦这一天，高宗勉强听完宣诏，他问大臣百姓们高兴么，大臣们说很高兴。他对大臣说："百姓虽然高兴，但是我的命就快终结了，老天若是肯给我一两个月的生命，让我回到长安，我也就死而无憾了。"当天晚上，高宗召来裴炎立遗诏。遗诏说："皇太子枢前即位，军国大事有不决者，取天后处分。"接着，高宗就断了气。

嗣圣元年五月，高宗灵柩回到长安。八月，葬在了乾陵。谥号为天皇大帝，庙号高宗。

高宗死了，留下武后和太子李哲管理大唐江山。大唐王朝又将是怎样的一种命运呢？高宗死后，他的儿子就会继位，武后要怎样保住她原来的地位呢？这是武后不得不面对的问题。

李哲被废

高宗死后，太子李哲即位，改名为李显，就是唐中宗。武后被尊为皇太后，按照高宗的遗诏，政事暂时由武皇太后代理。此时的李显已经到了而立之年，史书上说他胸无大志，不学无术，无才无德。被封为太子以后，就知道玩乐享受。前面两个哥哥死了，太子的荣耀与责任同时落在他身上。高宗知道李哲不是做皇帝的料子，所以，想到要武皇太后以及裴炎辅政。高宗预料武后可能取而代之，所以才封了皇太孙。

武后知道这是个敏感时期，新君初立，自己以皇太后的身份摄政，很可能引起朝廷的骚动。李哲又不是个能扛重担的人，如果在这个时候不做好安排，恐怕会出乱子。武后在对时局做了一番深入的思考之后，决定先从王室、宗亲入手安定李家的大局。我们知道，如果新上任的君主能力弱，或者年龄小，或者难以服众，那王室的人就很有可能篡权，这在历史上是屡见不鲜的事情，更何况是有着夺嫡传统的大唐王室呢！武后对高祖的儿孙们很是忌惮，如果能安抚这一部分人，政局就会稳定很多，如果这些人肯辅佐，那么即使朝廷有变动也不必太过

焦虑。

武后发布了一道政令，想借此安抚唐王室。政令是让韩王元嘉做太尉，霍王元轨做司徒，滕王元婴做开府仪同三司，舒王元名做司空，鲁王灵夔做太子太师，这样就安排好了李渊的几个儿子，与此同时任命越王贞做太子太傅，纪王慎为太子太保，太宗的两个儿子也安排完了。武后给他们安排的官职都是朝廷中的重要职位，唐王室感觉武后多少还是尊重他们的，也就不再多说话了。毕竟有高宗的遗嘱在，武后摄政是有理可讲的。而李哲终归还是李家的人，看看局势怎么发展再说吧！王室就暂时被稳住了。

王室的人暂时安抚后，接下来就要重新进行人事任免。这个时候，高宗一代的大臣老的老，去世的去世，有能力又有精力的李敬玄也被高宗贬出了朝廷。朝中就只剩下刘仁轨、裴炎、郭待举、岑长倩、郭正一、魏玄同、刘景先等人可用。于是，武皇太后任用刘仁轨为左仆射、裴炎为中书令、刘景先为侍中；魏玄同为黄门侍郎参知政事、岑长倩提为兵部尚书参知政事、提拔左散骑常侍韦弘敏为同中书门下三品、北门学士刘祎之为中书侍郎。政事堂由门下省改为中书省，宰相们都到中书省议事。文臣安排好之后，朝中的人事基本稳定下来。为了应付突发事件，武皇太后派左威将军王果、左监门将军令孤智通、右金吾将军杨玄俭、右千牛将军郭齐宗分往并州、益州、荆州、扬州四大都督府，与府司相知镇守。

经过一番安排，从中央到地方的局面都被控制了。

公元684年，新皇帝登基，改元嗣圣元年。新皇帝登基后又要立新皇后，皇后的亲戚朋友又要被提升，这些事都要有中宗李显参与。李显立太子妃韦氏为皇后，接着升皇后的父亲韦玄贞为豫州刺史，管辖洛阳附近的州县。李显觉得这个官似乎小了点，与他皇上的地位不太匹配，于是又给了他岳父一个侍中做，这下韦后的父亲可就是首辅之臣了。李显为了显示仁德，把自己的奶妈封了个五品官，诸如此类的事还有一些。裴炎感到新皇帝的举动有些过火了，便劝谏说："皇上您有这份心是好的，但是韦玄贞没有给国家立过什么功，这样的提升不合情理啊！"李显哪里听得进去，韦后的娇嗲比这位辅政大臣的忠言好听多了。中宗不理裴炎也就罢了，还大声斥责裴炎："我把整个天下送给韦玄贞都没什么不可以的，何况是一个侍中呢？"裴炎一听，这还了得？给韦家还不如给武皇太后打理好呢！于是，找到武皇太后把中宗的话原原本本地告诉了她。武皇太后一听就火了，这哪还像个皇上说的话！刚当上皇上就目无母后，目无大臣，只听媳妇的话，这样下去迟早有一天把江山给败坏了。武后知道李显不是做皇帝的料子，但没想到他这么荒唐，所以武后起了废帝之心。废新君是需要些勇气的，太子一个接一个地出事，现在又废新君，不光大臣，就是天下的百姓也会议论纷纷。武皇太后有些犯难了，找来裴炎商量，裴炎等一干大臣也知道李显的所作所为实在难堪大任，于是，同意罢黜新帝，之后武皇太后亲自草拟废帝命令。

武皇太后将文武百官召集到乾元殿开会，按照事先的计划安排宫中事物：由裴炎和刘祎之全权负责。整个宫殿杀气腾腾，文武百官不知道发生了什么事，心里都七上八下的。宰相裴炎宣布武皇太后的命令："中宗昏庸无德，不堪为一国之君，马上废为庐陵王！"接着侍卫把中宗拉下了大殿。中宗不服气地说："我有什么罪过，要废掉我？"武皇太后怒吼道："你不是想把江山给韦玄贞嘛？大唐的江山都要让你送给别人了，你还没罪吗？"中宗无话可说，只好服罪。随后武皇太后将中宗软禁起来，又将他的名字改回了李哲。之后，皇太孙李重照被贬为庶人，李哲的岳父也被流放到钦州。在废李显的第二天，武后立了自己的第四个儿子李轮为皇帝，改名为旦，就是睿宗，李旦的妃子刘氏被立为皇后，李旦的儿子李成器被立为皇太子，改号文明元年。

不出武皇太后所料，中宗被废后，大臣、百姓议论纷纷。很多人又猜想她想自己做皇帝，所以才会接二连三地发生废立之事。武皇太后为了防止动乱发生，便任命刘仁轨为西京留守，又安排了一些自己信任的人掌握军权。

虽然朝臣和百姓都在议论，但是没人敢直言进谏。老臣刘仁轨以请辞为由向武皇太后进谏，希望武皇太后借鉴汉朝吕后的教训，不要把朝廷搞得乌烟瘴气，被后人耻笑。

武皇太后看了刘仁轨的奏章以后，不仅没有生气反而派自己的侄子武承嗣带了一封信去安慰他：现在皇上正在举丧期间不能决定政务，我以卑微之身暂且行使表决权。你这样劝说我，可见你的忠贞耿直，我冷静地思考以后感触颇多，内心里充满了欣慰和愧疚之情。这真是一面镜子啊！你是先朝的老臣，声名远播，希望你能匡扶社稷，不要因为年纪大就辞职。就是说武皇太后不允许刘仁轨辞职。从武则天整个政治生涯来看，武则天虽然对待自己的敌人心狠手辣，但是对待忠诚的臣子却没有下过黑手。她这封信一方面可以安抚老臣，一方面也是她为政的圣明之处。

刘仁轨收到这封信后，感动异常。仔细想想这么些年来，武皇太后辅佐高宗做了不少事情，这些事情对治世大唐利大于弊。虽说武皇太后曾经心狠手辣地铲除政治对手，但是毕竟她没做出对百姓太过分的事情。况且自己说了这么多在自己看来都大逆不道的话，武皇太后却不责怪，反而写信安慰我，这样尊重大臣的掌权者还是不多见的，颇有太宗遗风啊！所以刘仁轨最终没有辞职。刘仁轨留下以后，朝廷官员的议论少了很多。武皇太后不愧是政治老江湖了，知道如何运用帝王之术。她有资格、有能力做皇帝。

安抚了一批能安抚的人之后，武皇太后就要解决那些不能安抚、存有异心的人了。武皇太后对待反对自己的人是绝不心慈手软的。有一次，曾经参加废黜中宗的十几个骑兵一起喝酒，因为不满没有奖赏而大发牢骚。有人说："早知道是这么个结果，我们还不如拥立庐陵王做皇帝呢！"这话被人告到武皇太后那里，武皇太后不高兴了，一个小小的骑兵都这样非议朝廷，不杀一儆百怎么行？于是将谈论此事的人全部抓了起来，说出大逆不道的话的斩首。告密的人升了五品官。这样下来，非议朝廷的人渐渐少了起来。

为了防止被废太子李贤作乱，武皇太后还命令左金吾将军丘神绩逼李贤自杀，丘神绩回到洛阳，被指擅自杀死被废太子，贬到叠州做刺史，追封李贤为雍王。不过很快丘神绩再次被启用，官复原职。

从以上的事件我们可以看出，武皇太后的政治权谋已经运用得十分娴熟了。她通过安抚皇室、重臣，重新配置朝廷人力资源，以及除掉政治敌人、潜在对手等手段稳固了自己的统治。此时的武皇太后是不是已经有自己称帝的打算了呢？没有，她依然是想要实实在在的权力，而不是虚名。

在处理太子李贤之时，武皇太后也没有忘记把废了的中宗李哲迁往湖北房州。接着又迁来迁去，为的就是不让李哲有喘息的机会。因为她知道，只要这些已废太子在某处落下脚，他们就有可能培植出自己的势力，再次反攻自己。

唐中宗被废了，他还有机会返回皇室么？李哲的命运到底掌握在谁的手里呢？武皇太后在对自己的儿子做了一系列的动作之后，命运又将把她带向何方呢？天涯海角的两母子各自揣着心事熬着他们的日子。

改弦又更张

第五章

　　武则天在接连不断地废黜太子以后，受到了来自李家宗亲以及部分臣子的强烈谴责和质疑，甚至有人发动叛乱反抗武则天的统治。武则天为了铲除这些势力，进行了一系列的平叛活动，叛乱被平息后，武则天登上了皇位。

李旦的悲哀

　　早在龙朔二年八月，武则天的第四个儿子出生了，取名李轮，他是武后最小的儿子，遗传了高宗文人方面的特质，自幼喜爱文学、书法。因为是老小，很少想做皇帝的事儿，所以把大部分的精力都用在了做学问上。高宗和武后原本并没有指望他能承担起皇帝的大任，也就没给他过多的政治教育，但也并未亏待他。先是封了个豫王，接着改做冀王，后来又封为相王、右卫大将军。到了凤仪二年又改封豫王，改名为李旦。

　　多年来的宫廷争斗，使李旦看清了母亲对待威胁她统治的人绝不手下留情的现实。于是，处处小心，以免引火烧身。唐中宗被废以后，武皇太后就剩下这么一个亲儿子可以立了。虽然他对政治不敏感，但自己好控制些。如果说武皇太后之前就想要做皇帝的话，她不会在高宗死了之后还迟迟不肯动手。而反复废立自己的儿子，定会引起人们的怀疑，武则天不会这么没有脑子。她可能在某一个时刻曾经有自立为帝的想法，但时至今日她还是更多地偏向于做操纵者，而非名副其实的君王。

　　在中宗被废的第二天，李旦即位了，就是唐睿宗。睿宗被立为皇帝之后，不能在正宫听政议事，武皇太后临朝称制。李旦只顶着皇帝的虚名，在宫中读书写字。朝廷上的事都由武皇太后一个人说了算。

接下来发生了后面我们要提到的扬州叛乱一事，武皇太后在平乱的同时要还政李旦。李旦知道自己的半斤八两，料定母亲也不会这么轻易放手权力，所以坚决不同意武皇太后的还政要求。武则天也没过多推辞，继续临朝听政。第二年，武皇太后为了安抚李旦和朝臣，将李旦的几个儿子封为亲王，这是向朝臣表明自己不会称帝。睿宗看着自己母亲所做的一切没有丝毫办法，他现在只是个傀儡而已。

公元689年（有资料显示为690年，我们取多数资料记载的时间。），武则天开始使用周历。与此同时，改元为载初。武则天还给自己取了一个新名——曌。为了避讳，自此，所发布的诏书改称"制书"。之后有人上万民表，请求武则天实施改朝换代。当时，很多宗室和大臣因为反对武则天都惨遭灭门。

这个时候睿宗不能不说话了，他也上书给武则天，请求武则天登基，并赐自己武姓。皇帝做到这种地步也够窝囊的了。武则天自然求之不得，一番谦让之后，高高兴兴地同意了儿子和臣民的请求。公元690年九月九日，武则天登基，赐皇嗣武姓，李旦将名字改回"轮"，迁出东宫，没有帝位继承权，刘氏降为妃。睿宗这次在位没有任何动作，更别说是作为了，他只是保住了自己的性命。然而，想做个逍遥人也是不容易的。

武皇太后宠信的户婢韦团儿喜欢上了这个曾经没有实权的皇帝，想要与他建立情人关系。李轮知道自己正处在水深火热之中，这个时候若发生什么，对自己十分不利，所以就拒绝了她。韦团儿心怀怨恨，在武三思和武承嗣的指使下，她在李轮的妃子刘氏和德妃窦氏住所埋了一根木头人，告发她们诅咒武皇太后，是为厌胜。公元693年，刘氏、窦氏被武皇太后处死，偷偷地埋在了宫中。两个妃子突然失踪，睿宗不会不知道，但是睿宗不敢声张，因为他知道是武则天所为。这就是睿宗的聪明之处，他知道无法与母亲斗，便在武则天面前装作没事儿人似的，以此来保全自己。即使有人出面为刘、窦两位妃子鸣冤，睿宗也默不作声。

　　睿宗的沉默保全了自己的性命，也为以后的再次登基保存了实力。但是这段时间，睿宗是相当悲哀的，二十好几的人了，顶着个虚名在宫里行走，谁见了都暗地里腹诽，睿宗的心里也不会好受吧！

扬州叛乱

李敬业扬州起兵

　　公元684年，睿宗带着王公以下的文武百官在武成殿为武皇太后上尊号。自此，武则天亲自临轩执政，而皇帝则住在别殿，不问政事。武则天临轩称制后，百官朝贺。一时间，祥瑞之说甚嚣尘上。什么"瑞鸟"、"瑞麟"、"瑞云"全出来了，这表示大家对武则天执政的拥护。武则天以为自己执政没有太

大的阻力了，谁知才高兴到一半就杀出个程咬金来。这是怎么回事呢？原来嵩阳令樊文又献了一块"瑞石"，武则天拿着这块玉石让百官观赏。尚书左丞冯元常上书说这是谄谀欺骗的说法，武则天意识到朝廷中还有一部分人对自己执政不满，于是把冯元常赶到陇州做刺史去了。

武则天临轩执政后，将大唐的旗改为金色，东都洛阳为神都，官名进行了一次大改换，官服也改了颜色。在以后的叙述中我们可能用到官职名，为了不至于混淆，我们将改动的官职列举一些：尚书省改为文昌台；左右仆射改为左右相；吏、户、礼、兵、刑、工六部依次改为天、地、春、夏、秋、冬六官；门下省改为鸾台、中书省改为凤阁；改侍中为纳言，中书令为内史；御史台改为左肃政台，增加一个右肃政台。其余的省、寺、监、率名称，都按各部门的职权另改名称。正在武则天花样翻新地折腾官职的时候，一件叛乱发生了。发动这场叛乱的是扬州大都督李勣的孙子——李敬业。

李勣是高宗时期的老臣，为高宗和武则天的朝廷立下过汗马功劳，高宗和武则天很是器重他。但是李老丞相的孙子却不怎么争气，整天就知道吃喝玩乐、贪赃枉法，后因东窗事发被贬职。他打着恢复李氏江山的旗号，聚众谋反。参与这次谋反的还有一个叫魏思温的监察卸史，这个魏思温因为犯法被贬为蓥屋尉，他有些政治头脑，因此成为这次叛乱的"军师"。

按照李敬业和魏思温事先商议好的计策，先让同伙监察御史薛仲璋请求出使江都，等薛仲璋到了江都后，再让韦超告发扬州都督长史陈敬之谋反。这样一来，薛仲璋便可以用中央派遣出使御史的身份逮捕陈敬之，薛仲璋可以轻而易举地控制扬州。薛仲璋等依计行事，果真掌握了扬州的军权。接着宣布叛变，改回嗣圣元年中宗的年号。武则天千方百计想要杜绝的事还是发生了，这些人果然打起了自己儿子的旗号来反对自己。

叛军找了一个酷似李贤的人来冒充已死的太子，到处宣扬说，李贤没有死，而是逃到了扬州，在扬州招兵买马，任命李敬业为上将军，兼扬州大都督。紧接着在扬州设立了三个府衙：匡复府、英公府、扬州大都督府。又任命了一些官员，其中最著名的是"唐初四杰"之一的骆宾王，他写了一篇留名千古的《代李敬业传檄天下文》后收到《古文观止》中改名为《讨武曌檄》。大肆宣扬武则天的罪行，号召人们起来反对武则天执政。

武则天对叛乱是有所准备的，当听到扬州发生叛乱时，她并不十分惊讶。之前不是有冯元常被贬之事么？现在发生这样的事早在意料之中。当她读到骆宾王的《讨武氏檄》后，还大赞骆宾王的才学渊博、妙笔生花。她说像骆宾王这样的人不用，是我们帝王的过失，可见武则天的帝王之器。关键时候还能为敌人送上赞美，这是需要胸怀和智慧的。对于武则天的泰然自若，大臣们从心底佩服起来。

武则天在赞完了骆宾王之后，放下手中的檄文，命令左玉钤卫大将军李孝逸领兵三十万前往讨伐。武则天认为这样还不能彰显出自己的威严，于是把李勣的官职给剥夺了，还派人挖了他的坟墓，捣烂了他的棺材，接着又恢复了李勣的原姓。武则天要让天下人看看反叛自己的下场。

李敬业不通兵家之事，临到阵脚便六神无主，只好找大家来一起商议该怎么办。军师魏思温说："您还是以匡扶李室为名，率领着众人击鼓行进，直捣东都洛阳。这样的话，天下人就知道你是为了李家江山在打拼，那么就会群起响应。"薛仲璋不同意出兵洛阳，他坚持守住金陵，就是现在的南京，再渐渐向北进军。魏思温反驳说，山东有粮有兵，就等着我们到那里去呢！如果不趁着这个形势立功，而是自顾自地保存已有的领地，那么，起兵的人听了，谁还会响应我们呢？

李敬业没有谋略和胆识，没有听进魏思温的建议继续进攻，而是兵分几路，攻占江都周边的地区。魏思温叹了口气说："兵力集中力量就会强大，分散了就会弱小。敬业不渡过淮河，收取山东进而夺洛阳，我们的失败就在眼前了。"之后李敬业带领着叛军主力攻下了润州。

守润州的是李敬业的叔叔李思文，李敬业原本想拉着李思文一起造反，但李思文拒绝了，接着向武则天告急。李敬业占领润州之后，魏思温提出用李思文的脑袋祭旗，李敬业不肯。润州司马刘延嗣被抓后，李敬业要杀了他，魏思温说这是他的旧相识请求赦免其死罪。就这样，两个人都被关进了大牢。

李孝逸的大军赶到后，李敬业着急了，赶忙从润州退出来守江都。他在高邮县屯兵，命令自己的弟弟敬猷守卫淮阴，韦超、尉迟昭守卫梁山。李孝逸因为初战失利而不敢继续进攻，担任监军的殿中侍御史魏元忠对李孝逸说："现在天下的安危在此一举了，原本天下太平，是贼子先叛乱，搅动得天下不安，人们都盼着尽快平定叛乱，而今将军只守不攻，不是令天下人失望么？如果朝廷知道了这件事，必定会改派其他的将军来剿灭叛乱，将军你打算怎样应对呢？"李孝逸一听，可不是这回事么？我这里不进攻，朝廷迟早会知道，到时我没法交代啊！于是，下令进攻，结果斩杀了叛将尉迟昭，这人有时候真得有点压力才行啊！如果李孝逸不是被魏元忠吓了一下，怎么会下令攻打叛军呢？

十一月，武则天果然派左鹰扬大将军黑齿常之为江南道大总管，统领大军增援李孝逸。李孝逸听到消息后，再次攻打梁山，而叛将韦超坚持不迎战。李孝逸拿不定主意是攻是战，大家在阵前开始讨论起来。魏元忠建议先攻打李（徐）敬猷，其他将领不赞同这样做，他们认为要先进攻李敬业。魏元忠说："我们应该先进攻李敬猷，李敬业人多，又凭着显要的位置死战，如果我们失利，那么，我们就危险了。李敬猷没有什么能力，根本不懂打仗是怎么一回事，再加上势单力薄，大军一到就会被攻克，因此李敬业必定会想办法来救自己的弟弟，到时必定来不及。现在我们舍弃好攻的，去攻打难攻的，是下策啊！"李孝逸听了魏元忠的意见，先攻打韦超，接着攻打李敬猷，李敬猷大败。接着，挥军进攻李敬业。

李敬业借着河水死守，李孝逸几次攻打都没有成功，想退到石梁。魏元忠接着劝说："这个时节芦苇都干了，又是顺风，不如用火攻，此时是不能后退的。"李敬业的军队此时也精疲力尽，失去了斗志。李孝逸采用火攻的计策，将李敬业的大军烧得七零八落。

李敬业一看完了，大势已去，于是率领着轻骑兵进入了江都城，带着一家老小准备从润州入海，投奔高句丽。结果逃到海陵界，被大风阻住，无法渡海。其他的将领看到没有什么希望了，便杀了李敬业和李敬猷兄弟，带着他们的头去投降。叛将唐之奇、魏思温也被活捉了，只是骆宾王下落不明。李敬业叛乱被平定了。

武则天平定了李敬业的叛乱后，对李敬业一家进行了处置。只有李文思被留了下来，并提拔为司仆少卿，赐武姓。

平定李敬业的叛乱只用了四个月的时间，而且战争只在扬州和楚州范围内进行，因此对百姓没有构成大的危害。大唐的安定以及社会经济生活还在继续发展。武则天之所以能平定李敬业的叛乱，与中下层的官员和百姓的支持是分不开的，她在位时所实行的政策得到了下层人民的拥护。扬州叛乱平定以后，武则天的统治进一步加强了。

裴炎之死

裴炎是绛州闻喜人，自幼勤奋好学，在学校里是个乖学生。

在弘文馆学习期间，一直刻苦努力，每到节假日，同学们都外出游玩，他却留在弘文馆里读书。他的老师很喜欢他，想直接推荐他去做官，相当于现在的保送生。裴炎却推辞说自己的功夫还没到位，还想学一些东西，其实是他自己不想被保送，他想凭真才实学进入政府部门，这样腰杆子才硬啊！经过一番拼搏，裴炎一下子"明经及第"登上了仕途。

裴炎也是一步一步从基层管理员上干上来的。他先在濮州做司仓参军，就是管理粮食的官。后来调进京城，担任御史、起居舍人等职。这些职位虽然都不是重要的职位，但是与皇室的接触比较多。因为有接触皇帝的机会，所以他的才能很容易被发掘。公元 680 年，他被封了"同中书门下三品"的官衔，成为当朝的宰相。后来还当过侍中和中书令。裴炎的工作能力很强，就是有一点，为人太骄傲了。这样的性格很容易得罪人，裴炎的祸端就是他这种性格造成的。

公元 681 年，定襄道行军大总管裴行俭打败了反叛的突厥，招降了可汗阿史那伏念。裴炎却说伏念是在大军威逼下"计穷而降"的，难保他以后不再反叛，坚持要把他给杀了。这让裴行俭大丢面子，因为裴行俭曾经保证不杀伏念，裴行俭也因此没有得到赏赐。裴行俭是代表国家许下的诺言，而裴炎却违约把人给杀了。高宗和武则天也没办法，反正是个败军之将，又是突厥人，杀就杀了吧，难道还因为一个叛将得罪自己的大臣不成。但高宗、武后、裴行俭都对裴炎不太满意。

裴炎当宰相以后，倒是得到了高宗的信任。公元 682 年，高宗去东都洛阳，留下太子李哲（李显）守京师长安，特命裴炎协助太子处理政务；第二年，高宗病重，又让裴炎护送太子到东都来探候；临终前，高宗还命裴炎与两位侍郎刘奇贤、郭正一为辅政大臣，这可是再大都没有的信任了。中宗继位后，裴炎作为"顾命宰相"更是权高位重。

高宗死后，宰相裴炎做出了一些不同寻常的举动。高宗曾经有遗诏：军国大事有不决者，取天后处分。所以裴炎在高宗死后第三天，也就是太子在灵柩前即位后第二天上奏说，嗣君没有被正式封为皇帝，也没有听政，不应该"发令宣敕"，所以建议一切政令从武则天出。裴炎的建议是不是武皇太后指使，我们不得而知。但是这样的建言对武则天是十分有利的，她顺理成章地取得了国家大事的决定权，所以武则天对裴炎感恩不尽。

裴炎因为受到武则天的重用而越发骄傲起来。在废掉中宗之后，武则天曾经要"追王其先"，就是追封武家的祖先为王，并建立"武氏七庙"。裴炎知道后却对武则天说："太后是天下的母亲，应该大公无私才对，不应该偏向自己的亲族。而且，您应该吸取汉朝吕后家族的教训。"武则天不以为然地说："吕后把权力交给在世的吕氏亲族，所以导致灭族的后果，现在我只是追封武家已经故去的祖先，这有什么关系呢？"裴炎不依不饶地说："我们做事要防微杜渐，不能让小事演变成大害。"武则天听后心里很不是滋味，但是没有办法，裴炎位高权重不能硬碰硬，只好暂时偃旗息鼓。之后武则天对这位老臣产生了一点反感。另一件事的发生却让武则天怀恨在心了，这是什么事呢？

原来在当武承嗣劝说武则天杀死韩王李元嘉、鲁王李灵夔等人，以慑服李家宗室、扫除掌权的隐患时，裴炎当庭力争坚决不同意。此事又不了了之，武则天觉得自己的权力受到了制约，心里极为不快，就想除掉裴炎。裴炎也感到武则天的权力在慢慢地走向巅峰，他是顾命大臣，想限制武则天的权力。

就在李敬业扬州发动叛乱的时候，裴炎觉得时机到了，于是想逼武则天"还政"。武则天见裴炎对扬州叛乱的事一味地不作声，便忍不住问他怎么平定战乱。裴炎说："皇帝大了，

没有亲自执掌政权，才会给这些贼子们留下犯上作乱的借口。如果太后肯将国事交给皇帝处理，叛乱也就平息了。"武则天听后没有说什么，暗地里却指使监察御史崔詧上奏指控裴炎说："裴炎身受顾命之托，大权在握，现在发生叛乱他却不赶紧想办法讨伐，反而要逼太后归政，其中一定有阴谋！"接着就把裴炎逮捕入狱了。经过前两次的间隙，武则天意识到要铲除裴炎，才可以一直掌权，她发现自己无论以什么样的身份参与政治，都无法摆脱臣子的限制和非议，除非自己称帝。想想这些年为李家江山所作的种种贡献，也够还高宗对自己的恩情了。自己儿子又不争气，自己称帝有什么不可以？武则天称帝的心蠢蠢欲动。这位裴炎正撞在刀口上，那就拿他开刀吧！朝中有很多大臣为裴炎求情，但是武则天还是决心要除掉他，于是给他定了个"谋反"的罪名。有人说，裴炎是参与了谋反，也有人说是武则天故意陷害。不管怎么说，武则天是一定要除掉这个反对自己的人才肯安心。

裴炎在死之前，依然不改本性，坚决不向武则天求饶。裴炎死后，他的家人都被流放到荒远之地，家也被抄了。据传，他家连价值一百斤粮食的钱财都没有。足见裴炎是个清官，但是没有办法，他是武则天的政敌，武则天不会手软。

裴炎的侄子太仆寺丞裴伷先，此时刚刚十七岁，在流放前请求见武则天一面。武则天答应了，一个十七岁的孩子，能做出什么来！不见倒显得小家子气了。裴伷先见到武则天，对她说："我是为太后您着想啊！我不敢鸣冤。太后您是李家的媳妇，先帝驾崩后一直是您把持朝政，驱逐李家宗室，提高自己娘家人的官位。我伯父忠于李室江山，却被说成谋反，连累家人。我是在为您惋惜啊！你应该早点把权力交给皇上，否则天下大乱，您武家一族都保不住了。"武则天听了这话，气得半天说不出话来，她没有想到小小年纪的裴伷先句句点在她的痛处上。这些话给了武则天强烈的刺激，她叫人把他拉出去打了一百大板，流放到穷乡僻壤去了。

裴炎的死有两个作用，第一个，武则天称帝的障碍扫除了一半，另一个作用，让武则天充分认识到自己称帝的必要性。接下来，武则天要向她的皇权进发了。

武则天称帝

女皇初体验

在平定了李敬业叛乱，杀死裴炎之后，武则天改新年号做纪念，名为"垂拱"。这一年是公元685年。

公元686年正月，基于朝臣对自己的不满，武则天下诏复政于皇帝，不再临朝称制，让睿宗自己处理国家大事。前面我们说过，睿宗是坚决不肯的，接着武则天继续临朝听政。

又过了两年，也就是垂拱四年，武则天开始了做皇帝的试探。她先在洛阳立唐高祖、唐太宗、唐高宗三座庙，接着又提议为武氏的先人立庙祭祀，接着命令有司统计为武氏建多少代，多少室宗庙。司礼博士周惊知道武则天的意图，便上奏说武氏祖宗立七室，降唐皇李家的祖庙为五室。如果大臣们没有异议，就意味着武氏取代李氏不会有人反对了，如果有人反对，那么还要静候时机才行。

这么大的事自然是有人要反对的。春官侍郎周大隐上奏劝止说："礼，天子七庙，诸侯五庙，百王不易之义。今周惊别引浮议，广述异闻，直崇临时权仪，不依国家常度。皇太后亲承顾托，光显大猷，其崇先庙室应如诸侯之数，国家宗庙不应辄有变移。"就是说，按照传统的礼制天子才可以有七座庙，诸侯有五座庙，你这是改变传统，不按常理出牌，你们家族的荣耀与诸侯等同就已经很好了，国家的宗庙不好有变动。这是武则天遇到的反对之声。

之前，更为强烈的反对之声是江陵人俞文俊的言论。早前曾传说，雍州新丰县东南有山涌出。大概情形是新丰县的山在一夜雷雨之后，突然长出一座三百尺高的山来。武则天认为这是个很好的造势机会，便将新丰县改为庆山县，人们为了迎合武则天纷纷向她表示祝贺。俞文俊却上书说，这不是吉兆，是凶兆。是"以女主阳位，反易刚柔，故地气塞隔，而山变为灾"导致的，劝告武则天赶紧退位，不然将有祸患产生。武则天本来想借机造声势，没想到却搬起石头砸自己的脚。

这件事没过几天，宰相刘祎之又传出了不和谐的音符。刘祎之不是一般的朝臣，他是武则天一手提拔的宰相，可以说是武则天阵营里的人。刘祎之是武则天"北门学士"的中坚力量，后来被提升为朝议大夫、中书侍郎兼豫王会司马。因为偷偷跟随姐姐看望荣国夫人而没被贬职流放。几年后，武则天把他提拔为校检中书侍郎，成为武则天的亲信。接着仕途顺畅，直到坐到宰相的位子。特别是裴炎被杀后，朝中大臣对武则天反抗情绪增强，于是她更偏向于营建"北门学士"这样的堡垒。

武则天为成为女皇做准备时，自己后院起火，心腹刘祎之在背后议论起武则天来。有一次，他在与凤阁舍人贾大隐谈话时说："太后可以废掉昏庸的皇帝，另立圣明之君，用不着自己临朝亲政啊！还不如把权力还给皇子，这样好安抚天下人的心。"贾大隐把他的话秘密地告诉了皇太后，武则天大为不悦，心想，我养了一个白眼狼，我好官、好禄、好对待，你不帮我说话也就罢了，还背后议论我的是非，简直岂有此理。于是对周围的人说："祎之我所引，乃复叛我！"正在这个时候，有人向皇太后奏报说，刘祎之收受了归诚州都督孙万荣的贿赂，又与许敬宗的姜私通，皇太后以此为由派肃州刺史王本立调查刘祎之，当王本立向刘祎之出示太后的敕令时，刘祎之竟胆大妄为地说："你没有正统的皇家命令，凭什么查我！"王本立没有办法，只好用刘炜之的话回去交差。

皇太后听了王本立的奏报更加生气了，连我自己提拔的人都这样看不起我，我真是枉费了心血啊！接着武则天下令逮捕刘祎之入狱。李旦知道后向皇太后求情，武皇太后一想刘炜之是李旦的老师，认为刘炜之要太后归政是个大阴谋。于是决心铲除刘炜之，以绝后患，结果刘炜之被武皇太后赐死在家中。

在朝在野、正面侧面所发出的反对之声让武则天看到了自己称帝的阻力，但是她不怕这些阻力，权力的欲望使她越挫越勇。垂拱四年四月，又有一个叫唐同泰的人给武则天上了一个"瑞石"，上面刻着"圣母临人，永昌帝业"。武则天得到这块石头后，开始用这块石头做起了文章。给她取了一个名字叫"宝图"，实际上也玩了陈胜、吴广的把戏，说自己称帝是受命于天之类的。接着，她下诏书要亲拜洛水，去接受上天的授图；并去南郊祭祀昊天，表示对上天的谢意，再接着就搞了一个盛大的典礼，为自己即将称帝做宣传。

典礼这一天，她带着文武百官以及京外奔赴京师的各类官宦，到洛水举行拜洛受图大典，典毕又去南郊祀天，祭罢天又御临明堂和大臣们见面。这个活动搞完后，大臣们给武则天一个"圣母神皇"的封号，实质上已经是皇帝的称呼了。武则天又高兴了，再次大赦天下，把"宝图"重新命名为"天授圣图"，"宝图"出处称"圣图泉"，把出石那个县改名永昌县，还把首先发现瑞石的汜水，改为广武。把洛水命名为永昌洛水，再封洛神为显圣侯。禁止在洛水打渔、垂钓，四时祭洛水。接着又改嵩山为神岳，封嵩山神为"天中王"，拜嵩山神为太师，加拜神岳大都督。同样，禁止在嵩山放牧、砍柴、采集野菜等。

就这样，武则天为自己称帝做了一番宣传，看看自己的票房潜力有多大。经过这番预演，天下人都知道武则天已经是实质上的皇帝，接下来就只有称帝一步了。

诸王叛乱

就在"圣母临人，永昌帝业"的瑞石出现的时候，身为太子通事舍人、郝处俊的孙子郝象贤的仆人告郝象贤谋反。郝处俊我们前面提过，他是高宗时的中书侍郎，在高宗想要让武后摄政时，以"杜祸乱"为由警告高宗，从而使武后暂时没能摄政，进而使朝中大臣反武气焰高涨。

武则天一听谋反的是郝处俊的孙子，便命令酷吏周兴审理这件案子。因为郝处俊一直反对武后掌权，他的孙子再一谋反，武则天便更加不留情了。郝氏家族宗亲也有在朝中做大官的，因此，经过郝处俊家人、亲戚的周旋，监察御史任玄殖对武则天说："郝象贤没有谋反的迹象。"武则天以为任玄殖与郝象贤是一个鼻孔出气的，便罢了任玄殖的官，维持原来关于郝象贤的判决。郝象贤在临死之前，痛骂武则天，把一切肮脏、污秽的语言全都用在了武则天身上，不仅如此他还夺过围观人的大棒狠狠地抽打刑官。金吾卫士见事情不妙，便将他团团围住，用乱刀砍死了。武则天听说后，怒发冲冠，下令将郝象贤肢解，刨郝家祖坟、毁掉郝家先人的尸体。

武则天在处理郝象贤的时候，心里明白，这只是暴风雨来临的前奏，猛烈的暴风雨就要到来了，而这场暴风雨的发动者很可能就是李家皇室。之前没有称帝的决心，江山在形式上还是李家的，自己一旦称帝，就意味着江山易主，这是任何一个皇室都没办法漠视的。李家人是一定会闹乱子的，只是这个乱子能闹多大，谁也不知道。

果然不出武则天所料，李家的人开始大造谣言，煽动反武情绪。怎么煽动的呢？大概就是这样的：太后已经在策划改朝换代的事了，等到改朝换代的那一天一定会将李家宗室清理干净。天下的人对李家宗室抱着同情的态度，也相信武则天会做出这样的事，所以比较容易煽动起反武情绪。最能被激发的自然是李家宗室。李渊的子子孙孙加起来有很多，他们拥有庞大的封邑、众多的奴仆，他们要反就很不容易对付。武则天要改朝换代一是要牵扯到祖宗的江山，更重要的是要牵扯到自己一方的利益，他们一定还会有更大的动作的。

这个更大的动作没有让武则天等多久就发生了。参加皇室叛乱的人员有绛州刺史韩王李元嘉、青州刺史霍王李元轨、豫州刺史王越王李贞、通州刺史黄公李譔等。他们在河北、四川、陕西、河南、山东都有自己的封地或势力。也就是说，他们直接影响的地区主要是在这几个地方。

事情先现由黄公李譔发起，他写信给越王李贞说："妇人病重了，行动要快才行，如果到了冬至，恐怕就难治愈了。"这是暗语，意思就是武则天要图谋李室江山，如果不赶快行动，后果将不堪设想。接着他制造了睿宗皇帝的玺书，派人送给琅琊王李冲，信以睿宗的口吻写成，大意是：我被软禁起来了，各王要发兵来救我。李冲心领神会接着伪造睿宗的书信说：

"神武想要把李室江山传给武家人。"就这样，你来我往，李家宗室暗地里串联起来。但是因为各王相距较为遥远，又没有现代化的通讯设备，所以联络较为费力、费时，因此，保密工作很难做好。

琅琊王李冲派长史萧德宗招兵买马的同时，分别联络了韩、霍、鲁、越诸王和贝州刺史纪王李慎，商议同时起兵向洛阳进发。他们万万没有想到的是，他们还没有起事，消息就被武则天探知了，她立即命令左金吾将军丘神绩为清平道行军大总管，率兵讨伐李家宗室。

丘神绩先率军讨伐山东的李冲。在丘神绩的军队还没有到达山东的时候，李冲在山东起事了。他本想渡过黄河攻打济州，于是先攻打博州的武水县，武水县县令郭务悌听说李冲反叛后，急忙派人向魏州求援。博州莘县县令马云来与郭务悌一起死守城门，抗击李冲。李冲只好用草车堵住南门，采用火攻的方法攻城，结果因为风向陡变，反而把自己的人马给烧了。李冲没办法只好垂头丧气地退了下去。李冲正在焦头烂额之际，让他更可气的事情发生了。他手下的将领董玄寂对士兵说："琅琊王这是造反呐！"意思就是说，上天都不帮助他。李冲这个气呀！我这火燎眉毛，你还在那里煽风点火，不杀了你怎么行！于是杀死董玄寂。董玄寂一死，士兵们不听李冲指挥了，纷纷作鸟兽散。李冲只剩下几个家丁，无奈返回博州，没想到在博州被守城门的侍卫杀了。丘神绩带兵到达博州后，官兵素服出迎，结果全部被丘神绩杀死，博州城内千余家被迫害，其手段极其残忍。

越王李贞知道儿子李冲起事后，也在豫州起兵响应。真是上阵不离父子兵啊！姜是老的辣，李贞比他儿子强，攻占了上蔡县城。九月的时候，武则天派崇裕为中军大总管、岑长倩为后军大总管带领十万大军讨伐叛乱。李贞知道自己儿子在博州被杀后，欺骗大家说："琅琊王已经攻下了魏州等地，现在已经拥有二十万大军，就快赶到我们这里了。"这样说是为了安抚士兵，不让他们退却，接着又加封了一些官衔激励手下将士。

崇裕率领大军到豫州城东时，李贞派自己的儿子李规出战。可好，李规一上场就被打得落花流水、大败而归。李贞害怕了，紧闭城门只守不攻。朝廷大军兵临城下时，李贞竟然偕同自己的妻儿自杀了，平定李贞的叛乱只有了十七天时间。其他的宗室听说李贞父子惨败的消息后，都没了勇气，还没有与朝廷的军队正面交锋就溃散了。

武则天派监察御史苏珦去处理这批叛贼。苏珦审问了叛贼以后，对武则天说找不到他们叛乱的证据，武则天知道苏珦不具备查案的能力，便改换了周兴问案，派苏珦做河西监军。

周兴是酷吏，案子到他手里，不用废口舌，只要费手脚就能审出来。周兴把韩王李元嘉、鲁王李灵夔、黄公李譔等人一起抓到洛阳，逼他们自杀结了案。武则天知道结果后也没问审案经过，就下令将叛乱者的亲族、同伙全部杀了。同时下令将诸王的姓改为"虺"，即毒蛇的意思。

武则天是个聪明人，她知道豫州是叛乱发生的重地，而实际上涉及叛乱的人数并不多，为了减少不必要的伤亡，她派狄仁杰为豫州刺史前往豫州处理豫州叛乱的遗留问题。

狄仁杰接手豫州的案子时，跟李贞有牵连的党羽已经有五千人之多了。按照唐朝的法律，这些人都应被处斩，但是狄仁杰认为他们罪不至死，有的甚至是无辜的，杀太多的人会造成仇恨。于是就秘密地给武则天上了份奏报，奏报说："这些被牵连进来的人，多数都是无辜的。如果我把他们的情况一一列明，就等于是为他们申冤了；如果明明知道他们是无辜的，却不说话，将他们杀掉，这就违反了您仁恤爱民的旨意。"武则天一听，不错，还有顶高帽子戴，就赦免了那些无辜的人，同意将这些人流放到丰州守边。而诸王叛乱中，参加密谋的人则全部被定罪。

在武则天赶赴洛阳进行洛水受"宝图"大典的时候，东莞公李融派人问洛阳受典的事情，派去的人回来说："去就得死！"李融于是声称自己病了不去洛阳。越王李贞起兵后，派人请他参与叛乱。李融不但没有响应，无奈之下还将李贞派去的使者交给了衙门。事后，被封了个右赞善大夫的官职。没想到，他参与叛乱谋划的事被揭发了出来，武则天将他处死，没收家产，家人收为官奴。其他参与宗室叛乱的人也死的死、亡的亡、流放的流放。

从诸王叛乱没有成功的过程来看，诸王的失败一方面是因为，诸王没有形成一股强大的政治势力，另一方面是因为，武则天执政已经得到了更多中下层官员和人民的认可，他们叛乱得不到支持。

李家宗室的叛乱被平定了，武则天称帝最强大的阻力已经不在，她胸有成竹地向着她的女皇宝座走去。

女皇登基

公元 690 年九月，侍御史傅游艺带着关中九百名百姓聚集到洛阳，向武皇太后上表请武皇太后称皇帝，改国号为周。

武则天看看这点儿人没什么声势又难以服众，所以不接受这个奏请。但却给了傅游艺一个给事中当，不久又提为正五品。这样地球人都知道武皇太后的意思了，就是鼓励参与的人多些嘛！大臣们都不傻，很快筹备了一场声势浩荡的请愿大典。文武百官、在朝的、在野的，皇族、四夷酋长、出家人等六万多人全都被集合起来，请求武皇太后称帝。李轮看到这种情形，赶紧向母亲请要武姓。连皇帝都这样了，臣子们就更没什么顾及了。

接着人们争先恐后地向武皇太后提说瑞兆。有人说，有凤凰从明堂飞到上阳宫，站在宫旁的梧桐树上，很久才向东南方飞去。还有人附和说，几万只赤雀聚集在朝堂上，这是真命天子降临的表现，请太后登基，接受天帝的命令。

这正是武皇太后希望的结果，是她谋划的也罢，是别人替她谋划的也罢，总之，武则天就希望出现这个场面，连她自己看着都感动了。

因为"推辞"不过，武则天接受了大家的请求，同意称帝。

终于登上最高位了，武则天志得意满，她登上城门楼，一身帝王扮相，向脚下的臣民颁诏，宣布自己正式登基。改唐为周，改元天授，尊号为"圣神皇帝"。授李旦为皇嗣，赐武姓，中国历史上第一位女皇就这样出炉了。

一位年近七十的老人，经过一番石破天惊的追逐终于得到了连自己都吃惊的终极荣耀。

之后，武则天在神都立武氏七庙，追封周文王为始祖文皇帝，姒氏为文定皇后，接下去一路追封。因为周平王最小的儿子被平王赐武姓，所以武则天以周王朝为自己的始祖，称自己的国家为"周"，后世人叫它"周武"王朝。再接着封自己的五代先人为皇帝、皇后。这样，大周的皇族就找到了根源。在追封完自己的祖宗之后，接着封武姓的王。侄儿武承嗣为魏王，武三思为梁王，武攸宁为建昌王，其他侄子也被封为郡王。凡此种种，不一一列举。

新人新气象，新王朝建立了，新主子就要重新配置自己的资源。武承嗣被封为文昌左相，岑长倩为右相、同凤阁鸾台三品。给事中傅游艺、岑长倩、右玉铃卫大将军张虔勖、左金吾大将军丘神绩等皆赐姓武。傅游艺当然没有被亏待，连升六级。

武则天称帝后定都洛阳，所有皇家用物都移到洛阳，武氏神主移于神都的太庙，长安李唐太庙改为享德庙。只祭祀高祖、太宗、高宗，其他人都不祭祀。接着进行了一系列的祭祀活动。

周武王朝正式成立了，一代女皇站在高高的大殿上气宇轩昂。这一生还有什么遗憾的呢？很多男人没有做到的事情她做到了，她让天下顶尖的人才臣服在自己的脚下。武则天内心充满了喜悦和骄傲。

女皇风采

改革人才选拔制度

武则天称帝以后，更加重视人才。她认为"国家地域辽阔，不是一个人能主宰得了的，一定要有人辅助才行。"只要有能力的人，不管门第高低，不管资格老或不老，一律量才而用，经过一系列的改革，周武王朝搜罗了一大批人才。

唐朝在推翻隋朝之后，承袭了隋朝的科举制度。因为科举考试是关系个人前途命运的大事情，所以在考场上出现了越来越多的舞弊现象。大唐初年的试卷是由考生自己写上姓名、籍贯的，学习不好的人就想出办法找到枪手，在这上面做文章。

考官收了考生的钱也就睁一眼、闭一只眼了，也有考官因为收了钱，故意提高考生的分数和等级的。考场舞弊现象导致科举考试不再公平。这个现象在武则天临朝的时候已经很严重了，武则天感到这种科举制度难以将德才兼备的人选入朝廷。如果不对其加以控制，那么，将来朝廷上就会只剩下一批庸才，自己的统治也必将受到影响。在经过一番研究之后，武则天决定在今后的科举考试中实行"糊名法"

"糊名法"实施后，有效地制止了考试舞弊，这是考试制度的一个进步。不仅如此，武则天还创立了"殿试"。

唐朝的考试科目分为制科和常科两个类别。制科由皇帝下令临时举行，常科每年分期举行。因为常科由当时的朝臣组织举行，所以容易出现结党营私的现象。武则天为了防止结党营私，限制李唐势力的蔓延，决定在科举制中推行"殿试"。这是我国殿试的开始，为后世提供了选拔人才的样板。

武则天还创立了武举，武举的考生来源于乡贡，由兵部主考。考试科目有马射、步射、平射、马枪、负重等。武举为唐朝以及后世选拔武官打下了良好的基础，拓宽了人才的选拔渠道。

武则天在任用人才时，最重要的一个特点是：不分门第、民族，只要有能力就用。武则天在完善科举制后，还是觉得自己的人才渠道不够宽，那叫一个求贤若渴。于是，又出台了其他选拔人才的措施。

早在高宗时期，武则天就很注重少数民族人才的选拔与任用。武则天当政后，将其定为常规性的制度。这样有利于边疆的稳固，加强中央集权。

武则天在吸收人才时，允许"官员推荐"和"自荐"。当时的宰相、大臣都把举荐贤才当作自己的任务，仔细留意身边的人，发现人才即刻举荐。娄师德荐举的狄仁杰更是常常向皇

帝推荐人才，经他引荐而被提拔的各类人才，有桓彦节、敬晖、窦怀贞、姚崇等人，都成为国家的栋梁之才。当然也可以自荐，农、工、商皆可自荐，这在中国历史上是空前的。

通过实行一系列吸收人才的方法，周武王朝人才急剧增加。这样就出现了一种现象，即官场中的官位不够用了。这怎么办呢？当然难不倒富有创新意识的武皇帝了。武皇帝想出了一个"试官"的好办法，实际上就是给你个试用期，试用期合格就留下，试用期不合格可能就有性命之危了。武皇帝的手段虽然残忍了些，但是一批优秀的人才也因此脱颖而出了。

后期的武则天虽然任用了酷吏，但是也还保护了一批忠臣。公元692年，来俊臣等人诬告狄仁杰、魏元忠等七人谋反，武则天认为事有蹊跷，亲自处理这件案子，最后把这涉案的七个人全都放了。大臣魏元忠、宋璟等都遭受过奸人打击，武则天能尽量保护好这些人，不能不说是一种帝王风范。

稳定边疆

武则天称帝前后政局不太稳定，军队用在内地的时候较多，这样边陲就有些空虚了。边境的外族企图乘机而入，武则天对此也采取了措施，尽量保护边境安宁。

公元692年，吐蕃再次举兵。武则天命令武威军总管王孝杰、武卫大将军阿史那忠节率兵反击。王孝杰是位叱咤疆场的老将，有着丰富的战斗经验，一出手就连败吐蕃军队，恢复了西部边境的稳定状态。

公元696年，周武营州都督赵文翙虐待已经臣服的契丹首长，激起了边患。这年五月，赵文翙被契丹松漠都督李尽忠、归诚州刺史孙万荣攻陷营州杀死。李尽忠自称无上可汗，占领了营州。孙万荣领兵一路抢占，多日以后他带领军队进攻檀州。

武则天听到这个消息后，心里着了急，立即派鹰扬卫将军曹仁师、右金吾卫大将军张玄遇、左威卫大将军李多祚等人率军讨伐孙万荣。但是，朝廷的大军还没有到两军阵前就中了契丹人的计，吃了败仗。

原来，契丹攻占营州后把抓到的俘虏关进了大牢。之后派人告诉他们说："我们是契丹军人的家属，我们这里已经吃了上顿没下顿了，等你们的军队一到就会投降了，"接着便把这些俘虏给放了，放之前还说："我们不忍心杀你们，但是也没有多余的粮食来养活你们，你们还是回去吧！"被放回来的俘虏回来后对朝廷的官佐说，契丹人现在没有吃的了，人们都想投降。这下可好，带兵的连分析、刺探都没有就争先恐后地前往契丹军营。在行进到黄獐后，契丹派出一群老弱病残来同朝廷的军队作战，朝廷军队一看，就这样还出来打仗啊！于是更加不把契丹军放在眼里，结果中了埋伏。契丹军生擒右金吾大将军张玄遇、司农卿麻仁节，军队伤亡惨重。契丹军强迫张玄遇在假文件上签下自己的名字，派人给后军总管燕匪石等人，意思是敦促他们急行军赶往营州。结果，唐军再次中圈套，全军覆没。

武则天听后暴跳如雷，这不是欺负人嘛，以为我天朝没人了么？于是下令山东附近的州组织武骑团兵，抗击契丹的军队，直到消灭契丹叛军为止。接着派右武卫大将军武攸宜等人集合十八万大军讨伐契丹军队。此时的契丹已经攻进了崇州，龙山军副使许钦寂也被活捉了。契丹军队打到了安东都护府城，因为许钦寂不肯劝降便将他杀死在城下了。

契丹的反叛使吐蕃和突厥更加活跃起来，形势很严峻。这个时候，突厥酋长默啜想认武则天做义母，为他的女儿求婚，还要求归还河西地。只要能答应这些条件，他就带兵讨伐契丹。武则天认为这些条件有伤国体，没有答应他。却任命他为左卫大将军、迁善可汗讨伐契丹。

至尊红颜
——
武则天传

这年十月，契丹的首领李尽忠去世了，军队由孙万荣带领，默啜借着这个机会袭击松漠，俘虏了李尽忠和孙万荣的家属。武则天拜默啜为颉跌施大单于、立功报国可汗。

孙万荣领着残余势力向河北进发，先攻下了河北冀州，杀死了刺史陈宝积，接着攻打瀛洲，河北民众纷纷逃亡。武则天召回被贬的狄仁杰，封他为魏州刺史对抗契丹军。以前的刺史正带着老百姓搬砖捣土，砌墙修垒准备迎战契丹兵。狄仁杰到了冀州后，命令百姓回家，人们不理解，问他原因。他说："契丹兵还远着呢！用不着这么大动干戈，到时候我自有办法应对。"官民听了心里顿时觉得有主心骨了，安心了许多。说也奇怪，契丹人听说狄仁杰在这里守城，竟然真的不敢进攻，退了回去。当地的人都很信服他，为他立碑唱赞歌。武则天封狄仁杰为幽州都督，进一步抵抗契丹的进攻。朝廷正在用人之际，曾经被贬的娄师德再次被起用，抵抗契丹。

公元697年三月，武则天命令王孝杰带领十七万大军队向契丹军发起进攻，双方在东硖石谷大战。契丹被打得落荒而逃，王孝杰穷追不舍。追到山岭前时，契丹兵掉过头继续与王孝杰大战，王孝杰的后军苏宏晖见到这个阵势，竟然吓跑了。王孝杰被契丹人追到悬崖上，坠谷而死，将士几乎全部被消灭。

武则天听到这个消息又气又恨，要派人要把临阵脱逃的苏宏晖给斩了，没想到苏宏晖立了战功，武则天便放过了他。于是，追封王孝杰官爵。武则天被契丹人搅得吃不好、睡不香，发誓要与契丹决一死战，于是又派大军讨伐。

孙万荣打败王孝杰之后，在柳城西北方四百里处凭着险要位置建起新城，留下部队防守，自己带着精兵攻打幽州。默啜这个时候受到了武皇帝的奖赏，带着兵攻打契丹的新城，没费多大力气就打了下来。孙万荣知道后，很是惊慌。新城是他的基地，后备都在那里，它一毁他什么保障都没有了，还打什么

【第五章】改弦又更张

仗呀！唐军总管张九节乘势攻打，结果，孙万荣大败至潞水。他的家仆见大势已去便把他杀了投降朝廷军队。从此，契丹的叛乱平息了。

其他稳定边境的举动还有，公元702年，武则天把天山以北地区从安西都护府划分出来，另设了北庭都护府。用以治理庭州、碎叶、龟兹、于阗、疏勒等地。为了巩固西北边防，促进往来经济的发展又打通了曾经中断的"丝绸之路"。在天授年间，娄师德检校丰州都督"屯田积谷数百万，兵以饶给"。这是边军屯田政策带来的好处。屯田政策使军队自给自足，减少了国家、人民的负担，对于促进边境稳定有积极作用。

武则天称帝以后，在人才选拔与培养、农业发展、稳定边境方面做出了不小的成绩，显示出一代女皇的卓越风采。

君子满朝堂

第六章

　　武则天之所以能成功，最重要的一个原因就是她善用人才。武则天时期，出现了一大批经国治世的贤才。这些人连同武则天一起披荆斩棘，成就了一个继往开来的武则天时代。其中一些人还成为她子孙治理国家的栋梁。

传奇狄仁杰

狄仁杰出身官宦世家，爷爷是贞观时期的上书左丞狄孝绪，父亲狄知逊做过夔州长史。狄仁杰聪明好学，通过了明经科考试，被任命为汴州判佐。狄仁杰曾经被人诬告，河南道黜陟使阎立本审讯后，不仅查明了真相，而且发现狄仁杰是个不可多得的人才，于是推荐他做并州都督府法曹。

高宗仪凤年间，狄仁杰被提拔为大理丞，主管断案。他刚正不阿，廉洁奉公，一年内处理了大量的积压案件，一时间名声大噪，朝野为之赞叹。

狄仁杰不畏权贵，敢于直言进谏。公元 676 年，武卫大将军权善才因为误砍了昭陵的柏树，高宗想要处死他，但狄仁杰认为权善才罪不当诛，想请高宗免了他的职务就算了。高宗生气地说："他砍了我先辈的树，这不是将我陷于不孝之地么，我怎么能放过他？"大臣们都看着狄仁杰，希望狄仁杰出来为权善才求情。狄仁杰走上前，对高宗说："我听说遵循皇上的意思，权善才是忤逆主上，我觉得其实并不是这样的，忤逆祖上，在夏桀、商纣的时代是难以发生的事，但在尧舜时代这些

事很容易发生。我很幸运赶上了像尧舜一样的时代，所以我不惧怕会得到比干那样的下场。汉文帝时，曾有人偷了高庙的玉环，张释之在朝堂上进谏，偷盗者免于一死。魏文帝要迁徙冀州士家十万户，辛毗据理力争，他的建议也被采用了。况且明主是讲道理的，忠臣是不会因为害怕而退缩的。如果皇上你不采纳我的意见，我死之后，就无法面对地下的释之和辛毗这样的忠臣了。皇上制定的法令都是有级别差异的，怎么能在犯人没有触及到极刑的情况下就将他赐死呢？如果不按法律行事，老百姓该怎么办呢？如果皇上你要变法，就从现在开始吧……"这话说得很巧妙，软硬都有。说"我死后没有脸见张释之等忠臣"实际上是说，皇上你百年之后怎么见先人。又以百姓为理由迫使高宗自我反省。高宗理解了他的意思，于是免了权善才的死罪。

之后不久，狄仁杰被高宗任命为侍御史，负责审讯案件，纠劾百官。狄仁杰不辱职责，对巴结逢迎的、贪赃枉法的、刻薄百姓的、仗势欺人的官员进行弹劾。公元 679 年，司农卿韦弘机在宿羽、高山、上阳等地修建宫殿，宫殿豪华壮丽。狄仁杰奏报韦弘机引诱皇帝追求奢靡，高宗便免了韦弘机的职。左司郎中王本立因为受到朝廷的重用，飞扬跋扈，朝臣很忌惮他。狄仁杰一点儿不客气地揭露他为非作歹的罪行，请求高宗交给相关部门审理，唐高宗想要包庇王本立，狄仁杰说什么也不干，他说："国家虽然缺少人才，但怎么会存在王立本之流的人呢！皇上您何必为了一个罪人而损害王法呢？如果您一定要维护王立本，那就把我流放到的没人的地方去吧，好让忠贞的大臣引以为戒！"王立本最终没有逃脱法网。

后来，狄仁杰官被升任为度支郎中，就是管理国家预算、皇家吃穿用度的官。高宗准备巡幸汾阳宫，狄仁杰被任命为知顿使，安排途中住宿问题。并州长史李冲玄征发数十万人专门

给高宗铺路。狄仁杰知道后免除了数十万人的劳役，高宗知道后大加赞赏。

在扬州叛乱期间，狄仁杰出任豫州刺史。他除了为那几千人洗脱罪名以外，还在这时得罪了一个人。这个人是谁呢？就是平定越王李贞的宰相张光弼，将士们以为自己立了了不起的大功便勒索封赏。狄仁杰不但不同意，反而狠狠地斥责张光弼不该大肆屠杀投降的兵卒，用杀降兵来邀功。张光弼这个恨呐！我领兵在外，没有功劳还有苦劳，你用得着这么认真嘛？我不过杀了几个该杀的兵，用这个领点赏，你睁一只眼、闭一只眼不就得了。张光弼就把这件事记在了心里，等到回到朝廷后，上奏说狄仁杰对自己不恭。朝廷因为张光弼立了功，怕这时训斥张光弼会引起将士寒心，便将狄仁杰贬为复州刺史，同为洛阳司马。

公元 686 年，狄仁杰任宁州刺史，当时的宁州各民族杂居在一起生活，狄仁杰知道因为文化差异、风俗习惯的不同，各民族之间，尤其是少数民族与汉族之间容易产生纠纷。于是，他很注意处理少数民族与汉族的关系，在当地被人立碑称颂。御史郭翰巡察到这个地区，听到宁州人人称颂狄仁杰，于是在回朝后举荐狄仁杰。狄仁杰又升为工部侍郎、江南巡抚使。

狄仁杰的才干和名望越来越受到人们的赞扬，同时也得到了武则天的信任。公元 691 年九月，狄仁杰被提拔为地官（户部）侍郎，同凤阁鸾台平章事，进入宰相之列。

这个时候正是武承嗣显赫的时候，他忌惮狄仁杰的才干，认为狄仁杰是他被立为皇嗣的障碍，想设法铲除他。公元 693 年，武承嗣勾结酷吏来俊臣诬告狄仁杰等大臣谋反，将他们逮捕下狱。

狄仁杰人很聪明，知道怎样保存自己的实力，唐法中有一条，就是如果一审中承认自己谋反的，就减免死罪。换句话说

就是"坦白从宽、抗拒从严"。来俊臣逼狄仁杰承认"谋反"，狄仁杰出乎人们意料地一口承认了自己"谋反"。他说："大周革命，万物惟新，唐室旧臣，甘从诛戮，反是实！"来俊臣见狄仁杰老老实实地认罪，便不再严加审问，狄仁杰免受了皮肉之苦。如果你以为狄仁杰就这么认罪，那就大错特错了，狄仁杰把自己被子撕下一块，在上面写好了状子，放在棉花里，请狱吏转告自己家人给被子换棉花。狄仁杰的儿子拿到自己父亲的冤状，赶紧跑到武则天那里去喊冤。武则天看到冤状后，找来狄仁杰当面询问。见到狄仁杰后，武则天问他，你为什么承认自己谋反呢？狄仁杰回答说："我要是不承认自己谋反，早就被鞭笞而死了。"武则天不觉吃了一惊，接着问："那么你怎么写了谢死表呢？"这下轮到狄仁杰吃惊了："我并没有写这个东西啊！"武则天命人把谢死表拿来给狄仁杰看，狄仁杰明白这是伪造的，于是向武则天证明了谢死表的不真实性。武则天将七位涉案人员释放，贬为地方官，狄仁杰被贬为彭泽令。

狄仁杰运用自己的才智得以脱身，之后，武承嗣又多次想除掉他，结果都未能如愿。武则天知道狄仁杰的清白，竭力保住了他。可见，武则天绝不是昏庸之人。

在彭泽做县令时，狄仁杰勤政爱民，忠于职守。就在他赴任的这一年，彭泽发生了旱灾，庄稼没有收成，百姓没有粮食吃。狄仁杰上书请求朝廷发粮赈灾，免除百姓饥饿之苦。由于政绩出色狄仁杰又被任命为魏州刺史，再后来被任命为幽州都督。

狄仁杰的声誉和名望不断提高。武则天为了表彰他的功绩，赐给他紫袍、龟带，并亲自在紫袍上写了"敷政木，守清勤，升显位，励相臣"十二个金字。公元697年十月，狄仁杰被召回朝中，恢复了原来的宰相之职。还加封了银青光禄大夫，兼纳言。狄仁杰成为朝中最有重量的大臣之一。

公元 698 年，武承嗣、武三思很多次劝说武则天立太子，武则天都犹豫不决。狄仁杰劝说武则天顺应民意，将政权还给庐陵王李显，也有人说要让李旦继续做嗣，但是武则天看到李旦的懦弱，不想让他做皇帝。狄仁杰是何等聪明的人，他洞察人情，谙熟事故，知道武则天内心的忧虑与煎熬。所以对武则天说："立自己儿子，就可以在死后被安放于太庙；立自己侄子的，还没有听过侄子成为太子以后，把自己姑姑放在庙里的。"武则天心情有些烦乱，于是对狄仁杰说："这是我的家务事，爱卿你就不要预先参与了！"狄仁杰沉思片刻说："君王是以四海为家的，四海之内，哪分什么臣和妾呢？哪里不是皇上你的家呢？你是国家的首脑，我是左右手，道理上讲是一体的，况且我在宰相的位置上，又怎么能不预先知道呢？"武则天听后，沉思良久，不置可否。经过一番思考，武则天还是暗中将李显接回宫中，立为皇嗣，李唐江山得以传袭。

公元 698 年秋天，就是突厥南下骚扰河北这一年，武则天命狄仁杰为元帅讨伐突厥。突厥默啜可汗烧杀抢掠了赵、定等州并将两州男女一万多人掳回漠北，狄仁杰没有追上，武则天又任命他做河北道安抚大使。面对战乱后的凋残景象，狄仁杰提出四点建议：

一、赦免河北诸州，过往不咎，这样被突厥驱逼行役的无辜百姓就会愿意回乡生产。

二、赈济灾民、贫民。

三、修驿路。

四、禁止部下骚扰百姓，违令者斩。这有利于河北的安定。

这些措施实施后，河北的局面稳定了，狄仁杰的功德进一步彰显出来。

公元 700 年，狄仁杰被提升为中书令。夏天时，武则天到三阳宫避暑。有位胡僧请她看安葬舍利，武则天信奉佛教，高高兴兴地想要和胡僧一起去，狄仁杰急忙跪倒在马前，奏说：
"佛是外国人的神，不值得让身为九五至尊的您屈驾，况且这
个胡僧形迹可疑，真心想要邀请的话，应该派车迎接才对。"
武则天也觉有些蹊跷，于是便没有同去。这年秋天，武则天想
要造浮屠大像，工程预算费用达到数百万，宫中没有这些钱，
于是号召僧尼每天捐钱。狄仁杰上表说："如来本意是以慈悲
为怀，怎么能役使他们来修饰虚空的东西呢？""近来水灾、旱
灾时有发生，边境也不安宁，如果耗费了国库的银两，又用尽
了人力，那么，哪里再发生了灾祸，我们拿什么去扶持呢？"
武则天听后觉得是这个道理，就罢免了这份劳役。

　　狄仁杰还有一个优点就是善于发现、举荐人才。武则天请
狄仁杰推荐将相之才，狄仁杰向武则天推荐荆州长史张柬之做
宰相。武则天将张柬之提升为洛州司马，几天后，武则天再请
狄仁杰为他推荐将相之才，狄仁杰说："之前我推荐的张柬之
你还没有任命呢！"武则天说："我已经提升他了啊！"狄仁杰
笑笑说："皇上，我给你推荐的是宰相，可不是司马呀！"武则
天眨了两下眼睛，想了想答应任命张柬之为秋官侍郎。过了一
段时间后，又将张柬之任命为宰相。狄仁杰还先后举荐了桓彦
范、敬晖、窦怀贞、姚崇等数十位廉洁奉公、精明干练的官员，
他们被武则天委以重任之后，政风陡变，朝中出现了一种刚正
之气，这些人后来都成为唐代中兴名臣。

　　狄仁杰也能对少数民族人才一视同仁。契丹猛将李楷固多
次率兵打败武周军队，后来被周武军队打败而投降，有的人主
张将其斩杀。狄仁杰认为李楷固骁勇善战，如果饶他死罪，他
一定会感恩戴德，为国家效命。于是他上书武则天授予李楷固
官爵，派他专门征讨契丹，武则天同意了他的请求。正如狄仁
杰所料，李楷固等人率军讨伐契丹残余部队，得胜还朝。武则
天大摆筵席以示庆贺，她举杯对狄仁杰说："这是你的功劳

啊"。

　　武则天对狄仁杰的信任是其他大臣望尘莫及的。武则天对于狄仁杰所提出的建议总是能很仔细地考虑，基本上都采纳了。狄仁杰不止一次告老还乡，武则天就是不允许。年迈的狄仁杰进宫见她，她总是不让他下拜，不但如此，她还告诉大臣说："如果不是什么军政大事就不要打扰狄公了。"

　　公元700年，狄仁杰去世，朝野为之悲痛。武则天竟然哭了，她说自己的朝堂空了。接着封狄仁杰为文昌右丞，谥号文惠，追赠司空。

全才刘仁轨

　　刘仁轨出生于汴州，是我国历史上最为著名的将领之一，他自幼家境贫寒，无法接受正规教育。但是他不像一般人那样放弃进取。没有纸笔，他就用树枝在地上写字，结果竟然成为一位博学之士。

　　太宗时期，刘仁轨得到重用，累迁到给事中的位置。给事中是门下省的属官，地位比较高，因为国事的需要，与皇帝的接触比较多。

到了高宗显庆年间，刘仁轨得罪了一个人，这个人可以说是武则天前期的左膀右臂，他就是李义府。前面我们提过李义府因为淳于氏一案被上面审问。当时刘仁轨做主审官，因为没有证据，不得不释放李义府，李义府虽然被释放了，但是这个仇他却记在了心里。

公元600年，李义府终于找到了一个落井下石的好机会。

大唐时期，高句丽、百济、新罗是朝鲜半岛的三个大国，三方一直交战，但谁也打不过谁。新罗和大唐关系很好，高句丽、百济与日本关系近些。公元655年，新罗被百济所联合的高句丽、靺鞨进犯，失去三十多个城，新罗向大唐求救。高宗刚刚平息西域的叛乱，转头就来帮助新罗攻打百济和高句丽。公元660年，苏定方被任命为神丘道行军大总管，率领十万大军渡海进攻百济。唐军势如破竹，迫使百济王投降，百济覆亡，大唐在这一带设置了五个都督府，百济成为唐朝的羁縻府州。后来，高宗任命刘仁轨监统水军，保证唐军的后勤供应。当时的气候并不适合出海，但是李义府硬要刘仁轨出兵，刘仁轨无奈只好出海。在海上，刘仁轨遇到了风浪，很多船只都翻了，折损严重。朝廷派袁异式去审问刘仁轨，就在袁异式出发之前，李义府找到他，对他说："你要是会办事，以后就不用担心升官的问题了。"袁异式明白李义府所指，想对刘仁轨不利。

袁异式想要逼迫刘仁轨自杀，但是刘仁轨不屈服，他说："国有国法，家有家规。我要是犯了法，自然会由国家处置。要我自杀，称了小人的心意，那简直是痴心妄想。"袁异式没有办法只好向李义府说明情况，李义府自然要置刘仁轨于死地，他在朝堂之上说："不斩仁轨，无以谢百姓"。刘仁轨处于危险境地。这个时候舍人源直心出面替刘仁轨说情，"海风暴起，非人力所及"。高宗知道李义府与刘仁轨结过梁子，想必是要排挤刘仁轨，所以只是免了刘仁轨的官，让他以普通士兵的身

份为军效力。

公元 661 年，高宗任命左卫中郎将王文度为熊津都督，安抚百济民众。谁知道王文度在渡海的时候病死了，唐军的主力此时已经撤离了百济，百济复辟势力想要与唐军一决高下。他们占据了周留城，与唐军对峙。为了扩大自己的声势，他们派人将在日本做人质的王子扶余丰接回，日本想要保住自己在朝鲜半岛的势力，便同意将扶余丰放回。这样一来，复辟势力大增，将原来守城的唐军团团围住。在这千钧一发之际，朝廷果断地任命刘仁轨为检校带方州刺史，带着王文度的部下向新罗进发。刘仁轨满怀信心，豪情壮志地说："吾欲扫平东夷，颁大唐正朔于海表"。

刘仁轨虽然是文人，但却是个带兵的良将，他治军严明，军队战斗力很强。百济复辟军队虽然人多势重，但是不堪一击。他们设下栅栏想要阻止唐军水师的进攻，结果被唐军和新罗军队打得一败涂地，只好从百济城撤兵。唐军人数少，也只好暂时休战。刚好这个时候百济军队发生了内讧，军队一团乱。而此时苏定方率领的东征大军，虽然把高句丽军打得落花流水，但是始终未能攻下平壤城。时间已是隆冬，气候恶劣，苏定方无奈班师回国。这么一来，留在百济的刘仁轨就面临艰难的选择了。

朝廷给刘仁轨两个选择，要么渡海回国，要么在新罗休整，反正是不能在百济再待下去了。刘仁轨接到命令，分析当时的情况，觉得只有守住百济，才能把朝鲜半岛的主动权抓在自己手里。于是他上书给高宗，阐明自己的观点。朝廷被刘仁轨说服，决定让刘仁轨继续留在百济。果然不出所料，百济军队内部再次发生火拼，扶余丰杀死了叛乱的首领，成为握有实权的百济军的统帅。他知道光凭自己的军队是无法取得胜利的，所以向日本和高句丽求援。高句丽刚被打得落花流水，不敢出兵相助。日本却觉得这是个很好的机会，于是派出两万多人进入朝鲜半岛。日军在新罗攻下好几座城，对百济虎视眈眈。唐朝得知这一情况后，迅速做出反应，征发淄、莱、青、海四州兵马七千多人，由右威卫将军孙仁师率领，开赴熊津，与刘仁轨会师，唐军气势进一步增强。唐军按照刘仁轨的建议，擒贼先擒王，猛烈进攻百济周留城，周留城形势危急，急急忙忙向日军求救。日军一万多人乘坐着海船来到白江口，准备在这里登陆支援百济军队。

日军与刘仁轨率领的大唐水师在白江口相遇，结果被刘仁轨打得全军覆没。当时，日军一万多人，战船1000多艘。而大唐水师只有七千多人，战船170艘。大唐的战船高大坚固，制作精良，远远胜过日本的海战工具。唐军水师把日军战船夹在中间，顺风放火，一时之间，火光冲天，海水皆赤，日军溃不成军，伤亡无数。日军将领朴市田来津遭唐军围攻而死。周留城中的百济王子扶余忠胜、扶余忠志见大势已去，只好投降唐军。百济王扶余丰不知道是死是活，反正是没找到，唐军只能将他的宝剑做战利品带回。

这次海战，引起了日本全国轰动。日本害怕大唐军队再次进攻，就在日本国内修建了四道防御工事，此后再未向朝鲜半岛用兵。日本见大唐兴盛，便派出遣唐使和留学生学习大唐先进的文化和制度。

白江口海战以后，百济各城都归附了大唐，只剩下任存城的迟受信坚决不肯归降。百济义军首领沙吒相如、黑齿常之向唐军投降。刘仁轨决定派沙吒相如、黑齿常之攻打任存城，这下可吓坏了军中的孙仁师。孙仁师觉得他们不可靠，万一放虎归山，后果不堪设想啊！刘仁轨耐心地向孙仁师解释："你看啊，沙吒相如、黑齿常之都是有勇有谋、知恩图报的人。他们知道顺我者昌、逆我者亡的道理，这样的好机会他们是不会放

过的。你不必担心他们会叛变。"孙仁师想来想去，也是这么个道理，于是同意两人带兵攻打百济任存城。唐军给黑齿常之等人配备了兵马粮草，直攻任存城。经过一番苦战，任存城被拿了下来。迟受信抛妻弃子，狼狈逃窜，投奔了高句丽，百济被大唐平定了。这样一来，高句丽就被新罗和唐军夹攻起来。孙仁师等人回朝复命，刘仁轨留下来镇守百济。

因为战争的破坏，百济战乱之后，民生凋敝，百废待兴。这个时候，刘仁轨显示出了他卓越的经营才华。平乱不久，刘仁轨一边安排民众生产，一边屯田练兵，渐渐出现了百姓安居乐业、军队防务严谨的局面，这些为后来进攻高句丽打下了良好的基础。

孙仁师等人回到朝中后，高宗问及朝鲜半岛的战事情况，同时盛赞写奏报给他的官员。孙仁师等人回答奏报出自刘仁轨之手。高宗这个高兴，本来以为得了个武将，谁知是个文武双全的人物。于是把刘仁轨连升六级，任命为带方州刺史，还给他建了一个宅子，用来表彰刘仁轨的功绩，朝中的人也对刘仁轨肃然起敬。刘仁轨很了解朝廷的焦急心情，也知道皇帝的意思，于是，上表奏报朝廷百济目前所面临的一系列困难，朝廷对此都给了积极的回应，刘仁轨也因此成为高宗和武则天所信任的重臣。

高宗泰山封禅期间，刘仁轨带领着新罗、百济、耽罗、日本四国使者，来参加大唐盛典。高宗异常兴奋，提拔刘仁轨为大司宪，后又兼任检校太子左中护，封乐城县男。

刘仁轨是个既宽厚又圆滑事故的人，就在高宗恩宠自己的时候，他完全有能力将陷害自己的袁异式铲除，但是他没有这么做，他不但没有对袁异式下手，还对他礼遇有加。他主政后又提拔袁异式为詹事丞，推荐袁异式做司元大夫。人们都赞扬刘仁轨以德报怨的行为，高宗和武则天对刘仁轨好感大增，委

以重任。

　　公元666年，高句丽莫离支（相当于兵部尚书）泉盖苏文去世。他的大儿子泉男生继承了莫离支的职位，泉男生的弟弟的泉男建、泉男产不服这样的安排。于是发兵攻打泉男生，泉男生实在无力抵挡，便派自己的儿子泉献诚到大唐求助。大唐可乐坏了，正愁不知道如何攻打高句丽呢，高句丽内战这样的机会可不能错过。很多时候，祸起萧墙才是最要命的。大唐派李勣做辽东道行军大总管，节制各军，带领数道合力攻打高句丽国。刘仁轨被任命为辽东道副大总管，后又改为熊津道安抚大使，全力协助李勣攻打高句丽。公元668年冬天，高句丽灭亡，被纳入大唐帝国的版图，唐朝在高句丽设置九都督府、四十二州、百县，由平壤的安东都护府统辖，命右威卫大将军薛仁贵为检校安东都护，率领两万多人驻守此地，安东都护府管理着原来高句丽和百济的土地。大唐平定了新罗的两个宿敌，占领了朝鲜半岛四分之三的土地。新罗一看自己的势力整个朝鲜半岛无人能及，于是动起了蚕食大唐土地的念头。他们竟然收留反唐势力，想借此将大唐排挤出朝鲜半岛，这种行为触怒了大唐，刘仁轨率领大唐军队，雄赳赳地与新罗展开对战。

　　公元675年，高宗任命刘仁轨为鸡林道大总管，任命卫尉卿李弼、右领军大将军李谨行为副大总管，渡过瓠卢河，攻占了新罗重镇七重城，就在这个时候，靺鞨兵登录新罗南境，配合唐军作战。新罗军受到重创，力量大大削弱。新罗王派使节到大唐请罪，高宗接受了新罗王的道歉，赦免了他。大唐与新罗以平壤以南的大同江作为界限，划定了双方的势力范围，刘仁轨班师回朝。

　　刘仁轨回到朝廷后，因为功勋卓著升为公爵，连同他的儿子和侄子一起被封"上柱国"。因为刘仁轨一家为故乡争了光，家乡人把刘仁轨居住的地方称为"乐城乡三柱里"。后来，刘仁轨当上了左仆射。

公元677年，吐蕃进犯边境，刘仁轨被任命为洮河道行军镇守大使，抵御吐蕃的进犯。他多次上书高宗，为抵御吐蕃献计献策，但是都被李敬玄压住了。刘仁轨知道后气愤不已，决心与李敬玄斗一斗。官场上互相倾轧是比较普遍的现象，刘仁轨对这个并不陌生。刘仁轨知道李敬玄是文人出身，不善于打仗，便推荐他代替自己抵御吐蕃。李敬玄这下慌了手脚，他知道自己的能耐，极力推辞这个任务。谁知高宗却认准了李敬玄，偏要派他去。说什么，即使刘仁轨让我去，我也得去啊！何况是你呢？李敬玄没办法，只好接替了刘仁轨的位子，与吐蕃作战。公元678年，吐蕃军再次进犯，唐军与吐蕃军展开大会战。李敬玄不懂战争，坐视不救，唐军受到很大的打击，损伤过半。刘仁轨重用的黑齿常之在这场战斗中脱颖而出，此后经过数次战争，被提拔为大唐的燕国公。刘仁轨确实有识人的能力，但是刘与李的争斗，葬送了很多大唐将士的性命，这一点为刘仁轨的人生添上了瑕疵。

虽然举荐李敬玄不当，高宗却并没有因此而责怪刘仁轨。公元681年，刘仁轨被任命为太子太傅，实际上这是武则天的主意。在他任太子太傅的时候，曾经发生了一件有趣的事情，足可以说明刘仁轨对高宗的影响力。《朝野金载》上记载说，少府监裴匪舒建议皇家卖掉马粪，每年就能够获得收入二十万贯。高宗问刘仁轨的意见，刘仁轨觉得这样会让后人觉得唐皇室是唯利是图的王室。高宗认为是这样的道理，于是不再提及此事。又有一次，裴匪舒给高宗建了一座精致的镜殿，建成之后，请高宗和刘仁轨一起观赏。刘仁轨看罢，扑通一声跪倒在地，紧接着跑下殿堂，高宗不知道是怎么回事，下来问刘仁轨缘由。刘仁轨说："天上没有两个太阳，国家没有两个君王，我刚刚在镜子里见到好几个君主，这是不祥的征兆啊！"这不是废话么？镜子不照出人形能叫镜子吗？但刘仁轨是想借此让高宗放弃不必要的享乐。这一招果然奏效，高宗急忙命人把四周的镜子都剔掉了。

刘仁轨在官场上摸爬滚打了一辈子，到了晚年想要退休享一享轻福，但是武则天不愿意放他回去，他是武则天在朝中的重要支持力量。公元 683 年，高宗去世，武后亲政。刘仁轨再次出任尚书左仆射、同中书门下三品，负责留守长安。接着发生了他以年迈为由向武则天请辞，规劝武则天不要重蹈吕后的覆辙，武则天写信安慰一事。刘仁轨觉得武则天是个治国能人，至少比高宗强，又极为尊重自己，于是继续留任。

武则天启用新官制后不久，刘仁轨病逝，享年八十四岁。朝廷追赠他为开府仪同三司、并州大都督，将他陪葬乾陵，赐其家实封三百户。刘仁轨的儿子刘浚官至太子中舍人，后被酷吏杀害。中宗李显复位后，追赠刘仁轨为太尉。到了玄宗时期，又被玄宗立碑褒扬，谥号为文献。

刘仁轨最重要的功绩在战功，他对大唐时期稳定朝鲜半岛起到了不可小觑的作用。同时他也将大唐先进的生产方式、先进的文化传播到朝鲜半岛以及更远的地方，使大唐威名远播。

名将娄师德

良将娄师德

娄师德是郑州原武人，早年因为进士及第被封为江都县尉。扬州长史卢承业很器重他，说他是栋梁之才。果然不出卢承业所料，娄师德事业做得越来越红火，官位也一直升。到了上元初年，娄师德做到了监察御史。

公元 677 年，高宗李治为了应对来自吐蕃的威胁，颁发了《举猛士诏》。在全国范围内招兵。娄师德一心报国，虽是文官，却也应召入伍。高宗对娄师德的行为非常赞赏，给了他一个朝散大夫做。

公元 678 年，高宗派中书令李敬玄为洮河道行军大总管，工部尚书刘审礼为洮河道行军司马，率领近二十万大军大举进攻吐蕃。吐蕃听到消息后，命大将噶尔·钦陵督兵准备与唐军大战。七月，双方在龙支交战。唐军仗打得很不顺，刘审礼兵败被捉，而此时身为唐军主帅的李敬玄却害怕起来，消极防守，使大唐军队处处挨打。当李敬玄率领唐军奔逃到承凤岭时，被

噶尔·钦陵的军队包围了。幸好这个时候，左领军员外将军黑齿常之率领五百名敢死队偷袭吐蕃军营，打败了吐蕃军。李敬玄这才得救，率领军队退回鄯州，但唐军损伤过半。

因为吃了败仗，唐军士气低迷，如果此时吐蕃再次派兵攻打，唐军便有全军覆没的危险。在这个危难时刻，娄师德挺身而出，他集合剩余的兵力，重新鼓舞士气。接着，娄师德便奉命出使吐蕃，与吐蕃首领在赤岭会面。娄师德在会谈中，大力宣扬唐朝要休兵的愿望，借此把吐蕃稳住，赢得了巩固河陇一带防线的时间。吐蕃首领见唐军求和，也非常愿意。随后，双方停止用兵，此后很多年吐蕃没有侵犯大唐边境，边境稍微安定了些。高宗认为这是娄师德的功劳，于是提拔他做殿中侍御史，兼河源军司马，知营田事。自此，娄师德成为抵抗吐蕃入侵的中流砥柱。

虽然吐蕃与大唐已经达成和解，不再大举来犯。但是，还是会时常骚扰边境，这让大唐的统治者很头疼。唐此时在河陇一带只采取守势，屯田备边。但高宗越想越不对劲，决定再次对吐蕃用兵。公元681年五月，高宗派河源军经略使黑齿常之出兵吐蕃，在良非川大败吐蕃军队。

公元682年五月，噶尔·钦陵率领大军进犯柘、松、翼等州。十月，吐蕃进攻河源军。为了应对吐蕃军的进攻，娄师德率领军队进行反击，双方军队在白马涧发生激战。因为娄师德指挥得当，唐军八战八捷。经过这些战争，唐军威名远播，吐蕃攻势得到抑制。

战后，娄师德被封为比部员外郎、左骁卫郎将、河源军经略副使，与河源军经略使黑齿常之在河源一带共同抵御吐蕃。

公元690年，娄师德又被提升为左金吾将军、检校丰州都督，依旧知营田事。武则天这个时期很重视储粮备战，娄师德因此在北方营田十多年，粮食储备达数万斛。军队粮食供给充足，不必把时间、精力、财力花费在运输上。周武时期安西四镇的军事能够保持常胜，与此有很大的关系。武则天因此对娄师德大加赞赏，为了表彰他的功绩，武则天特意下诏书褒奖："卿素积忠勤，兼怀武略，朕所以寄之襟要，授以甲兵。自卿受委北陲，总司军任，往还灵、夏，检校屯田，收率既多，京坻遽积。不烦和籴之费，无复转输之艰，两军及北镇兵数年咸得支给。勤劳之诚，久而弥著，览以嘉尚，欣悦良深。"大意就是说，你做得很好，从我们把任务交给你开始，你就让我们省力气又省钱，我们很是欣慰。

公元692年，娄师德被召回朝廷，封为夏官侍郎判，判尚书事；第二年，又被封为凤阁鸾台平章事，进入宰相行列。之后武则天考虑到营田关系到边镇军粮的供应，其他人做她不放心，于是又找来娄师德，对他说边境营田非他莫属，派他做河源、积石、怀远、河、兰、鄯等地的检校营田使，唐朝西北部以及北部边镇屯田因此变得十分兴旺。没过多久，娄师德被召回朝廷任秋官尚书。

就在这个时候，西北边事又起，吐蕃军进攻河西，想以此切断唐朝与西域的联系。公元696年，武则天派王孝杰为肃边道行军大总管，娄师德为副总管，率领军队迎战。接着又提拔娄师德为左肃政御史大夫，并知政事。这一年的三月，唐军与吐蕃军队在素罗汗山打了起来，吐蕃将领发誓要与唐军决一死战，拼了命地攻打唐军，结果唐军大败，伤亡惨重。这一仗打得唐军元气大伤，唐廷上下颇为震撼，娄师德也被贬为原州员外司马。娄师德在签发官府文书的时候，不禁感慨地说："实际上都没有官职了啊！"随后又说："这样也好，这样也好"，心情倒也轻松起来。

公元697年正月，武则天又提娄师德做凤阁侍郎、同凤阁鸾台平章事，率领20万大军攻打契丹。唐军经过浴血奋战，终于平定了契丹。平定契丹以后，武则天命娄师德、狄仁杰等人安抚河北，娄师德为这一地区的安定做出了贡献。九月，娄师德代理纳言一职，一直升到谯县子。公元 698 年四月，娄师德被任命为陇右诸军大使，检校河西营田事。

紧接着吐蕃发生内乱，吐蕃将领噶尔·钦陵兵败自杀，他的弟弟噶尔·赞婆等人投降大唐。娄师德因为熟悉吐蕃风土人情以及军事情况，被武则天任命为天兵军副大总管，负责招抚吐蕃。吐蕃因为内乱、兵力大为削减，一蹶不振，所以娄师德轻松地招抚了吐蕃。公元 699 年，娄师德在会州去世，武则天追封他为凉州都督，谥号为贞。

娄师德之贤

娄师德是个心地善良的人，为人深沉，忍耐力强。有一次，他与李昭德一同进朝。因为娄师德体型肥胖，所以行动缓慢，害得李昭德等来等去。他便生气地对娄师德说："都是你个乡巴佬慢腾腾的耽误事。"娄师德听了不仅没生气，反而笑呵呵地说："我不是乡巴佬，谁是呢？"被人骂了，还坦然地承认，这是怎样的胸怀啊！

娄师德在担任纳言平章政事后，经常巡察屯田。一次，决定巡察的日子已经定下，部下随行人员已先启程。娄师德的腿脚不是很好，便坐在光政门外的大木头上等人牵马过来。等了一会儿还没有来，有一个县令不知道他是纳言，在一番自我介绍之后，便跟娄师德一起坐在大木头上等牵马的人来。县令手下的人认出了娄师德，赶忙走过来对县令说："这位是纳言啊！"县令惊恐万状，赶忙站起身来向娄师德谢罪，并说："我这是犯了死罪啊！"娄师德朗然一笑说："不知者不罪。"县令接着说："过去有一个叫左巚的人，就曾因为自己年老眼神不好，而请求免职。其实，这个人的辞职书就是晚上写的，他的

眼睛并没有大病。"意思就是客观条件限制了主观判断。谁教你娄师德这么没领导的架子了。娄师德取笑他说："说是夜里才这样的,为什么大白天的不认识宰相啊?"县令惭愧地说:"纳言您就不要再说了。"周围的人听了都大笑不已。

从上面的事件我们可以看出娄师德的宽大胸襟,他对别人亲切友善,不摆架子。也正是因为这样,他赢得了同僚的尊重。而娄师德能长久地游刃于官场,更得益于他的忍让性格。

娄师德的忍让在历史上是出名的。他的弟弟被任命为代州刺史,将要上任时,他问弟弟:"我是宰相,你又要去做州牧,这样的荣耀必定会引起人们的妒忌。你怎么才能免除由此可能产生的祸患啊?"娄师德的弟弟跪在他的面前说:"就算现在有人把唾沫吐在我的脸上,我擦了就是,请哥哥不要挂念了。"娄师德听了以后更加显出忧伤的神态说:"这正是我所担忧的啊!别人用唾沫吐你,就表示对你很生气。你擦了它就拂逆了那个人的意思,这个人就会更加生气。唾沫你不擦它,它也干,你要笑着承受这件事。"娄师德的忍让性格可见一斑。也正是因为如此,娄师德得到了武则天的信任。

娄师德为官清廉,生活清贫。他在扬州时,曾经和都尉冯元常一起去拜见善于看相的张冏藏。据说这个张冏藏与袁天罡有一拼,给人看相一看一个准。张冏藏见到两个人后上下打量一番,对他们说:"你们两人都有贵人相,冯元常的贵气不如娄师德。冯元常收到的钱越多,官当得越大。而娄师德如果收一点儿钱,就甭想当官了。"果然,冯元常任凌仪县尉时,行为放肆暴虐残忍,巡察却认为他办事果断,有能力。于是上奏皇上任命为云阳尉,又因为他搜刮钱财的事得到平反,被任命为清强监察。不知道娄师德是不是惧怕张冏藏的预言应验,在做官的数十年里没有为自己谋一分好处。后来官都当到了台辅,仍然家徒四壁。之后冯元常一直做到尚书左丞,因为犯了罪,被处死，而娄师德太平如故。

娄师德严于律己，却也不是个呆板之人。他在任监察御史时，遭遇到旱灾，为了表示求雨的诚心，按惯例禁止屠宰。娄师德到陕县视察，当地官员一看这么大的官来了，不能不有所表示，饭食上还是做了些安排，弄些羊肉给他吃。娄师德看了便责问他们："你们怎么杀羊来吃？"厨子回答说："这只羊不是杀的，是豺狼咬死的。"娄师德知道这羊是厨子杀的，但事情已经这样了，还有什么好说的呢？只好笑笑说："这只豺狼挺懂礼节的嘛！"过了一会儿，厨子又端上一条红烧鱼。娄师德诡异地一笑，瞪大了眼睛问厨子："它也是被豺狼咬死的？"厨子满脸通红，不敢说话。娄师德大笑说："你这个傻瓜！你怎么不说是被水獭咬死的啊？这样就不会露出马脚了。"厨子谢罪，娄师德没有怪罪他，并让厨子将这些东西分给下人吃。

娄师德爱民如子，从来不拿自己当大人物，不但不收取钱财，就连吃喝也不愿与他人有别。他在当兵部尚书时，曾经巡视并州。入境后，附近的县员都出来迎接并随行。到了驿站已经是中午时分。娄师德怕人多扰民，便让大家聚在一起吃饭。娄师德见自己吃的是精细的白米饭，而别人吃的却是粗糙的黑米饭。便找来驿长面带不悦地说："你对待同样的人，怎么用两种不同的招待方式？"驿长有些恐慌地说："我们找不到更多的好米，罪该万死啊！"娄师德说："突然来的宾客遇见了没有准备的主人，大家一起吃黑米有什么关系呢！"于是便换了黑米饭和大家一起吃，在场的人都很感动。

娄师德确实是个宰相肚里能撑船的人，狄仁杰当宰相之前，娄师德曾在武则天面前竭力推荐他。对于这件事，狄仁杰一无所知。他觉得娄师德就是一介武夫，没有什么大的能耐，于是很瞧不起他，一再排挤他到外地做官。武则天察觉到狄仁杰对娄师德不屑，便问狄仁杰："娄师德是贤才么？"狄仁杰眨巴了两下眼睛说："作为将领倒是操守严谨，至于是不是贤能就不知道了。"意思是，我没看出他贤能。武则天又进一步问道："他有识别人才的能力么？"狄仁杰略带不屑地说："我曾经和他做过同僚，没听说他有这方面的才能。"武则天笑着说："我任用爱卿你，就是娄师德推荐的，他是有识人才的能力的。"接着便拿出娄师德推荐狄仁杰的奏章让狄仁杰看。狄仁杰看后，颇为惭愧，不无叹息地说："娄公盛德，我被他包容自己还不知道呢，我和他比差远了。"此后，狄仁杰也努力物色人才，随时向武则天推荐。

　　武则天时代的人臣，多数都属于文武全才的人。武则天能知人善用，是她最大的优势，这也是武则天能够长期执政的重要原因之一。

硬汉魏元忠

　　魏元忠是宋城人，宋城就是现在河南商丘。他出身平民，后成为太学生。高宗凤仪时期，吐蕃屡次进犯边塞，他赶赴洛阳奉上抵御之策，高宗很是赞赏，于是让他在秘书省任职。从此，魏元忠走上仕途。在平定李敬业的叛乱中，他做为监军表现出色，被提升为司刑，后来又升为凤阁侍郎，同平章事。

魏元忠也是个文武全才。公元707年，他与武三思一起编撰《武则天皇后实录》后，又编撰了《文集》120卷。中宗觉得编得不错，给了他不少赏赐，还封了他儿子魏卫做任城县男，真是子凭父贵。

公元700年，魏元忠得罪了武则天的宠臣张易之、张昌宗，结果被贬为高要尉。凤阁舍人张说也被牵连其中，流放岭南。

这件事还要从狄仁杰死后，魏元忠当宰相说起。这个时候正是武则天宠爱张昌宗、张易之两兄弟的时候。两个人飞扬跋扈，文武百官忌惮他们的权势，事事让他们三分。但是魏元忠是个耿直的硬汉，根本不把二人放在眼里。当年，周兴、来俊臣等酷吏得势的时候，他被诬陷了三次，三次均遭流放，魏元忠就是不肯屈服。后来他做洛州刺史，张易之的仆人在洛阳大街上仗势欺人。洛阳官员因为闹事的是张府里的人，所以不敢过问此事。这件事传到魏元忠耳朵里，魏元忠颇为气愤，派人把那个仆人抓起来，一顿板子打死了。打狗还要看主人，张易之因此记恨魏元忠。后来发生的事更加让"二张"怀恨在心。是什么样的事呢？

原来，"二张"怂恿武则天把张易之的弟弟张昌期任命为长史，有的大臣为了迎合武则天，便违心地称赞张昌期的才能。武则天正高兴的时候，魏元忠却劝阻说："张昌期年轻不懂事，担任不了这样的职务。"武则天沉思良久，接纳了魏元忠的建议，没有任命张昌期做长史。张昌宗、张易之恨得牙根直痒痒，发誓要铲除魏元忠。两人经过一番商量，就跑到武则天面前搬弄是非。魏元忠为官一向清廉、正直，这方面没有什么好诬告的，张氏兄弟还真是会捏造，他们对武则天说："魏元忠在您背后议论你老了，不如太子靠得住。"

武则天最怕听别人说自己老，"二张"对武则天的心理把握得很到位，这样的话语最容易激怒武则天。武则天听后果然大发雷霆，把魏元忠打入监牢，准备亲自审问，并让"二张"当面揭发。

做贼心虚，张昌宗害怕辩不过魏元忠，便暗地里找到魏元忠手下的官员张说，威逼利诱张说作伪证。还答应张说，除掉魏元忠就提拔他。

第二天，武则天召集太子、宰相等人，让张昌宗和魏元忠当面对质。魏元忠当然不会承认莫须有的罪名，两人争得面红耳赤也没争论出个结果。张昌宗把王牌拿出来了，他对武则天说："张说曾亲耳听到魏元忠说过这样的话，可以找他来作证。"

武则天立刻传张说进宫作证，跟张说一起共事的官员听说他要上朝作证，知道发生了什么事，当时作为中书舍人的宋璟对张说说："人的名誉是最可贵的，万万不可因为要保全自己，就去附和奸臣、陷害忠良啊！因为这个得罪朝廷，遭到流放，也不光彩啊。"史官刘知几也提醒张说说："不要因为这件事玷污了你的历史，以致让后世子孙脸上无光啊！"张说知道魏元忠是冤枉的，但因为忌惮"二张"的权势，思想斗争得十分厉害。听了宋璟他们的一番话，如醍醐灌顶，胆子也大了许多。

张说战战兢兢地走进朝堂。武则天问他："你是不是亲耳听见魏元忠说诽谤朝廷的话？"魏元忠见张说进来，便对他喊道："张说，你也想同他们一起陷害我么？"张说回过头，冲着魏元忠哼了一声说："魏公你白白做了宰相，竟然说这种不懂道理的话。"张昌宗觉得张说的话头不对，便在旁边不耐烦地催促他说："你管他干嘛！做你的证就好了。"张说转头对武则天说："皇上你看呐，他们在皇上你的面前都这样胁迫我，可以想象他们在宫外是如何作威作福了。如今我不能不实话实说了，我确实没听魏元忠说过反对皇上的话，是张昌宗逼我做伪

证的。"张昌宗没想到张说会来这么一招，气急败坏地喊了起来："张说这小子是魏元忠的同谋。"武则天何其精明，一看这形势就知道是"二张"在说谎。但是武则天有私心，不想治"二张"的罪，于是责备张说道："你真是个反复无常的小人。"接着，命令侍从把张说抓起来。之后又派人审讯他，张说心想反正已经得罪了"二张"，没有好果子吃了，那就得罪到底吧！免得挨忠臣的骂。我要反悔，才真是反复无常了。武则天没有证据证明魏元忠、张说的话，也不好就此了事，便将魏元忠、张说押入大牢，经正谏大夫朱敬则求情才得以免死。但魏元忠的宰相之职还是因此被撤了，张说也被流放。

公元705年，武则天病重，武三思、张易之、张昌宗几个人勾结起来，把持朝政。宰相张柬之一看事情不好，便与大臣们一起商量杀死"二张"，逼武则天还政李唐。于是发生了前面我们提到的周武宫廷之变。紧接着唐中宗复位，改国号为唐。之后政局更加混乱，魏元忠成为朝中肃政的希望。

公元707年，魏元忠因为太子重俊谋反一事受到牵连，多次被宗楚客等人弹劾。先关进大理寺狱，后贬为渠州司马，接着又被贬为务川尉，走到涪陵时去世，这年他70岁。

公元710年，中宗感念他的功劳，追赠宰相魏元忠为尚书左仆射，封齐国公。

魏元忠一生忠于职守，是响当当的硬汉。

奇人裴行俭

　　裴行俭，公元 619 年生人，绛州闻喜人。高宗时期以及武则天摄政时建功立业，是唐朝的名臣。裴行俭出生在中国历史上赫赫有名的三晋名门——裴氏家族。据传说，裴氏的祖先是嬴氏，是秦朝皇室的后代。因为继承了秦王室良好的基因，这个家族人才辈出。"将相接武，公侯一门"，裴行俭就是这个家族中最令人瞩目的星辰。一般说有大出息的人降生，都会给家族带来些灾难。说是这个人生命力太强了，克了家族成员。这虽然是迷信传说，但是裴行俭的出生却印证了这一说法。裴行俭的母亲在怀着裴行俭时，他的家族遭受了灭门之灾。

　　裴行俭的父亲叫裴仁基，他是隋朝末年的左光禄大夫，而裴仁基的大哥裴行俨是一名威武的猛将，号称"万人敌"，裴氏父子同朝为官。后来大隋江河日下，王世充在洛阳称帝，割据一方，企图夺取天下，裴氏父子为王世充南征北战，立下赫赫战功。因为裴家是山西望族，而李渊本就在太原坐镇，与裴氏有千丝万缕的联系。再加上父子几人能力超群，于是遭到了王世充的猜忌和排斥。公元 619 年，裴仁基父子密谋投奔大唐，

结果保密工作没有做好，被人出卖遭遇灭族，裴氏在洛阳的一支全部被杀。有资料表明，裴行俭极可能是当年晚些时候出生的遗腹子，至于他母亲是如何脱难的，谁也说不清楚，成了一宗谜案。可以说，他一出生就背负着整个家族的仇恨以及复兴的希望。

裴行俭与母亲相依为命，过着清苦的生活。幸运的是，裴行俭长到少年时，李世民把国家治理得相当不错了。作为名门之后、烈士遗孤的裴行俭得到政府的照顾和培养，以荫生的身份被吸收为弘文生。凭着父辈积累下的功德，裴行俭成为国家人才培养系统中的官吏学生。后来通过科考，正式进入仕途，接着被任命为左屯卫仓曹参军，就是军队里管理粮草物资的文职军官。官职虽小，但也是吃皇粮的人了。

这时的裴行俭还不到二十岁，就是在这里他遇见了改变他一生命运的人，这个人叫做苏定方。苏定方这个时候也处于郁郁不得志的阶段，据推断是做着小小的中郎将，也就是裴行俭的顶头上司。苏定方又是何方神圣呢？他的来头不小，是大唐开国功臣李靖的高足。这样一个身怀绝技却无用武之地的人，扎在小小的军营里自然憋闷坏了。他见裴行俭天资聪慧，认为是老天赐给他的礼物，便不无欣喜地说："我满肚子的用兵之术，找遍全世界也找不到可以传授的人，上天总算眷顾，送给我你这个不二人选，以后你就跟着我吧！"接着兴致勃勃地把自己从李靖那里学到的兵法奇术连同自己的实战经验，毫无保留地传授给裴行俭。裴行俭的学问大增。

李靖的兵法、学问很神奇。苏定方学成之后，就成为奇特的人，裴行俭居然也沾染了那种奇特的命运。他本出身豪门，虽然有族人在朝中做高官，但是没有直系的亲戚帮助他。所以尽管他本人少年登科，能力非凡，竟也十几年没有得到重用。直到唐高宗永徽五年，36岁的他才被调任"长安令"。长安是首都，县令级别为正五品，这在达官贵人云集的京城，实在也算不上什么官。而他居然凭着自己的豪门背景和书法特长，与当朝宰相褚遂良以及前朝宰相虞世南交往甚密。

随后一年，武昭仪怂恿高宗废王皇后立自己，这遭到长孙无忌、褚遂良等人的强烈反对。裴行俭内心忧虑不安，觉得国家会因此出大麻烦。他在私底下多说了几句，却偏偏不巧，被大理寺的官员袁公瑜听到了。袁公瑜是武昭仪的人，当然马不停蹄地前来报告。为了掩人耳目，袁公瑜没有直接去找武则天，而是跑到荣国夫人那里告密。

武则天听到这个消息，自然不会让反对自己的裴行俭把"长安令"做消停了，于是裴行俭被贬到西州做都督府长史，西州就是现在盛产哈密瓜的吐鲁番。虽然远离京城，去跟艰苦的环境作斗争，但裴行俭没有因此消沉，反而将边疆治理得井井有条。他在西域呆了十来年，一边搞经济建设，一边做好民族团结工作。经过一番努力，西域出现了较为安定的局面，"西域诸国多慕义归附"。高宗和武后听了也颇为高兴，将他一升再升。从六品长史升到安西都护，成为威震一方的封疆大吏。

公元669年，朝廷把裴行俭召回了京城，封他做司文少卿，没过多久就任命他为吏部侍郎。与李敬玄、马载等人一起参与选拔官吏的工作。这个工作好干也不好干，就像现在的人事科干事，弄不好会得罪很多人。裴行俭却得到了很好的评价，时号"裴李"和"裴马"。裴行俭可以称为人力资源管理的鼻祖，裴行俭主持制订了官员候选人资历的长榜，就是我们所说的人事档案。完善选拔考核人才的规章流程，又为地方官员的考核任免定下了升降标准和等级评定办法。这套人才选拔、评价与考核办法对后世有着深远影响。唐朝初年，旧有官制与新官制并存，官吏管理比较混乱。通过这种途径选拔上来的官员，人数多，素质不等，需要规范化管理。这时候，士族衰落，庶族

崛起，统治者需要有一套完备的官员管理制度来加强统治。裴行俭的这次人事制度改革，虽然得到了高宗、武则天的支持，但也得罪了朝中的士族阶层，面临巨大的政治风险。进过一番努力和斗争，他最终赢得了朝廷和庶族的肯定。公元675年，裴行俭获封荣衔银青光禄大夫。

裴行俭最令人称奇的不是他的文治能力，而是他的识人、鉴人之术。我们先前说过，裴行俭是苏定方的徒弟，李靖的第三代传人，具有一种神奇的力量。不管这个传说是不是真的，但裴行俭确实有识人的眼力。在他做吏部官员时，见到了当时还是官吏候选人的苏味道和王勮。仔细端详之后，他对这两个人说："你们两个将来都是做宰相的人，我估计我是见不到自己的儿子长大了。如果两位当上宰相，要照顾一下我的儿子啊！"两个人还以为裴行俭是奉承之言，所以只是一味地谦虚迎合。李敬玄对王勃、杨炯、卢照邻、骆宾王等人的才华很是欣赏，在裴行俭面前大大美言了一番。裴行俭见过这几个人之后，便说了一番让李敬玄瞠目结舌的话。他说："判断一个人能不能成大器，要先看他是不是有器量和见识，然后再看他们的才华怎样。像王勃这样的人，虽然才华出众，但是为人浮躁，太过张扬，不是能得到高官厚禄的人。这里边就杨炯还算得上稳重，但也就能做到县令，另外两个人恐怕没有好结果的。"李敬玄听了这个心里不舒服，我向你推荐几个人，你要是相不中不用便罢了，也犯不上这样妄断人家的前程啊！谁知，后来这几个人的命运还真被裴行俭给言中了。

苏味道、王勮后来真就做到了宰相。王勃是王勮的弟弟，两人的命运却完全不同。上元年间，王勃从龙门老家南下，赶往交趾看望父亲。途经洪州留下一篇传世名作《滕王阁序》后继续南下，最后由广州渡海赶赴交趾，结果不幸溺水而死，年仅二十七岁；杨炯是这几个人里比较正常死亡的，老死在县令任上；可怜的卢照邻因郁郁不得志加上身体的病痛投河自杀了；而骆宾王我们都知道，卷到扬州叛乱的漩涡里下落不明。几个人的命运被裴行俭一一说中，不得不叫人惊叹。

裴行俭担任武将期间，所提拔、推荐的副将偏将，诸如程务挺、张虔勖、王方翼、刘敬同、李多祚、黑齿常之等人都成为大唐的名将，由他鉴别和推荐而做到刺史、将军的人多达数十个。裴行俭成为当时官场上颇为神奇的人物，人们对他又敬又怕，既想得到他的好评、推荐，又怕他有什么预言应验在自己身上。

公元676年，吐蕃违反了与唐的盟约，边境再起狼烟，吏部名臣李敬玄率领的军队在青海战役中被吐蕃军打得稀里哗啦。裴行俭在紧急危难之中受命离京出任洮州道左二军总管，后又改任秦州右军总管，第一次以武将的身份正式上任。

第二年，突厥别部首领李遮匐以及原属于西突厥族裔的十姓可汗阿史那都支联合鼓动诱惑各民族部落一起反唐，此举震动安西，还与吐蕃联和，互为呼应。朝廷想要派兵讨伐，又唯恐吐蕃借着这个机会进攻。裴行俭上书说："现在吐蕃叛乱气焰嚣张，而我方李敬玄又战败，依现在的情形看，怎么能够再发动大规模的战争呢？正巧波斯王去世了，王子泥涅师现在在长安，我们不如派使节把他送回国继承王位。路过阿史那都支和李遮匐的领地时，如果能见机行事，很可能不需要劳师动众就能成功"。高宗、武则天觉得这个主意不错便派裴行俭为安抚大使，送波斯王子回国。

当时位于伊朗的呼罗珊王朝一直与唐交好，当地人笃信摩尼教和拜火教，喜欢经商，经常往返于伊朗与大唐之间进行买卖活动。尤其对古董、珠宝生意更为热衷。后来，呼罗珊王朝被新兴的阿拉伯帝国所灭。国王被杀，王子卑路斯不愿改变信仰向异族臣民屈服，于是率领数十万人东逃吐火罗，向唐朝求

援。唐朝鞭长莫及，便在中亚（现在吉尔吉斯坦境内）划出一块地方建立了波斯都督府，用来安置逃离故土的波斯难民，让王子卑路斯担任都督，并入朝挂右武卫将军的衔。随着波斯难民的大量内迁，摩尼教在中国传播演化，成为传说中的魔教。而拜火教则成为明教，两者曾在中国历史上掀起过狂风巨浪。

裴行俭奉命带领保卫军护送波斯王子回他的封国，裴行俭路过他曾经奋斗、生活过的西州，各部落听说自己曾经的长官回来了，都到郊外真诚而热烈地欢迎他。裴行俭从这些人中挑选出一千多个青年干将跟着他，并四处散布消息说："因为天气太热，不能再走下去了，等到秋凉以后再上路。阿史那都支派出的密探得到这个消息后禀报给了他，唐军数量不多，又显得矜持娇贵，没有强大战斗力的样子，阿史那都支便放松了戒备。

让阿史那都支防备松懈以后，裴行俭便悄悄地找来安西四镇的各部酋长，邀他们一起出去打猎。他说："真怀念当年在这里痛痛快快打猎的日子啊，你们谁还愿意再陪我打打猎怀怀旧呢？"这一邀请，便邀请了一万多人。在这种明修栈道暗渡陈仓的计策下，他暗中编整训练好军队，秘密出发。不出几天就到达了离阿史那都支牙帐只有十余里的地方，接着派使者前去问候，说大唐使节裴行俭途经这里，想要约曾经的老朋友、老搭档到这里来游玩涉猎。如果您有空，不如出来玩玩。

此前阿史那都支听闻裴行俭等人要到秋天才上路，本打算与李遮匐在秋天的时候合兵抗击大唐使者。还没等准备好，大唐使者就带着两万多人浩浩荡荡地来到自家门口。阿史那都支手足无措，只好带着五百多人来到唐营拜见，裴行俭将五百多人一网打尽。阿史那都支的的令箭也被缴获，裴行俭拿着令箭召集阿史那都支所管辖下的各部酋长来聚会。各部酋长纷纷赶来，投入裴行俭的罗网，裴行俭高唱着凯歌将这些人送到了碎

叶城。

接下来就是对付李遮匐了。裴行俭在消灭阿史那都支的军队后，气都没有大喘就开始精选骑兵，轻装上阵，迅速袭击李遮匐的队伍。恰好在路上抓住了李遮匐的使者，裴行俭告诉使者，你回去告诉李遮匐，阿史那都支已经被我们抓住了。你们再负隅顽抗，就别怪我们不客气了。李遮匐听到这个消息，也傻了眼。他知道自己势单力孤，硬碰硬恐怕不是唐军的对手，只好向裴行俭投降。

裴行俭上战场可是大姑娘上轿——头一回，但就是这样一个初出茅庐的将领，却以迅雷不及掩耳的招式迅速解决了两个叛乱的头头，裴行俭显示出他身为李靖传人的特异之处。接着，裴行俭押着俘虏返回京师，命令副将王方翼继续送波斯王子赶赴西亚，还让手下人刻碑记录这件事。

高宗与武则天根本没有预料到事情会如此顺利，当胜利的消息传来，朝堂为之雀跃。裴行俭回到京城后，高宗亲自为他举行庆功宴，并在庆功宴上这样评价裴行俭："行俭提孤军，深入万里，兵不血刃而叛党擒夷，可谓文武兼备矣，其兼授二职"。就是说，裴行俭不花一兵一卒便剿灭了叛贼，真是文武兼备的人才，可以同时担任两个职务。于是，封他为礼部尚书兼检校右卫大将军，文官、武官集裴行俭于一身。

公元 679 年，北方草原的突厥部族又开始反叛。阿史德温傅拥立阿史那泥熟匐为可汗，并鼓动其所管辖的二十四州一起响应，叛军人数增至数十万。都护萧嗣业带兵平乱，结果屡战屡败，唐军伤亡惨重。朝廷心急如焚，再命裴行俭为定襄道行军大总管，开赴前线。突厥人数众多，大唐不得不派遣与其人数相匹敌的军队。裴行俭带领着太仆少卿李思文、营州都督周道务统兵十八万，赶到边境。接着又在当地整合西军程务挺、东军李文暕等将领的兵马，共有三十几万人。旌旗飘扬千里，刀枪林立，成为唐史上少有的大规模战争。

先前萧嗣业军队的惨败，多是因为敌人突袭唐军的送粮分队，使军队补给无法供应，导致唐军饥惫交加、战斗力严重削弱造成的。裴行俭料定敌人还会耍此花招，就决定将计就计，伪装了三百辆运粮车，每辆车里埋伏下五名壮士，配备好大漠刀和劲弩，还故意用老弱兵士赶车，然后派精兵暗暗跟随其后。这个烟雾弹一放出，叛军果然中计，气势汹汹地前来抢夺粮草，赶车的士兵按照事前的安排，四散逃亡。叛军还以为捡了多大的便宜，欢天喜地赶着运粮马车到水草丰满的地方，解鞍牧马。就在突厥军要取车上粮食的当口，埋伏在车里的壮士突然杀出，与尾随而来的士兵一起剿灭了截粮的叛军。从此以后，叛军再不敢靠近唐军的粮草。

公元680年，叛军主力驻扎在黑山与唐军决战，裴行俭运筹帷幄，指挥着唐军展开大规模阵地战。战无不胜攻无不克，叛军被打得没有一点反击之力，竟然产生了内讧。叛军的部下杀死伪可汗泥熟匐后投降唐军，首领奉职也被唐军生擒，残余势力逃亡狼山。裴行俭再立战功，得胜还朝。

裴行俭刚回到京城，屁股还没坐热，又传来突厥叛乱的消息。原来，突厥贵族阿史那伏念集合叛乱余党再称可汗，他与阿史那温傅联合继续顽抗。没办法，裴行俭只好再次赶赴前线，屯兵代州的陉口。这一次他用了一招反间计，派间谍去挑拨伏念和温傅的关系，使两人产生隔膜，进而互相猜忌。当时，阿史那伏念全部家当和家眷都在金牙山，他带领主力绕道袭击唐军，裴行俭事先探知了这些事，便做好了充分的准备。趁着伏念在唐军左右徘徊的时机，裴行俭派程务挺、何迦奇突袭金牙山，俘获了伏念的妻儿老小以及全部家产，伏念没想到唐军把自己的家都给收拾了，心里像长了草似的，坐立不安。家人要是没了，自己还打的什么劲啊？于是偷偷派人向唐军示好，许

诺抓住温傅后前来投降。裴行俭封锁了这一消息，不动声色地等待伏念的捷报。

多天以后，眼见异族的大队人马踏着滚滚烟尘而来。唐军侦察兵以为敌军来袭，火速向裴行俭报告。裴行俭从容、淡定地对手下说："这是伏念抓住了温傅前来投降的，不必担心。不过受降就像受敌，还是要做好准备才行"。于是，唐军显示出严阵以待的样子，派使节前往问讯。正如裴行俭所料，伏念带着温傅来投降了。这么一来，突厥叛乱全部平息。高宗、武则天十分高兴，派户部尚书崔知悌领队慰劳前线战士。

裴行俭在说服伏念投降的时候，曾经答应过伏念不会杀他。但没想到的是同族侍中裴炎却向朝廷谏言说："伏念是程务挺、张虔勖打败的，后面又有回纥军队逼围，没有办法才投降的。"鼓动朝廷把伏念和温傅一起处斩，而裴行俭的功劳也在这场争辩中被忽略了。虽然裴行俭在事后被封为闻喜县公，但他却因为被迫的言而无信而感到耻辱，并对裴炎的品行感到质疑和无奈。他不无叹息地说："过去王浑、王浚兄弟争功的事，古今耻之，就不用多说了。我们有了斩杀降将的先例，以后谁还来投降啊！"于是心灰意懒，从此称病不出。

公元 682 年，十姓突厥中的阿史那车薄部落再起叛乱，朝廷再次启用病休在家的裴行俭，任命他为金牙道大总管，但这次上天没有给裴行俭发光发热的机会。大军还没来得及出发，这位鼎鼎大名的儒将裴行俭便因病辞世，终年六十四岁，后被朝廷追赠为幽州都督，谥号为"献"。

当时裴行俭的四个儿子都是未成年人，小儿子裴光庭才只有七岁大，因此高宗叫皇太子指定一名七品官员专门帮助裴家打理各种事务，直到裴行俭的孩子们能够自立为止。多年后唐中宗即位，再追赠他扬州大都督荣衔。

我们说整个高宗执政时期，政务上几乎都有武则天的参与。

裴行俭的能力武则天甚至比高宗更清楚，任用这样的能臣为大唐稳固江山，武则天也确实有眼力。

大将郭元振

郭元振，名震，字元振，魏州贵乡人，是唐代极其著名的军事将领，也是个文武全才。

郭元振所处的年代，科举之风极其盛行。隋朝以来，读书人多通过科举考试进入仕途。人们都希望自己的孩子通过仕途获取功名，有钱的人家更是如此。因为出身地主家庭，郭元振自幼便被送入私塾读书。他少有大志，生得风流倜傥。性格也颇为豪爽，从不吝惜钱财。十六岁时，他与薛稷、赵彦昭等人同为太学生。一次，家中送来四十万贯钱，有人自称："一家五世没有入葬，希望能借些钱把他们的尸体迁到同一个墓穴"。郭元振同情他便把钱全都给了那个人，周围的人全都惊叹不已。

郭元振聪明好学，十八岁时参加科举考试，成绩优异，举进士。不久便出任通泉尉，从此走上仕途。"尉"是统兵的武吏，官职一般为八品。郭元振就是从八品芝麻官开始了他的军事生涯。当官以后的郭元振还是保持着他粗放的个性，做事不拘小节，曾经贩卖管辖内的人口，赠送宾客，使得老百姓很怨恨。武则天听说这件事以后，大为恼火，召他入京责问此事。一番交谈之后，武则天竟然发现他是个才华横溢的能才，于是向他索要文章。郭元振便把自己写的《宝剑篇》呈给武则天看，武则天看后连连赞叹，这样的人才竟被自己忽略了这么久，真是可惜。接着又把文章拿给学士李峤等人传阅，学士李峤等人也大加赞赏。武则天一向爱才，便封郭元振为右武卫铠曹参军，进奉宸监丞。

吐蕃是武则天执政时期最大的麻烦。公元692年十月，武则天命令武威军总管王孝杰收复安西四镇（镇龟兹、疏勒、于阗、碎叶，今新疆库车、喀什、和田及巴尔喀什湖南）。公元694年二月，王孝杰率唐军又在冷泉等地击破吐蕃军。公元696年三月，吐蕃大将噶尔·钦陵率军反攻，在素罗汗山大败周武军队。经此一战，周武军队元气大伤，无力再战。吐蕃方面也因赞普想要削减噶尔·钦陵的势力，不再进行战争。于是双方重开会盟。

公元696年九月，噶尔·钦陵派人请求与武朝和亲。武则天便派郭元振出使吐蕃，让他见机行事。谈判的时候，钦陵对郭元振提出：罢安西四镇唐兵，分十姓突厥之地等条件。这个条件是相当苛刻的，其中包藏着祸心。面对钦陵的无理要求，郭元振义正辞严地说："四镇、十姓与吐蕃性质上相差太远，你现在想要我军撤离，难道有兼并的企图吗？"钦陵也不退让地回答说："吐蕃如果贪得土地，向东进攻甘州、凉州，不是很方便么？何必到遥远的西域去争利。"由于双方谈判没有成效，钦陵只好派遣使者跟着郭元振回到朝廷请命。

武则天把大臣们召集起来一起商议此事，大臣们讨论来、讨论去谁也没有好办法。郭元振明白钦陵的这番说词只不过是掩人耳目、蒙蔽视听而已。于是，他上书说："臣闻利可以生

害，害也可以生利。国家难以平息的只有吐蕃和默啜（突厥）。现在吐蕃请和，默啜受命，对我国是非常有利的。如果我们只图眼前利益而不审视他们的用意，那么灾害就会随之而来。现在钦陵想要分裂十姓，让我们撤出在四镇的军队，是想伺机行动，图谋不轨。我们不可轻举妄动啊。我们如果拒绝了他们求和的意愿，又恐怕边事再起。我们不如用缓兵之计安抚他们，让他们看到求和的希望，那他们也就不会马上起反叛之心了。况且四镇的祸患远，而甘、凉的祸患近，我们要深思熟虑后再决定取舍。现在国家的外患是，十姓、四镇；内患是，甘、凉、瓜、肃。……善于治国的人，先要安内再攘外，不能因为贪图外的安宁而害了内，这样才能长治久安。我们可以这样回复钦陵：'国家非吝四镇，本置此以扼蕃国之要，分蕃国之力，使不得并兵东侵。今委之于蕃，力强易为东扰。必实无东侵意，则还汉吐浑诸部及青海故地，即俟斤部落亦还吐蕃。'这样就能堵住钦陵的嘴巴，事情也不会做绝。如果钦陵有什么小动作，那么理亏的一方在他不在我们。况且西边各国，归附我们很久了。论其情义，哪是吐蕃能比得了的？我们目前还不知道他们的利害关系，如果撤了军让他们分裂，恐怕会伤了四镇的感情，这不是好办法。"武则天接受了郭元振的建议，没有答应吐蕃的要求，使吐蕃企图利用和亲侵占西域的幻想落空。

郭元振又说："臣推测吐蕃百姓也都厌倦了军事战争，希望早点安定下来。他们的大将钦陵想要分裂四镇，统兵专制，所以不想归附。如果我们每年发和亲使，而钦陵又经常不答应。那么吐蕃的人就会日渐怨恨钦陵，更希望归附我国。我们想要用武力打败他们，恐怕很难。但我们用离间计，就会使吐蕃上下互相猜忌，不攻自破。"武则天觉得很有道理又接受了他的建议。

此后数年间，吐蕃君臣果然相互猜忌。公元 699 年四月，吐蕃发生内乱。执掌大权的钦陵被赞普器弩悉弄所杀，其弟赞婆无路可走，遂率部降唐。武则天听到消息后，命令郭元振和河源军大使夫蒙令卿率骑兵迎接，封赞婆为归德王。

郭元振所献离间之计，对武朝稳定西部边疆、避免战乱起了重要作用。这是郭元振初显其才能。

公元700年闰七月二十一日，吐蕃赞普亲自率领大军出征。他将大军驻扎在河州，以作援军。随后命令手下大将麴莽布支率领数万兵马进攻凉州，包围了昌松。唐军在陇右诸军大使唐休璟的指挥下，与吐蕃军在港源谷展开激战，唐军六战六捷，大获全胜，郭元振因出谋划策而被提升为主客郎中。

公元701年，郭元振升为凉州都督、陇右诸军州大使。郭元振刚到凉州时，凉州境内南北界相距只有400多里，州内军民常年受到吐蕃和突厥的骚扰。凉州城池虽然坚固，但只要敌军猛攻，用不了一天工夫就能攻到城下。郭元振到任之后，仔细分析敌我状况，制定应对之策。为了巩固凉州防务，他在凉州城南部的边境峡口设了一个和戎城，在北部设置白亭军，以此控制交通要道，为周武王朝拓地一千五百里。这两个地方易守难攻，每打一仗敌军就会损兵折将。从此，敌军不敢再进犯，凉州得以安宁。

郭元振又派遣甘州刺史李汉通选择水草丰美、土地肥沃的地方进行屯田，保证军队粮食供应。不仅如此，他还在这里兴修水利、推广蚕桑养殖、改进耕作技术等。在郭元振没有实行屯田以前，凉州地区的谷子和小麦每斛值数千钱。屯田之后，只要一匹细绢就可以换到数十斛粮食，储存下来的粮食可供军队用上十年。武则天能够平定契丹叛乱，与此不无关系。

郭元振在凉州工作了五年，保护了凉州安宁，促进了地方经济发展。他不仅拓地千里，而且所治之处，百姓丰衣足食、人们安居乐业。郭元振又是一个伟岸果断的人，周边的少数民

族都不敢来犯，结果出现了"河西诸郡置生祠，揭碑颂德"的现象。

公元706年，郭元振升任为左骁卫将军、安西大都护。这时候，突骑施的乌质勒部落兴盛起来，希望与大唐建立友好关系。于是，中宗在十二月派郭元振到突骑施商议相关的军事事宜。当时，天上正下着鹅毛大雪，冷空气几乎要将人冻结起来。郭元振站在帐外与乌质勒交谈。雪越下越厚，越积越深，郭元振一动不动地站在那里。乌质勒年事已高，又生了病，会谈结束竟然被冻死了。乌质勒的儿子娑葛以为是郭元振故意害死乌质勒，于是谋划起兵攻打大唐。面对突发意外，副使、御史中丞解琬得到消息后，劝郭元振连夜出逃。郭元振凛然地说："吾以诚信待人，何所疑惧，且深在寇庭，遁将安适？"之后在大帐里睡了起来。第二天，郭元振亲自到突骑施牙帐吊唁，大声痛哭。娑葛疑虑不决。吊唁之后，郭元振还留下来和娑葛一起为乌质勒办理丧事，接连数十日。娑葛最终被郭元振的诚意所打动，与唐军和好如初。还派遣使者进贡5000匹马、200头骆驼、10余万头牛羊。二十八日，中宗让娑葛承袭怀德王、嗢鹿州都督。郭元振因为表现出色而被授予金山道行军大总管的职位。

公元708年，娑葛与曾是他父亲部将的阿史那阙啜忠节失和，并多次发生武装冲突。阙啜忠节因为兵少，势力渐渐衰退下来。郭元振看到了好机会，他请求朝廷召阙啜忠节进京宿卫，把他的部落迁移到瓜、沙等州，中宗答应了他的请求。

阙啜忠节奉命率领部落向东撤离，走到播仙城时，碰巧遇到了唐西域经略使、右威卫将军周以悌。周以悌得知情况后，对阙啜忠节说："国家有以高班厚秩待君者，以君统摄部落，下有兵众故也。今轻身入朝，是一老胡耳，在朝之人，谁复喜见？非唯官资难得，亦恐性命在人。今宰相有宗楚客、纪处讷，并专权用事，何不厚赆二公，请留不行。仍发安西兵并引吐蕃以击娑葛，求阿史那献为可汗以招十姓，使郭虔瓘往拔汗那征甲马以助军用。既得报雠，又得存其部落。如此，与入朝受制于人，岂复同也！"阙啜忠节听了以后，觉得是这么一回事。便派人用重金贿赂宗楚客、纪处讷等人，请求唐廷派兵进攻娑葛。

郭元振得知此事后，极力上书劝阻。他在奏疏中十分详细地阐述了目前边关的形势，同时指出，如果将吐蕃引入西域，"四镇危机，恐从此启"。而阙啜忠节所求立的阿史那献同他的父兄阿史那元庆和阿史那斛瑟罗一样，没有过人的才华，不能治理西域。但他的上书没有被采纳。

这年的十一月，唐朝派遣御史中丞冯嘉宾持节安抚阙啜忠节等人处置安西四镇，将军牛师奖为安西副都护，发甘、凉以西各州之兵，攻打吐蕃娑葛。当时，在长安有个娑葛派遣的向唐廷进贡宝马的使者，他叫娑腊。娑腊得知这一消息后，立即返回碎叶城报信，娑葛听到这一消息后，又惊又怒。于是自立为可汗，接着派自己的弟弟遮弩率领重兵攻打安西，吐蕃军兵分四路向唐军大规模进攻。

娑葛兵来势凶猛，郭元振的兵力显然不足，他在疏勒赤河河口设栅，不敢出击。阙啜忠节带领着自己的兵马到计舒河口前去迎接冯嘉宾，娑葛探明情况后派兵偷袭，活捉了阙啜忠节，杀死了冯嘉宾等人。此后不久，安西副都护牛师奖所率领的甘、凉各州的军队陆续赶到，唐军与吐蕃军在火烧城展开激战，结果唐军大败，牛师奖全军覆没。娑葛乘胜攻陷了安西，阻断四镇交通，安西局势岌岌可危。之后娑葛派遣使者上表，请求唐廷处死宗楚客、纪处讷等人。但因为韦后等人的阻挠，中宗非但没有惩罚宗、纪二人，还派周以悌取代郭元振做安西大都护。并封阿史那献为西突厥十姓可汗，派军进驻焉耆，讨伐娑葛。

就在唐军将要到达焉耆时，娑葛上书暂时还是安西大都护的郭元振说："我本不想与唐廷交恶，只是对阙啜忠节耿耿于怀。而唐廷的宗尚书收取了阙啜的贿赂，想要消灭我的部落，冯中丞、牛都护接踵而至，我不能坐视等死！又听说阿史那献也要来，边境恐怕永无宁日了。希望您设法阻止唐军啊！"郭元振深切地同情娑葛，知道他是迫不得已才这么做的，于是把这件事原原本本地上奏了朝廷。这个动作一下子激怒了宗楚客，他诬陷郭元振别有所图，朝廷立即召郭元振回朝。郭元振知道回京肯定凶多吉少，便以"西土未宁，事资安抚"为借口，声称暂时不能回京，之后派自己的儿子郭鸿带着娑葛的书信抄小路回京。在太平公主的努力下，最终扭转了朝议。引发此事的周以悌被流放白州，郭元振再次被任命为安西大都护，娑葛也被赦免。这事过了没多久，娑葛得到咽面、葛逻禄、车鼻施和弓月四姓部落的归附，实力大增，他便自立为贺腊毗伽十四姓可汗。

公元 709 年七月，娑葛派使者向唐廷请降，中宗高高兴兴地册封娑葛为贺腊毗伽钦化可汗，赐名守忠，他的弟弟遮弩被赐名为守节，突骑施汗国正式建立。郭元振在整场事件中起到了力挽狂澜的作用，没有他的极力周旋，恐怕西域在很长时间里都不会太平。

公元 710 年六月，李隆基发动宫廷政变，除掉韦后集团。之后李旦即位，成为睿宗。郭元振的才学和理政能力很得睿宗的赏识，被封为太仆卿，加银青光禄大夫。郭元振在离开安西赴任时，安西各部族的酋长哭着相送。离凉州还很远时，凉州的百姓就准备好了酒食夹道欢迎，足可见郭元振的人格魅力。

公元 711 年正月十三日，郭元振与张说并列为同平章事，后同中书门下三品。十月，睿宗召郭元振等几位大臣到承天门，责备他们"政教多有疏漏，灾害到处都是，府库空虚，官僚机构却越来越多；就算是我没有多少德行，也不至如此，你们不是能辅佐我的贤才！"随即免除了几位宰相的职务，重新任命新宰相。其中郭元振取代宋璟为吏部尚书。后转兵部尚书，封馆陶县男。

公元712年，李隆基登基，是为唐玄宗。郭元振被任命为朔方军大都督，建丰安、定远城，使戍守军队有了屯驻的地方。公元713年，他被任命为兵部尚书，同中书门下三品。

玄宗即位之初，朝中官员很大一部分都是太平公主的党羽。太平公主又控制了左羽林大将军常元楷、左金吾将军李钦等将领，掌握了部分军权。她想架空玄宗，进而取得皇权。经过一番准备之后，太平公主决定发动叛乱，结果被玄宗预先探知。玄宗与郭元振等人一起商议如何除掉太平公主。商议之后玄宗采取了行动，最后灭掉了太平公主。

太平公主被除之后，玄宗论功行赏，封郭元振为代国公，实封四百户，赐一子为官，赐锦千缎。不久又兼御史大夫，复为朔方大总管，以备突厥。

这个时候内患已经平息了，玄宗的大权基本稳固。玄宗有了足够的精力来管理自己的国家，加强边防也被提上了日程。面对西方的吐蕃和西突厥、东北的契丹和奚、北方的东突厥等地的军事威胁，玄宗采取了设置节度，增强边兵，严格训练军队等方法加强防御能力。玄宗十分重视军容、军纪等军法的贯彻执行，觉得这些是提高军队战斗力的最佳途径。

公元713年十月，玄宗到新丰视察边情。玄宗与文武官员在骊山脚下观看士兵习武，共有20多万大军，旌旗绵延五十多里。玄宗看到军队这样拖沓的样子，不觉有些生气。玄宗只好亲自击鼓鼓舞士气，郭元振不知道哪根筋搭错了，竟然在玄宗击鼓的时候向玄宗奏事。玄宗鼓声一停，军队立刻混乱起来。玄宗更加生气，他想借此树立声威，于是，让郭元振跪在军旗

下，准备斩首示众。大臣刘幽求、张说等人急忙劝谏："元振有翊赞大功，虽有罪，当从原宥。"玄宗这才免了郭元振的死罪，流放新州。

不久，玄宗念及他立过的功劳，想重新启用他做饶州司马。但郭元振因为自己功劳大而遭到贬损，心情抑郁，在赴任途中病逝，终年五十八岁。开元十年，追赠太子少保。

贤相姚崇

起起落落的人生

姚崇，公元 650 年出生在江苏吴兴，祖辈世代在陕西做官，后来便跟着家族定居在陕州硖石。父亲死后，他随从母亲一起回到汝州梁县广成外婆家。

从小生活在官宦之家的姚崇，养成了谨慎、好学的习惯，久而久之成了一位胸有大志的博学之士。入朝为官之后，他对朝廷提出的问题对答如流，而且落笔成章。由此得到武则天的赏识，被封为侍郎。

距离汝州六十里处有一个广成泽，它是东都洛阳外围的一

处名胜。东汉朝廷曾经把这里营造成宫苑，供皇帝狩猎、游玩。姚崇继承了父亲尚武的遗风，每天在广成泽一带习武，还经常和乡间的小伙伴们到山野射猎比武。经过十多年的艰苦锻炼，他炼就一身强健的体魄以及大无畏的精神，十八般兵器样样精通。就在姚崇很努力地练习武艺时，他遇到了一个改变他人生轨迹的一个人，这个人就是张憬藏。张憬藏是个饱学之士，四处游学，路过广成泽时，落脚在姚崇家。他见姚崇气宇轩昂，眼神里透出一股灵气，完全不同于一般的山野村夫。交谈之下，发现姚崇知识贫乏，文理欠通，于是极力地劝说姚崇好好读书，增长自己的才学和见识。还鼓励他说："广成是上古圣贤广成子居住过的地方，黄帝还曾经向广成子问道。你将来会以文才显赫的，是做宰相等一级大官的材料，千万不要自暴自弃，要好自为之啊！"姚崇听了极为震撼。他确实有一番抱负，只是该从哪里入手自己也不清楚。经张憬藏一番教导，姚崇开始潜心学文，刻苦攻读，学业大有长进，后来参加科举，考中了进士，从此步入政坛。他先后在武则天、唐中宗、唐玄宗时期担任宰相。可以说，是三朝元老。

姚崇入朝为官，负责理案刑狱，这个时候正是武则天热火朝天地任用酷吏办案时期，他秉公执法，解救了许多遭诬陷的人，引起朝野注目，官职连连晋升。公元698年，姚崇被武则天破格提拔为尚书，兼相王李旦府长史。五年后，姚崇因为得罪了武则天的男宠张易之、张昌宗兄弟，被派往边境做安抚大使去了。在临行前，姚崇推荐张柬之出任宰相。公元705年，武则天病重，姚崇从边关回京，张柬之与其密谋杀死张昌宗兄弟，姚崇知道"二张"的恶劣，认为铲除"二张"是非常必要的。张柬之还要逼武则天让位给太子李显，姚崇却不愿意参与这件事。在张柬之逼宫的时候，姚崇没有参加。李显复位后，任用姚崇、张柬之为宰相，还加封姚崇为梁县侯。此后，姚崇被贬亳州。接着又发生了张柬之被杀、武三思和韦后掌权，太子杀死武三思，韦后和安乐公主合力毒死中宗，掌握朝中大权；李隆基杀死韦后拥立李旦继位等宫廷政变。姚崇却因为人在地方幸免于难。

张柬之等人在一举铲除"二张"之后，武则天被迫退位，迁到上阳宫居住。扬眉吐气的中宗带着文武百官前去请安，很多大臣都是礼仪性地问武则天好，接着便相互庆贺起来。只有姚崇不合时宜地痛哭流涕。张柬之、桓彦范等人吃了一惊，在新主子面前对着旧主子哭，这是干什么呀？张柬之对他说："姚公啊，今天是什么日子，不是哭的时候吧？你恐怕要惹出祸端来了。"姚崇却很坦然地说："我侍奉武皇帝已经有些年头了，突然间要离开她，总会有所触动。这是发自内心的感情，实在控制不住啊！我参加你们组织的诛杀凶逆的举动，是尽做臣子的义务，不敢说有什么功劳；今天因为与旧主子告别而伤感，也是做臣子应有的节操，如果因此获罪，我也心甘情愿。"这事儿很快被中宗知道了。中宗老大的不高兴，姚崇我白白让你做丞相了，既然你不愿意在我身边，那就打发你到亳州去得了。姚崇就这样被贬到亳州做刺史去了。有人说，姚崇有先见之明，他预见到武皇帝退位，朝中必定会出现大的波动，甚至是一场恶斗。为了不致陷入更深的旋涡，于是想出了这个既有人情味，又能保全自己的脱身之计。我们不能排除姚崇有这种判断力，但是，我们也不可否认，他的表现也同样是出于对武则天深厚的感情。

之所以这样说还要从姚崇与武则天的交往来看。

姚崇承袭了父亲身上的武将气质，为人豪迈，崇尚气节。进入仕途后，因为才华出众，青云直上。武则天时，被提拔为夏官郎中（兵部的高级官员）。就是这时，东北的契丹族不断侵扰中原，武则天不断地派兵抵御，就是没打出几个漂亮仗。

因为派兵次数比较多，所以兵部军事繁忙。姚崇的才干在这个时候才充分地发挥出来了，纷繁复杂的军务，到了他的手里，便被处理得干净利落，井井有条。兵部统属于中央，姚崇的能力很快被武则天发觉了。武则天爱才是出了名的，她十分赏识姚崇的才干，马上让他做兵部侍郎。这种知遇之恩，姚崇铭记于心。上管领导对下属的器重，往往会更大程度地激发下属的工作热情。武则天的赏识，让姚崇卯足了干劲，他的才干进一步被激发出来。他在做宰相的时候，经常兼任兵部尚书，所以对兵部之事了如指掌；边防哨卡、军营分布、兵器储备、兵员情况全都装在他心里。每每奏报都分析得鞭辟入里，武则天大为叹服。

姚崇被任命为侍郎后，可以直接参与朝政的议论。公元697年，武则天对大臣们说："之前，周兴、来俊臣等人审理案件，朝中的大臣多被牵连其中，以谋反罪居多。国家法律摆在这儿，我怎能带头违反呢？我也曾怀疑其中有冤情，是滥用刑罚造成的，所以才派近臣到监狱中去审问。结果呈上来给我看的，都是他们手写的状纸，且都是自己认的罪，我这才不怀疑了。自从周兴、来俊臣死后，我再没听说有谋反的事情了。那么，之前所杀的人中，是不是有被冤枉的呢？"姚崇因为做过刑部的官员，办案公道，救过不少人，所以对这方面情况比较熟悉。他在朝廷为官也有些年头，对武则天较为了解，他知道武则天重用过一些酷吏滥杀无辜，却没有被人控制。一些正直之臣还在主管刑法，在这个问题上是能够听得进去意见的。他针对武则天所提出的问题，坦诚而直率地发表了自己的看法："自垂拱以来，很多人被告得家破人亡，这些人基本上都是被冤枉的。告密的人因为诬告别人而立功，天下的人都开始用这样的方式编造别人的罪行，这种情况比汉朝的党锢之争还要严重。被皇上派到监狱中查问的人，连自保都不能做到，又怎

敢替人申辩呢？而被审问的人如果要翻案，又惧怕遭受那些人的毒手。现在老天保佑，皇上你醒悟过来了，杀死了这批小人，使朝廷得以安宁。我用我以及我全家百余口的性命担保，现在朝野官员没有一个谋反的。皇上你以后要是再收到类似的奏报，请将它们收存起来，不要追究。倘若以后有证据证明有人谋反，我情愿担当知而不告之罪。"这话说得已经相当严厉了，批评和建议都有，一般的皇帝很难忍受大臣的当面斥责。唐朝之所以出现盛世局面，与统治者的广开言路是不无关系的。武则天不但没有生气，反而表现得很高兴。她有些欣慰地说："之前的宰相任由事态发展，结果害我成为滥行刑罚的君主。你的说法，很符合我的心意。"接着赐给他千两银。从此，姚崇和武则天有了更进一步的了解。

一年后，姚崇被任命为宰相，后来就有了被张易之陷害遭贬之事。公元705年神龙政变以后，中宗继位。五年后，中宗暴毙，睿宗李旦继位。因为姚崇曾做过相王（李旦）府的长史，所以，相王李旦继承皇位后，马上提升姚崇做了宰相。而此时，太平公主在朝中颇有势力，不断干预朝政。太平公主是睿宗李旦的妹妹，武则天的亲生女儿，无论是长相还是性格都很像武则天，一直受到武则天的器重和宠爱。太平公主也是一个有雄心壮志的女子，希望跟武则天走同样的路，过过皇帝瘾。为了防患于未然，姚崇与宋璟联名上奏，建议把太平公主迁往洛阳居住，并将手握重兵的几个王派到地方上去当刺史。脑袋短路的睿宗，竟然把姚崇等人的话转告给了太平公主。太平公主听了气得直哆嗦，太子李隆基为了保存实力，便主动指控姚崇等人故意挑拨皇上与兄妹之间的关系，应该给予惩罚。于是，姚崇被贬为地方刺史。从姚崇被封为兵部尚书，同中书门下三品，到被贬为刺史，在职不到一年。这是他第二次出任宰相。

随着太平公主势力的膨胀，她的揽权活动也越来越猖獗。

李隆基见形势越发严峻，便瞒着睿宗，把太平公主和她的党羽一起铲除了。公元713年，玄宗到新丰进行军事检阅。参加的军队有二十万人，因为人数众多，安排失当，旗帜连出五十多里。军容不整，秩序紊乱。玄宗看后，差点儿没气断了气。这带的是什么兵？这样的军队上战场，不是给人家送战利品去了么？于是招姚崇赶往行宫。按照当时的传统，皇帝出巡，方圆三百里内的州郡大大小小的官员都要到皇帝的行宫去朝见。当时姚崇是同州刺史，又得到玄宗的秘密召唤，所以马不停蹄地前往玄宗的行宫。姚崇到的时候，玄宗正在打猎。玄宗问他擅不擅长打猎之事，姚崇从小就懂骑射，自然实话实说，于是，玄宗让他参加打猎队伍。姚崇在猎场上驰骋自如，速度与力度掌握得很好，玄宗看后大加赞赏。狩猎后，玄宗咨询他国家大事，他同样对答如流。玄宗越听越觉得姚崇是个人才，不由得称赞道："你是治世能人，不应该只做小小的刺史，应该做我的宰相，"

姚崇了解玄宗的为人，他胸襟开阔，善于纳谏。又是刚刚上任，必定要燃起几把火来。姚崇猜透了玄宗想要革旧立新的心理。便故意激了他一下，没有叩头谢恩。玄宗感到诧异，这样的好事，要是换作别人早就乐颠颠地"谢皇上，谢皇上"了，可是这位姚大人，还真是与众不同，好像我给他个烫手的山芋似的。于是便问："姚爱卿，你是不是有什么话要说啊？"姚崇故意在玄宗面前走了好几圈，而后停下来看着玄宗的眼睛说："我有十点建议要上奏，如果皇上觉得为难，那么我这个宰相就不能做了。"玄宗心想，好你个姚崇还跟我讲起条件来了。有个性，我喜欢。但凡有些气量的领导都能接受下属的傲慢，因为领导知道，你再傲慢也是为我做事的，并且这事对我很重要。玄宗就让姚崇说说看。

姚崇便逐一讲出十条建议，征询玄宗的意见。大意是：一，从玄宗你当皇帝后，朝廷用严刑峻法来治理天下，我请求皇上，用仁德来治理国家，可否？玄宗听后哈哈大笑说："这有何难？我倒是衷心希望你这么做。你接着说第二点。"姚崇见玄宗答应得如此痛快便放开了胆，接着说出了自己的第二点建议。姚崇说："朝廷自从在青海被吐蕃战败以后，就没有后悔之意；我请求皇上国家在十年内不在边疆打仗可以吗？"玄宗沉思了一下说："朕能办到，你的第三点建议是什么？"姚崇从容地说："自从武则天太后临朝称制以来，宦官们往往代表朝廷发言。我请求皇上不要再让宦官干预朝政！"玄宗眉头舒展说："这个问题我也考虑很久了，是该撤了这股歪风了。"玄宗又问姚崇第四点建议。姚崇说："自从武氏诸亲占据朝中重要位置以后，又一连发生了很多事。韦皇后被贬为庶人，安乐公主、太平公主干涉朝政，导致官场秩序混乱；我请求以后不要让国戚担任国家重要机关的领导人，以前巧立名目任命的官吏一律撤销不算，不知皇上你意下如何？"玄宗高兴起来："我早就想这么做了，爱卿你的建议正合朕的心意。你接着往下说！"姚崇见玄宗越发来了兴致，自己也跟着激动起来，便慷慨激昂地说："近些年来，奸佞的小人触犯王法，都是因为得到宠臣的庇护而免遭惩罚；我请求皇上严肃法治，皇上觉得呢？"玄宗更加拍手称是："对于这种现象，我也是深恶痛绝的。"接着，姚崇又从朝臣贪污腐败；先皇劳民伤财营造寺院；君臣之礼；广开言路；将外戚专权名列史册几方面向玄宗征求意见。玄宗听完后，久久不能平静。这样的真知灼见，让经历过唐宫一系列变故的玄宗深有感触，于是第二天便正式任命姚崇为宰相。这是姚崇第三次做宰相。

姚崇当上宰相后，带头裁减冗员，整顿吏治，注重才能，使玄宗统治前期的官场高效、清明。姚崇对行政管理方面的工作得心应手。他和庐怀慎都是玄宗的宰相，姚崇儿子死后，请

了十天假，积压了一大堆政务。庐怀慎力不从心，慌了手脚，于是跑到玄宗那里作检讨。玄宗说："我把天下大事都委托给姚崇管理了，你只管坐镇就好了。"意思就是说，你不用担心。十天后，姚崇上班，很快裁决了这批积压下来的政务，可见姚崇是做官的天才。

姚崇在漫长的职业生涯中虽然总是起起落落，但每次都能全身而退，这多半归功于他对人性的把握和事件发展的判断力。就在玄宗要提拔姚崇为宰相的时候，现任宰相张说知道了这件事。他忌惮姚崇的才能，便指使其他人弹劾姚崇。玄宗信任姚崇，没有接受弹劾的建议。张说不死心还派人向玄宗建议姚崇去做河东总管，玄宗自然不肯，还差点把提建议的人给杀了。姚崇当上宰相后，张说慌了手脚，于是想找玄宗的弟弟岐王做靠山。姚崇知道这件事后，知道张说不会善罢甘休，便抢先一步告了张说一状。

这一天，玄宗上完了朝，群臣们都已离去，只有姚崇装作脚生了病一瘸一拐地往外走。玄宗看见姚崇这个样子自然要关心一下，于是问他是怎么回事。姚崇说："我的脚坏了。"玄宗便问他是不是很疼。姚崇回答说："臣的痛苦不在脚上，臣的忧虑在心里。"玄宗听他话里有话便问他是怎么回事。他说："岐王是皇上的弟弟，张说是辅佐大臣。他们秘密乘车出门，可能会有事情发生啊！我很担心这件事。"玄宗明白姚崇所指，便把张说贬为相州刺史，管理地方去了。

张说也是个优秀的人，两人谁也不让谁，勾心斗角之事时有发生。传说，姚崇临死之前，还告诫自己的儿子说："张说和我嫌隙已经很深了。我死之后，出于礼节，他一定会来吊丧。你们把我平时收藏的珍宝器皿拿给他看，他最喜爱这类东西，如果他连看都不看一眼，那你们就要作好准备，很可能会有灭门之灾；如果他看这些东西，就表示你们暂时是安全的。接着，你们把这些东西送给他，请他为我撰写神道碑。他收了东西自然会办事，你们将他撰写好的碑文马上誊写报呈皇上，并准备好石头，立即刻制。他没有我反应快，过些天一定会反悔。如果他派人来要回碑文，你们就说已经报请皇上批准，再拿刊刻好的碑拿给他看。"姚崇死后，张说果然来吊丧，看到姚崇生前所收藏的物品，爱不释手。姚崇的子侄们见到这种情形，不得不佩服尸骨未寒的姚崇。他们按照姚崇生前的遗嘱办理，得到了张说撰写的碑文，并使他索回碑文的行动落空。张说又气又笑，不无佩服地说："死了的姚崇都能算计活着的张说啊！"

公元721年，七十二岁的姚崇去世了。这时候正是开元盛世，国家经济状况很好，因此官员们流行厚葬。姚崇却对这一现象很反感。他在去世之前就告诫子孙要节俭，并将这个定为家法。姚崇的人生就此谢幕，而关于姚崇的传说却一直流传着。

姚崇之贤

武则天启用姚崇，功不仅在当朝，也为玄宗提供了最为得力的人才。

佛教在唐朝十分盛行，武则天后期对道教情有独钟，使得道教成为唐代又一大教。那时上自皇家，下至富户，无不利用宗教大捞特捞一番。但宗教盛行也引起许多的社会弊端。

姚崇对这一现象强烈不满。武则天时期，男宠张易之要把十名有名望的京城佛教高僧调往定州私建新寺，高僧们不愿意去，便向朝廷请求留在京城。姚崇接受了他们的请求，让他们踏踏实实地在京城待着。张易之一再坚持要调他们走，姚崇拿定了主意，就是不肯。结果，得罪了张易之。不久就被武则天调出京城，派往灵武做灵武道大总管。

中宗时期，公主、外戚有度民为僧、为尼的权力，有的人还私造寺庙。基于此，出家人便增加了。当时有一个对寺庙很

有利的规定，但凡出家人都可以免除赋税。于是一些富户强丁，纷纷出家。姚崇在做了玄宗的宰相之后，提出要改变这种状况。他的理由是：对佛教的信仰，不在于外在的形式，而在于内心的虔诚；以前一些信仰佛教的帝王权贵，都没有什么好果子吃；如果真是大慈大悲，做出来的事就要有利于百姓。百姓安乐才是佛教的要旨，何必安度坏人为僧尼，反而破坏了佛法呢？玄宗认为他说得有道理，就命令相关部门，暗中调查，经过一番查证后，让一万二千多名冒充以及滥度的僧尼还俗务农。

姚崇至死还反对这种宗教流弊。他在遗嘱里猛烈地抨击佛教，无情地揭露那种把佛教传说当成既成事实的无知行径，对于抄经写像、倾家荡产、为死人造像追福等愚昧风俗也严厉批评，他说这些都是"损众生之不足，厚豪僧之有余"。他还嘲笑那些所谓的饱学之士，也跟风追捧，成了上述种种怪现象的俘虏。姚崇认为宗教活动对百姓没有好处。他让他的子侄们多加小心，谨防上当。如果自己去世，办理丧事时，不能完全摆脱旧有习俗的束缚，在斋祭、布施等各方面，只做敷衍即可，不可铺张浪费。他也谈到了道教，提出道教只是叫人修身养性，不参与各种不必要的竞争的。后来由于受到佛教的影响才走了样。姚崇对宗教的否定态度已经接近朴素的无神论了。

姚崇还是个不护短的人，对自己的儿孙也不偏袒。魏知古是经姚崇引荐成为宰相的名臣，后来被调任到东都洛阳管理吏部事务。姚崇的两个儿子在东都洛阳做官，知道魏知古是姚崇提拔过的人，就想要走魏知古的后门，谋取私利。魏知古将这件事告诉了玄宗，玄宗便找来姚崇闲谈。玄宗有意无意地问道："你儿子们的才能和品德怎样？现在都在做什么官？"姚崇知道自己儿子的品行，也猜到玄宗话里有话，于是坦白地对玄宗说："我有三个儿子，两个在东都洛阳，人有些贪婪，做事思虑不周，一定会走魏知古的后门。不过，我还没有来得及问他们这些事。"玄宗还以为姚崇要为自己儿子遮掩，没想到姚崇竟然如此坦白，玄宗很是高兴。他接着问姚崇："这些情况你是怎么知道的呢？"姚崇说："魏知古在低位之时，我曾经保护、提拔过他；我那两个不争气的儿子，认为魏知古一定会因为感激我而宽容他们的行为，所以定会去找魏知古。"玄宗听后，越发觉得姚崇为人正直、高尚，魏知古反而显得有些没气量，玄宗要罢魏知古的官。姚崇忙跪地请求玄宗说："我的儿子胡闹，犯了法，皇上你赦免他们的罪就已经是万幸了，倘若因为这个罢了魏知古的官，天下人一定会认为你是出于对我的感情才这样做的，这样会毁了皇上的声誉啊！"但玄宗认定了的事，不容易改变，魏知古最终被左迁为工部尚书。有人说，这正是姚崇工于心计的表现。其实也不尽然，他要护短皇帝会给他几分薄面，他若实话实说，保不准皇帝会觉得魏知古所说属实，把他儿子治罪，所以姚崇向玄宗坦白初衷是公大于私的。

姚崇是个脚踏实地的实干派，有着脚踏实地的务实精神。公元716年，山东闹蝗灾，百姓们迷信宗教，不但不敢捕杀，反而在天地旁设了祭台，焚香祷告，眼睁睁地看着蝗虫吃掉庄稼。姚崇将此事上奏朝廷。他引用《诗经》以及汉光武帝的诏书，证明蝗虫是可以捕杀的。蝗虫之所以捕杀不尽是因为人力不足，只要同心协力就可以将它们消灭。他说："蝗虫是怕人的，所以容易赶跑；庄稼地有主人，主人一定会卖力气救助；蝗虫是会飞的，在黑夜里看见火，一定会飞过来。我们在田里点上火，火边挖好坑，一边烧一边埋，一定可以消灭。"玄宗疑虑地说："蝗是天灾，是因为不休德政造成的，你要求捕杀，这不是违反天道么？"姚崇则说："古人就曾经捕杀过蝗虫，皇上这只是随后的为民除害的行为。这是国家大事，请皇上你考虑清楚啊。"玄宗就被说服了。但这件事却引起了朝廷的争议，朝廷内外都说蝗虫不能捕杀，玄宗便对大家说："我和宰相已

经商量过了，灭蝗一事已经定了，谁要是再反对，马上处死！"紧接着派遣御史分道督促，指挥百姓灭蝗。结果成效非常显著，庄稼也获得了好收成。

第二年，山东蝗灾又起。姚崇依照先前的做法，派人到各地督促捕杀。朝廷上议论纷纷，觉得老天在报复先前的灭蝗之举，人们都说蝗虫捕杀不得。玄宗也开始犹豫起来，便找来姚崇和他商量。姚崇说："这些读死书的人就知道照本宣科，根本不懂变通的道理。凡事都有违反传统的时候，有时要逆流而上才是好办法。"接着他列举了历史上反复出现过的蝗灾，后果都很可怕。他分析当前的形势："现在山东到处是蝗虫，如果田里没有收成，人们就要迁移，社会就会出现不安定因素，国家就难以保住了。即使现在我们无法根除蝗虫，总好过泛滥成灾。皇上你厌恶杀戮，恐怕感到为难，请允许我下文处理吧。如果我除不了蝗虫，您可以削除我的一切官爵。"姚崇又一次说服了玄宗。

当时的汴州刺史倪若水是个死脑筋，就是不肯执行命令。他说："蝗灾是天降的灾祸，要以仁德感动天。"姚崇知道后差点没气疯了，怒气冲冲地写信给他说："古时，有好太守的州郡，蝗虫就不会侵犯。如果修德能够免灾的话，那么蝗灾的出现就是太守无德造成的！现在你眼睁睁地看着蝗虫毁掉庄稼却坐视不管，你于心何忍呐！如果因为这件事引起灾荒，我看你拿什么保住性命！你不要有所迟疑，否则后果自负！"倪若水见信傻了眼，他嗅出了信里的味道：不是说蝗虫是因为无德造成的嘛，那你就是无德之人。你要是治不好蝗灾，就让你好看。倪若水只好执行命令，焚埋蝗虫。他所捕杀的蝗虫共达十四万石，投入汴河的不计其数。

朝中的另一个宰相卢怀慎也反对捕杀蝗虫，说辞也不过是天所不容之类的话。姚崇力排众议，坚持进行灭蝗虫的行动。

所以，尽管这一时期连年发生蝗灾，却并没有造成严重的饥荒。

姚崇的灭蝗行动，不仅要冲破朝廷上下的阻力。还要面对来自朝廷之外的非议。与姚崇同一时代的张鷟在他所写的《朝野金载》中对姚崇大加攻击，他也说蝗虫"埋一石则十石生，卵大如黍米，厚半寸盖地；上天要是不灵，则不至生蝗，上天要是降灾，蝗会越埋越多；对于蝗灾，应该修德慎刑，以报答上苍的惩罚。"为什么不修福以免灾，而要逞杀以消祸呢！虽然还是老一套的论调，但也足见姚崇在当时要面临怎样的阻力才能将灭蝗行动进行下去。在那个思想还处于蒙昧状态下的封建社会里，想要实事求是地做一点儿事情，还真是不容易。姚崇不迷信鬼神，敢于冲破阻力，坚持灭蝗的意志和行动，难道不值得我们学习和敬仰么？

因为姚崇的坚持，灭蝗行动取得了一系列的胜利。但是姚崇并没有因此而获得奖赏，相反在这之后不久就从宰相的宝座上跌了下来。这可能有两个原因，第一个是，时间拉得过长，成效不显著。另一个原因是，上至玄宗，下至百姓，内心里还是对灭蝗有抵触心理。玄宗即使知道灭蝗有些成效，也不愿意褒奖姚崇，他不仅要安抚他自己，还要安抚天下的人。姚崇手下犯了事，玄宗要惩办他，姚崇想帮他过关。正好在这个时候，京师大赦，玄宗特意交代不可赦免此人的罪。机智的姚崇马上意识到玄宗此举的不同寻常。他的目的已经不在犯人本身，而是针对自己来的。于是请求辞去宰相职务，推荐宋璟为宰相。后来的宋璟又成为一代贤相。

玄宗决定到东都洛阳去，此行的目的不仅是巡行这么简单，关中收成不好，粮运就要增加，皇帝到东都后可以减少这方面的运输支出。就在玄宗想要赶赴洛阳的时候，太庙的房屋突然倒塌了，太庙倒了，在当时非同小可，说明老祖宗对你有意见了。玄宗心里直发毛，于是召见宰相宋璟、苏颋，询问他们其中的道理。他们对玄宗说，太上皇去世还不到一年，三年的丧服未满，不适合巡幸；但凡天降灾祸，都是上天在发出警告，皇上还是按照礼制办事才好，这样才是对上天的回复，就不要去东都了。玄宗很想到东都去，没有人支持是不能成行的。这个时候玄宗想起了不信邪的姚崇。于是把已经告退的姚崇找来，问他说："我刚要从京城赶往洛阳，太庙却无缘无故地坍塌了，这是不是神灵在警告我不要去洛阳了呢？"姚崇回答说："太庙殿原本是前秦苻坚时建造的，隋文帝创建新都后，把北周宇文氏殿移到了这里，修成了这个庙。我们使用的只是隋朝的旧殿，长时间风吹雨淋，自然会有腐损，所以它的倒塌并不奇怪。"玄宗点头称是，姚崇接着说："高山含有朽土，都免不了要崩塌，时间长了的木头，自然会烂。这次太庙倒塌刚好和皇上想要赶往东都的时间碰到一起，这不是因为皇上要出行才使太庙倒塌。更可况四海之内都是皇上的家，去哪里都一样。东西两京，相距不远，关中收成不好，增加粮运，百姓辛苦，皇上出于爱护百姓的心理到东都去，并非没有道理。现在东都的各个部门都已经准备就绪，如果不去就会失信于天下。"玄宗听了感动得差点儿流出眼泪来，真是知己啊！姚崇还建议太宗把神主移到太极殿，重建太庙。玄宗高高兴兴地接受了姚崇的建议，接着赶往洛阳。

公元721年，姚崇去世，去世前姚崇立下遗嘱，告诫自己的子孙，要适可而止。自己做宰相，经过了惊涛骇浪，能从高位退下来，老于田间是感到满足的。人终有一死，这是自然规律，谁也逃避不了。接着，他又把事先分配好的家业，分给子侄。子侄们有些奇怪，没见过这样分家产的。姚崇跟他们解释说："我见过不少达官贵人，他们死后，子孙因为失去了荫庇，渐渐地贫困下来。紧接着便产生了互相争夺的现象，最后甚至到了水火不容的地步。这不仅让他们本人失去体面，也让自己的祖先蒙羞。不管孰是孰非，都会被人耻笑。另外，田地是公有的，就会互相推诿不进行管理，最后导致荒芜。我现在把它们分好了给你们，以后就不会因为这个发生争端了。"子侄们愈加感慨姚崇的先见之明，姚崇还要子侄们薄葬自己，不搞封建迷信活动，古人能达到姚崇这种思想水准的并不多。

姚崇最为贤德的是能着眼于现状，务实肯干。姚崇曾经问过自己的属下："你们说，我作为一个宰相，能和历史上的谁相提并论呢？"属下你看看我，我看看你，不知道怎么回答好。姚崇见没人答话，便笑着说："能跟管仲、乐毅相比么？"下属说："管仲、乐毅的政论虽然不能施行到后世，至少他们可以施行到死。你的政令不断更改，恐怕赶不上他们吧！"姚崇不甘心，追问道："那么到底可以和谁相比呢？"下属答道："你可以算是救时的宰相。"姚崇听后竟然很高兴，认为这是很高的评价了，救时的宰相也不容易做啊！

大过失人心

第七章

　　武则天后期做出了一些令人很不满意的行为，这些行为直接影响到后人对她的评价。任用酷吏、养男宠、迷恋奢华……每一项都够儒家学者骂上千八百年的。这些不良嗜好，使武则天的晚年黯然失色。

武帝用酷吏

武则天为政的一大弊病就是任用酷吏，武则天是女人当家，又不断地肃清李唐王室的势力，所以引起了很多保守大臣的不满，如果武则天不将这股势力清除便无法在朝廷中站住脚。而李敬业谋反事件发生以后，武则天对自己所面临的形势越来越忧虑，她觉得必须以暴制暴，才能将反对自己的势力镇压下去。于是她想到任用酷吏来巩固自己的统治，这是酷吏产生的主观原因。

公元686年，武朝出现了武则天当政时期的第一个酷吏。这个人的名字叫索元礼，是个胡人。他秘密向朝廷举报反对武则天执政的人，朝廷派人去抓捕，结果一抓一个准。而且不是一个，而是一批。当时反对武则天的人很多，所以武则天对此也不怀疑。不过就算武则天认为这里面可能有冤枉的人，她也不会对此说什么。因为这是非常时期，为了肃清反对派的势力，牺牲一些人，武则天也是在所不惜的。有些官员觉得索元礼是个办事干净、利落的人，是铲除反对派的得力助手，于是赏了个将军的官给他当。让他带领他的游击队，四处搜寻反对者。

索元礼得到重用，被很多别有用心的小人看在了眼里。不用真才实学，只要会告密，会抓人就有官做，这种方式比十年寒窗苦读容易多了。于是，一个接一个的索元礼就诞生了。尚书都事周兴、来俊臣就是其中最为成功的两个人。周兴得益于此，被提拔为刑部司郎，而来俊臣也被摆上了御史中丞的位置，两人极为显赫、风光。

酷吏们不仅对抓来的人动用酷刑，就连抓人都是诬告的。他们收买了一群地痞流氓，一起上告。把没有的事生出有来，把芝麻大的事情，说得比西瓜还大，如果你不承认就动用酷刑，折磨到你招供为止。接着再用屈打成招的供状向武则天邀功，武则天欣然打赏，这样守护主子的狗，主子怎么会不给些粮食吃呢！据说，周兴、来俊臣等人，发明了不少整人的方法。如：猪死愁、求破家、反是实、定百脉、突地吼、凤凰晒翅、驻驹拔等一系列连武则天看了都大为迷惑和瞠目结舌的酷刑。周兴等人还专门编撰了一套诬告别人的《罗织经》。只要能看懂文字的，再加上点儿眼黑心狠，就能学会这个低级的游戏。酷吏们凭着这些手段踩着别人的尸体，爬上了尽显荣华的高位。

刚开始时，酷吏们只是诬告那些没有什么名气的人。这样的人好对付，又可以暂时不引起朝臣的非议和恐慌，风险性比较小。凭着这些小人物，酷吏抬高了自己的身价，渐渐地有了对付朝中反对派的力量和胆量。

公元 689 年九月，周兴诬告宰相魏玄同谋反。周兴在高宗时期做河阳县令，高宗想要升他的官，但是朝中有人反对。周兴不知道情况，就在朝堂上等。身为地官尚书、检校纳言的魏玄同见到周兴，对他说："周明府你可以离开这里了。"周兴认为是魏玄同让他无法升官的，之后便记了仇。周兴想搞垮魏玄同，于是千方百计地陷害他。魏玄同和裴炎的关系很要好，周兴利用这层关系，陷害魏玄同。说裴炎谋反他不会不知道，又说他想拥立李旦为君主。武则天一生都在为自己的地位担惊受怕，一听说这个，火冒三丈，立马将魏玄同赐死家中。监刑御史房济知道魏玄同是被冤枉的，便让他密告周兴保住自己的名节。魏玄同却说："被人杀，被鬼杀有什么区别呢？怎么能做告密者呢？"于是从容而死。实际上魏玄同是武则天改革的支持者，一直反对门阀制度。周兴诬告手段高明，魏玄同又不申辩，最后只落了这么一个下场，多少有些不值。与魏玄同遭受同样命运的还有夏官侍郎崔詧、百济名将黑齿常之，这些人都被周兴诬告而死。

酷吏横行霸道、滥杀无辜的行为，受到很多人的谴责和反对。其中唐朝著名文学家陈子昂的反对最为激烈。陈子昂大家都知道，就是"念天地之悠悠，独怆然而涕下"的那位，他出生在梓州世家地主家庭。武则天临朝时，被封为麟台正字，受到武则天的赏识。他是一位富有远见的改革派，积极支持武则天的新政。后来被封为右卫胄曹参军。陈子昂看到酷吏的危害，上表反对任用酷吏。奏表上说："周颂成康，汉称文景，皆以能措刑也。今皇上之政，虽尽善矣，然太平之朝，上下乐化，不宜有乱臣贼子，日犯天诛。比者大狱增多，逆徒滋广，愚臣顽昧，初谓皆实，乃去月十五日，皇上特察系囚李珍等无罪，百僚庆悦，皆贺圣明，臣乃知亦有无罪之人挂于疏漏者。皇上务在宽典，狱官务在急刑，以伤皇上之仁，以诬太平之政，臣窃恨之。又九月二十一日，敕免楚金等死，初为风雨，变为景云。臣闻阴惨者刑也，阳舒者德也；圣人法天，天亦助圣，天意如此，皇上届可不承顺之哉！今又阴雨，臣恐过在狱官。凡系狱之囚，多在极法，道路之议，或是或非，皇上何不悉召见之，自诘其罪！罪有实者显示明刑，滥者严惩狱吏，使天下咸服，人知政刑，岂非至德克明哉！"奏表从人事、天命出发劝阻武则天停用酷吏，武则天接受陈子昂的劝谏，提升他做右拾

遗言官。右拾遗主要职责是挑皇帝的毛病，管理日常大臣们呈递奏折所用的匣子。这个官职看似不大，但也不能小觑，奏折是要经过他们这里的，如果有什么诬告之事，他们可以直接向武则天提出。但酷吏并不管这些，他们见陈子昂没有被提拔到手握重权的位置上，便更加猖狂起来，继续进行着滥告、滥杀的行为。

在这个时候，武则天并没有采取实际行动阻止酷吏继续为非作歹，酷吏的队伍还在扩大。最荒谬的事情是有一个以卖饼为生的醴泉人，名叫侯思止。因为与恒州刺史裴贞教训的一个小官关系要好，便与小官合计陷害裴贞。他们告发裴贞和舒王李元名谋反，结果搞得李元名被废掉舒王的头衔，发往和州，裴贞也送掉了性命。侯思止因为告发有功，也得了个将军之职。侯思止不满自己的地位，希望做更大的官，于是面见武则天。武则天听说他想当监察御史，不觉大笑起来问他："你不识字，怎么能担此大任呢？"侯思止反应倒是挺快，不慌不忙地说："独角兽也不认识字，但是它能分辨出是非曲直、善恶忠奸啊！"武则天没想到他回答得如此巧妙，很是高兴，便封他为朝散大夫、侍御史。一个卖大饼、不识字的人也能凭诬告官居高位，那些心怀不轨的人怎会不竞相效仿呢？

更离谱的是衡水有个无赖叫王弘义。因诬告有功，被封为将军，后来又被提拔为殿中侍御史。有人告发胜州都督王安仁谋反，武则天便派他去审理这个案件。他一见到被押解来的王安仁，就用木枷砸他的头，接着又派人抓了他的儿子，最后把王安仁给杀了。杀完人才发现有个漏洞需要补，这是无故杀人啊！被人知道会杀头的。不要紧，王弘义有办法应付。他编造了案情和供词上报给上面，结果竟然得到了嘉奖。

周兴、来俊臣、侯思止是当时"最负盛名"的酷吏，而徐有功、杜景俭在朝中是出了名的正直之臣。徐有功是个很有个性的人，但凡是酷吏陷害的人，他都要为他们辩护几句，类似的事前前后后发生了很多次。县尉颜余庆与琅琊王李冲的家奴有几分交情，来俊臣便诬告他参与谋反，颜余庆被定为死罪。徐有功对武则天说："皇上你颁发过赦令，只杀带头的人。其他没有告发的人都赦免了，现在又要治他们的罪，还不如不赦免呢。放人家一条生路，又要杀掉人家，还不如不放生呢！"武则天反问了徐有功一句："你认为颜余庆还不算是带头的人么？"徐有功则慢条斯理地说："所谓的带头人是最先谋划这件事的人。李贞才是元谋，现在已经被杀了，颜余庆不过是小党羽而已，按照赦令是该赦免的。"徐有功和武则天你一言、我一语地争执起来，朝殿上的文武百官吓得面如土色，徐有功却泰然自若。武则天一看徐有功这样坚决，必定是有一定道理，于是便听从了徐有功的建议，免了颜余庆的死罪。

与徐有功一样正直的人是司刑李日知，在一次判案中，他与另一个司刑胡元礼发生了严重的争执，争执焦点是关于一个囚犯是否该判死刑的问题。胡元礼硬是要处决那个囚犯，而李日知死保囚犯，结果闹到武则天那里。李日知不肯退让，武则天看胡元礼拿不出什么有力的证据证明囚犯的犯罪事实，便释放了那个囚犯。

武则天任用酷吏，害死了许多无辜的人。虽然她是出于清除反对势力的目的才采用了这一手段，但它产生的后果是不可原谅的。武则天称帝之初，武承嗣勾结周兴，陷害隋州刺史李上金、舒州刺史李素节谋反。李上金、李素节都是李家皇室，武则天对李家人叛乱尤为敏感，不管情况属不属实，只要有风吹草动便要深究细问。武家子侄又竭力想铲除李家皇室的势力，便极尽诬告之能事，把小事做大，李家兄弟最终没有逃脱酷吏的魔掌。李素节被绞死，李上金自杀，李家宗室惨遭迫害。

武则天任用酷吏，对压制、肃清反对势力起到了很大的作用，这使她能够震慑住朝臣。但是，这也同样使武则天大失民心，引起了朝野对武则天的不满。这是武则天执政以来最为昏暗的一段时光。

薛怀义之死

冯小宝进宫

武则天晚年做了两件让后人耿耿于怀的事。一个就是我们之前所说的任用酷吏之事，另一个就是包养男宠的事。说起武则天包养男宠还要从薛怀义开始，薛怀义本名不叫薛怀义，而叫冯小宝。

晚年的武则天多少有些凄凉。反对的人一个接一个被自己扳倒了，就算困兽犹斗的也不是自己的对手，在宫廷争斗了一辈子的武则天开始寂寞起来。于是，一批男宠慢慢走进她的视野，进入她的生活。开启武则天豢养男宠之门的第一人，就是冯小宝。

冯小宝是何许人？缘何能得到武则天的青睐？冯小宝原本是洛阳城里的市井小民，靠卖野药过生活。正如做美容要皮肤好，才能拉动顾客一样，卖药的自然也要身体好才能招揽生意。

为了达到宣传效果，冯小宝锻炼得身强体壮。他想，我，站在这儿就是一个活招牌。再加上我这三寸不烂之舌，就不信赚不到钱，养活不了我自己。于是冯小宝每天打起十二分精神，在街上叫卖。会发声的人都很容易引起别人的注意，冯小宝卖力的呐喊，引起了一个豪门侍女的关注。侍女假借买药与冯小宝相识，一来二去就做起了情人。侍女有了心上人，总想时时刻刻把情人留在身边。没办法，大家都要上班吃饭，要相见只好到侍女的主人家幽会了。

这天，侍女正和冯小宝在主人家的府邸幽会，不巧被闲逛的主人发现了。这主人是谁呢？就是在宗室叛乱后，为保住性命主动认武则天做干妈的千金公主。千金公主见侍女偷情偷到家里来了，登时勃然大怒。在大声训斥了一番后，低下头看了看跪在脚下的冯小宝。这一看不要紧，一下子就被冯小宝俊朗的外表给吸引了。千金公主想了想，不仅没有惩罚他，反而把他留了下来。当时的千金公主正在为如何讨武则天的欢心而大伤脑筋，看到冯小宝倒是生出几分主意来。在经过一番亲自检验之后，她决定将冯小宝包装一番，进献给武则天。

此时的武则天已经是太后，高宗去世，身边冷清，需要有人陪伴。她又刚刚平息了李敬业的叛乱，身心俱疲，需要好好休息和放松。武则天见到冯小宝后，对他颇为满意，愿意留下他来伺候自己。在历史上皇后、皇太后私养男宠的事并不少见，这是王室公开的秘密，就看有没有人深究此事。被抓到的就是风仕大案，没有什么好结果。武则天虽然没有名号，但已经是实质上的皇帝了，她不惧怕因为这个吃官司，丧掉性命。不就是个工具嘛，收就收了吧！

虽然决定是好做，但是操作起来却不容易。高宗尸骨未寒，身为太后的自己直接安排冯小宝进宫似乎大为不妥。但是武则天毕竟是武则天，这一点小事不会难倒她。她在左右思量之时，

一个主意飘进了脑海。武则天时期的宗教气氛浓烈，和尚、道士可以经常出入皇宫，却不被人盘查。想到这里，武则天不觉有一阵兴奋。这是个绝好的点子，没人会怀疑和尚与太后的交往，干脆就让冯小宝以和尚的身份进出宫中。主意打定，武则天便命令冯小宝出家为僧，赐名怀义，这样入宫的问题就解决了。但是还有一个问题，武则天觉得冯小宝的身份太寒酸了，配不上自己，这事儿万一传出去也不好听啊！你太后养面首也不挑挑，什么人都敢要。武则天最受不了别人的鄙视，思来想去还是给小宝安排个高贵一点的身份才好。武则天想到了自己的女儿太平公主，此时的太平公主已经嫁给了光禄卿薛瓘的儿子薛绍。不如与女儿商量，让薛绍认小宝为叔叔，这样冯小宝便有了一个比较光彩的身份——薛怀义。经过两次加工的冯小宝，堂而皇之地当上了洛阳白马寺的住持。自此以后，他经常出入武则天的寝宫，大家都心照不宣。人们明白薛怀义的特殊身份，不敢直接称他的名字，便尊他为薛师，甚至在朝中趾高气扬的武承嗣等人都对他点头哈腰。小宝受到了前所未有的尊崇，自然飘飘然起来，犯下了许多不该犯下的错。

怀义得宠

薛怀义之所以得到武则天的宠爱不是一点道理都没有的，除了他年少俊朗外，他也确实有他的过人之处。他进入武则天生活的时候，武则天正在向皇位进军。她需要不同方面的人为她的称帝开路，而薛怀义在其中发挥了不小的作用。

武则天称帝之前，身边的近人并不多，能真正阻止她登位的人也不多。被她废为庐陵王的儿子李显，正在方州囚禁着；小儿子李旦虽然是名义上的皇帝，政务却由自己把持着，不让他插手；武则天有信心摆平朝廷上下。但是，有一些东西是武则天要顾及的，这就是天命之说。古人当皇帝是要应天命的，否则难以堵住悠悠众口。要怎样做到应天命呢？其实所谓的"天命"一向是因人而生。很多开国皇帝都是在"制造"了"天命"之后，登上皇位的。武则天当皇帝，也需要制造出"天命"之说来，这个重任就交给了薛怀义。整个朝廷里，再没有比薛怀义更贴心的人了，而能把武则天的事业当成自己事业来做的，恐怕也只有这个人了。那么，薛怀义是怎么做的呢？

薛怀义帮武则天做了两件事。第一件就是建明堂，明堂是儒家经典所记载的天子布正之所，异常神圣。武则天想要证明她统治的合法性，就得修建明堂。修建明堂的主持人就是薛怀义，薛怀义脑袋灵活，学东西快，又很擅长管理人，是个很优秀的经理人。薛怀义不负重托，不到一年的工夫就把明堂给修建好了。新落成的明堂气势恢宏，格调高雅，据说有三十几层高，这在当时可算是了不起的建筑了，它还得了个大气又好听的名字"万象神宫"。武则天在那里率领群臣祭天祭祖，接受百官朝贺，好不风光。更让武则天拍手称妙的是，薛怀义还在明堂背后修建了一座人间天堂，天堂里贮存着佛像，不怕风吹雨打。这个佛像大得惊人，据说一个小指头就能装好几十个人，"天堂"有五层，才盖到第三层就比明堂高了。至于为什么要盖这么高的"天堂"，可能与武则天和薛怀义的宗教情节有关。不管怎么说，明堂以及天堂都让武则天心里感到莫大的满足，她对这位男宠也越来越重视。

如果说，明堂只是武则天称帝的表征物，缺少相应的理论支撑的话，那么，《大云经》的出炉就为武则天提供了一个可以称帝的理论。薛怀义带领着他所管理的和尚们，经过一番刻苦攻读，终于大海捞针一般从浩淼的佛经中找到了记载着女主国家的《大云经》。上面所说的女王，后来竟成了佛。有了这一典故，武则天当女皇就不那么离经叛道了。就是说，老天是允许女人做皇帝的。薛怀义找到《大云经》后没有就此停下脚

步，他又带着自己的手下，给《大云经》加注。把艰涩的经文翻译成通俗易懂的文字，并将其与当时极为流行的弥勒信仰结合起来，这就扩大了受众，大大地加强了宣传效果。当然最重要的一点是说，唐皇室衰微，武则天是弥勒转世，会取代大唐统治天下。这样一来，武则天统治天下的理论依据就充分了。薛怀义也就顺理成章地成为武周王朝的开国功臣，官拜正三品左威卫大将军。

薛怀义除了为武则天登位造势外，还建立了自己的功业。虽然这功业建得那么名归实不至，但总归不是完全杜撰出来的。这事要从武则天称帝前夕，突厥侵犯北部边境说起。

武则天这边忙着改朝换代，边境却起了战事，内外事务弄得她焦头烂额。就在她一筹莫展之际，想起了被封为将军的薛怀义。薛怀义是武则天最信任的人，武则天打算给他一个建功立业的机会。于是任命他为新平道行军大总管前去讨伐突厥。薛怀义哪里会打仗，听到要派他去前线，心里也忐忑不安。但是一想到自己这大将军的位子来得不那么名正言顺，实在让人家笑话，便横下一条心开赴战场了。薛怀义还真是挺走运，等他赶到前线时，突厥兵已经迁离了原来的驻扎地。薛怀义一看，这也不行啊！自己无功而返，怎么向朝廷交代啊！既然没找到敌人，就说是自己把敌人吓跑的吧！反正士兵们也愿意领赏，谁也不会出卖他。武则天听说薛怀义在前线"打"了胜仗，乐得合不拢嘴。薛怀义建功立业给大臣们的信号是，武则天即使养男宠，也要养有用的人。接着，武则天封薛怀义为辅国大将军，官至二品。

公元694年，武则天再次派薛怀义抗击突厥。老天爷似乎对薛怀义十分青睐，这次还没等到大军出发，突厥人又消失得无影无踪了。薛怀义说自己是位福将，敌人听到他的名字就闻风丧胆。武则天也接受这个说法，认为他立了功。薛怀义的事

业达到了巅峰，成为朝中炙手可热的人物。

怀义之死

薛怀义是个市井中的小人物，没有创立一番事业的大胸怀，日子稍微好点就开始飘飘然起来。他在成为武则天面首之初，小尾巴就往上翘，变得专横无礼、目中无人。薛怀义成为和尚之后，要住在寺院里。青灯古佛，冷冷清清，与外面的花花世界实在没法比，薛怀义实在难以适应寺院的生活。薛怀义觉得无聊透顶，便开始琢磨着找一些人陪自己解闷。他私自剃度了许多小流氓做和尚，不在寺院里念经，而是骑着高头大马到街上横冲直撞。人们只要见到薛怀义的人马就急忙躲闪，躲闪不及的便被打得头破血流，而后扬长而去。受了伤的人不敢得罪这些和尚，只好忍气吞声。薛怀义因为没有了头发，脑袋里渐渐滋生出一些变态思想。看见道士就把他抓进寺庙，剃光人家的头发，陪他一起做和尚，就连道教里的高层人士也不能幸免于难。弘首观的观主侯尊，是当时很有名的道士。在一次出行中，不小心被薛怀义看见了。薛怀义硬是把侯尊拉到寺院里，当了好几年的和尚。直到薛怀义死后，才留了头发，继续做道士。薛怀义种种专横行为，闹得民怨沸腾。

薛怀义不仅对百姓专横霸道，对朝中大小官员也很不客气。曾经有位御史看不惯他的行为，屡次上书弹劾他，他知道后便把这个御史截到路上打个半死。这类事件时有发生，引起了朝臣的不满。

当然，也有有性格的大臣不畏惧薛怀义。这天，薛怀义接到圣旨，带着自己的跟班来宫中见武则天，就在宫门口他遇见了宰相苏良嗣。薛怀义一看这不是当朝宰相么？我得给他个下马威，让他瞧瞧我的厉害，于是想要抢先进宫门。唐代宰相位高权重，也是八面威风的人物，哪能容忍一个男宠在自己面前耀武扬威！苏良嗣是个暴脾气，见到薛怀义不可一世的样子，便气不打一处来，当即命令手下的人揪过薛怀义就是一顿暴揍，把薛怀义打得哭爹喊娘。薛怀义自从进宫以来，就没受过这般委屈。一边说着有你好看，一边朝武则天寝宫走去。苏良嗣笑着说，我等着。

薛怀义来到武则天面前，将事情的始末说给武则天听，还强调说，是可忍孰不可忍。武则天是什么人？老到最后也保持着八分清醒的人，她公是公，私是私。听完薛怀义的话，她告诫到："你记住了，南衙是宰相处理政务的地方，北门才是你进宫的地方，你到那里去是在给自己闯祸啊！"薛怀义只好悻悻而归，自此也知道了有些大臣是不好惹的。当然，像苏良嗣这样的大臣也不多。随着薛怀义地位的提升，势力的扩大，朝中的宰相也奈何不了他了。

薛怀义的得意忘形让朝臣对武则天多了几分怨言，同时也为她的落寞埋下了伏笔。

随着武则天由太后变成女皇，渐渐地不满足于只有一个男宠的生活。这个时候，另一个男宠沈南璆出现了。沈南璆是宫中的御医，皇帝有个小病小灾的自然要找御医来瞧。见的次数多了，武则天就慢慢喜欢上了这位大夫。得，情敌出现了。这对薛怀义可是不小的打击，我薛怀义在你身边没有十年，也有八载了，算是同甘共苦吧？到头来你却移情别恋。好，你移情，我就不去见你了。薛怀义便整天呆在白马寺里，跟剃度的和尚胡闹，不再进宫见武则天。谁知，他在白马寺里的胡闹被御史周矩知道了，周矩实在看不下去了，便上奏武则天说，薛怀义纠集了一批不法和尚，整天在白马寺操练。他又可以随便出入宫廷，到您的寝宫来，万一有什么企图，大家想救都来不及了，他建议武则天抓来薛怀义审问。武则天正为薛怀义不来见自己而怄气，就批准了周矩的请求。而奇怪的是，武则天不是叫人去白马寺捉拿薛怀义，而是对周矩说，你回去吧，我叫他到你那里受审。周矩虽然心里有些诧异，但并没有提出异议。

周矩刚回到御史台，薛怀义就骑着高头大马赶到了。态度极其傲慢，进门后也不跪，见到一张床直接躺了上去，就像别人是透明的一样，袒胸露腹，活脱脱一个大流氓。周矩气得七窍生烟，好，你不是目中无人吗？我就叫你尝尝厉害，于是吩咐左右把冯小宝押上公堂。让周矩万万没有想到的是，薛怀义竟然一跃而起，骑着他的马一溜烟地跑了。周矩脑袋里嗡嗡的，这简直就是一无赖。无赖走了，自己得向上头交差呀！周矩情绪起伏地将薛怀义受审的经过详详细细地向武则天汇报了一遍，武则天听完报告后竟然哈哈大笑，她说："这和尚疯了，你就不必再审问他了，把他剃度的小流氓处理了就算了。"周矩知道武则天故意袒护，也很无奈，只好将薛怀义手下的近千个小和尚给流放了。

武则天在处理薛怀义的事情上，是网开了情面的。虽然薛怀义你让我不高兴了，但是我顾及这些年你陪我的情分，只是吓了吓你，希望你引以为戒。但是，薛怀义并没有体会到武则天的苦心，他还是沿着错误的轨道，一路奔了下去。

公元695年正月十五，普天同庆元宵佳节。百姓家里张灯结彩，热热闹闹，朝廷也取消了宵禁。薛怀义为了让武则天高兴也为这个节日精心准备了一番，他指挥着手下人在明堂的地上挖了一个五丈深的大坑，将佛像埋在坑中，像武侠小说里所写的那样装上机关，而后，用丝绸在坑上搭了一座宫殿。薛怀义知道武则天会来明堂过节，才会下这么大力气为武则天表演。武则天来到明堂之后，薛怀义命令手下拉动机关。大家惊奇地看到，佛像从坑中徐徐升起，一直升到彩绸搭建的宫殿之中。从侧面看，佛像就像从地下升天一样，在场的人都看呆了。武则天刚见时也是一愣，没过多久，就恢复了平静。薛怀义看武

则天没什么反应，便使出了最后一招，这就是将他事先用牛血画成的两百尺高的大佛挂在天津桥上。接着对武则天说，这是我用自己膝盖的血画成的。他是希望武则天能感动，但是变了心的女人就像变了心的男人一样，即使顾念旧情，也不会回到你身边来了。武则天看着用血画成的大佛，不禁打了个寒战。佛家忌杀生，而这血肯定不是人血，你大概是杀了牲畜吧？这样佛祖是不会原谅你的。为了给薛怀义一个回应，武则天只是淡然地笑了笑。

这下可真刺激到了薛怀义，好哇，你就因为有了个沈南璆，就把我打进冷宫了。我要报复你，我冯小宝也不是招之即来挥之即去的。经过一夜的辗转反侧，薛怀义做出了一个决定，这就是火烧天堂。正月十六的夜里，天堂起火，火势迅速蔓延，直烧到天堂成为一片火海。随着火势的扩展，明堂也着了起来。整个洛阳火光冲天，被照得如同白昼。洛阳城的老百姓以为是朝廷举办的焰火晚会，纷纷赞叹这一盛景。他们哪里知道，朝廷正为失去明堂而痛心疾首。这明堂花费了朝廷多少银两啊！这样宏伟的建筑葬身火海是多么可惜啊！明堂大火一直烧到第二天的天明。

这下可把武则天给惹毛了，本来我是想让你收敛一下自己的行为，没想到你跟我越玩越大。明堂是我天命的标志，周武王朝的象征，你把它给我毁了，也就毁了我们的交情。武则天愤怒异常，当时就想把薛怀义杀了祭明堂，但是思来想去觉得不妥。一旦公开惩处薛怀义，自己与他的关系就会昭然于天下。面首为了争风吃醋搞得国家的重大建筑物被毁，是多么丢脸的事情啊！决不能这样惩办薛怀义。再想想这些年下来，薛怀义陪着自己在惊涛骇浪的政坛上摸爬滚打，从来没有出卖过自己。这次明堂放火也不过是因为多情产生妒忌，妒忌产生怨恨所致，无论如何薛怀义暂时不能杀。不能杀也总得有个说法呀！于是，武则天就替薛怀义找了些替罪羔羊。这些羔羊就是当时在天堂里工作的工匠，说是因为他们用火不慎才点燃了天堂的大佛，大佛里含有麻的成分，容易燃烧，从而导致火势蔓延，连及明堂，说薛怀义放火是无稽之谈。

武则天的聪明之处还在于，她知道薛怀义是明堂的修建者，他对里面的设计、结构以及如何运用人力修复明堂有很多的经验。要他把毁了的明堂重新修建起来，既可以提高工作效率，又可以安抚下臣，正是一举两得。但是明堂毕竟起火了，不管是谁放的火，天下人总会制造出一些说法来，这些说法自然引发了对武则天当皇帝是否成功的争议。明堂是武则天应天命的标志，对于它的烧毁，下臣们分为两派。一派说是上天降灾警示，希望皇帝自我反省。另一派说，这是祥瑞，火烧旺运，周武王朝将兴旺发达。武则天虽然愿意相信后者，但是，在她思想深处却忌惮是前者的原因导致明堂被毁。史无前例的女皇帝，既满足了她的权力欲望，同时也增加了她第一个吃螃蟹忐忑不安的心理。遭天谴是她无法摆脱的想法。

此时的薛怀义心里也不平静，每天担惊受怕。他知道这次他的过错犯大了。武则天虽然暂时没有动他，但是她绝不会放过他，只是时间早晚的问题。所谓"不做亏心事，不怕鬼叫门"，薛怀义内心的恐惧使得他更加疑神疑鬼，经常在武则天面前出言不逊。武则天看到薛怀义这个样子，也几乎对他绝望了，她开始像防刺客似的防备薛怀义。薛怀义有出入皇帝寝宫的特殊权利，武则天害怕他借这个权利，突然袭击自己，便秘密挑选了一百多名体格健壮的宫女保护自己，防止发生意外事件。可见两人已经互不信任，关系破裂到了极点。

明堂大火之后不到一个月，薛怀义就死了。至于是如何死的，没人能够断定。流传下来的说法有三种。

一种是，明堂起火后不久，武则天约薛怀义在洛阳城内的

瑶光殿见面。瑶光殿四面被水环抱，环境幽雅，纵使在这里发生命案也不容易被人察觉。薛怀义听说女皇要约见他，猜到会有重大事情发生，但是他没想到死亡来得这样快。薛怀义忐忑赴约，站在瑶光殿内左等右等女皇都不来。刚要打道回府的时候，武则天的侄子武攸宁带领着一群精壮的仆人出现在面前。薛怀义一看这架势知道事情不妙，拔腿想跑。但哪能跑得掉，武攸宁的人把薛怀义团团围住，一顿拳脚相加，直打到薛怀义没了鼻息才住了手，红极一时的男宠就这样结束了生命。

另一种说法是，带着精壮家奴来杀薛怀义的不是武攸宁，而是太平公主的奶妈张夫人。大致情形和武攸宁暴打薛怀义至死差不多。只是打人用的是棍子，而不是拳脚。

第三种说法是由爱生恨的浪漫爱情故事。很多影视剧都采用了这个说法。

浪漫爱情故事开始于武媚娘在感业寺出家为尼的日子。白马寺和感业寺只有一墙之隔。两个寺院的人都要吃喝拉撒，自然少不了生活用水。既然要用水就要有打水的人，武媚娘和冯小宝作为两个寺院里打水的人就这样不期而遇了。这天，武媚娘打上满满一桶水，正要往回提时，却感到浑身乏力，怎么也抬不动这桶水。左右为难之时，体格健壮的冯小宝出现在面前，话也没说，夺过媚娘的水桶一路送到感业寺门前。随后返回去打自己的水了。媚娘平生没见过真正为自己办事却不要好处的人，心里竟然有些许的感动。再打水见到时，就多了几分笑容，再后来便渐渐地说起话来。

冯小宝是半路出家的和尚，本来寺院是不许僧人吃荤的。沾过荤腥的冯小宝哪能戒得了，总是偷偷地打些野味儿来解馋。这天，冯小宝来到井前打水，见到一只口渴的山鸡正在酣畅淋漓地喝水，于是蹑手蹑脚地走上前去，一扁担就将山鸡打死了。冯小宝心想，媚娘也快来了，不如烤好了山鸡等她来吃。想到这里，他水也不打了，到不远的树林里捡了一堆柴火，开始生火烤鸡。媚娘来的时候，山鸡还没有烤好，冯小宝也就没有出现在井边。媚娘看着冯小宝留下的水桶以为出了什么事，便四下寻找他的踪影，找着找着就闻到一股很久未曾闻到的味道。媚娘沿着味道寻来，只见冯小宝正在燃起的火上烤着肉。冯小宝见媚娘来了，将手放在嘴边，示意她不要出声。媚娘悄悄地坐到冯小宝身边，问他："这是什么肉啊？可真香啊！"冯小宝不无得意地说："这是山鸡肉。我想着烤熟了留给你，没想到你来了。"媚娘不由得眼圈有些红了，还没有人对她这么好。贫贱中建立起的交情是最瓷实的，因为不牵扯利益关系，所以大家彼此信任。冯小宝撕下一个鸡大腿递给媚娘，媚娘舔舔嘴唇，看了老半天才大口大口地吃起来。

此后，冯小宝隔三差五就弄一些野味给媚娘吃，媚娘在感业寺的饮食生活，因为冯小宝改善了不少。媚娘每次都抢着到井边打水，实际上是为了和冯小宝约会。

高宗来到感业寺，媚娘出于长远考虑紧紧地抓住这个机会，得以回到宫中，期间间或与冯小宝见面。武则天地位稳定之后，便封冯小宝做了白马寺住持。高宗死后，他可以随便出入太后寝宫，武则天赐名"薛怀义"。此后，薛怀义平步青云，直到御医沈南璆出现，他才失宠。火烧明堂之后，薛怀义以为武则天不敢办他，日渐嚣张，武则天越来越厌恶这个人。这时候，正巧有个宫女向武则天进言。她说，男为阳，女为阴。武则天如果用男宠，是阴求阳，会导致自己灭亡。必须戒用男宠，培养自己的阳刚之气才可长治久安。武则天认为有道理，就下令把冯小宝给杀了。这杀不是暗杀，而是明杀。从后来武则天又纳"二张"为男宠来说，宫女规劝之说显然是不成立的。至于冯小宝是不是在感业寺就认识了武则天，我们就更不得而知了。

武则天宠爱薛怀义，纵容他做坏事，引起了很多人的非议。

虽然后来薛怀义不明不白地死了，但武则天的人生也因此多了一份黯然。

"二张"蒙武帝

　　武则天一生颇为传奇，从才人到皇后，再由皇后到女皇，每一段经历都能引起人们的无限猜想。晚年武则天所作出的一系列荒唐事，引起当时人们的强烈不满，其中最为朝臣所不满的就是她用男宠"二张"的事。

　　公元697年，武则天的女儿太平公主，为七十几岁的武则天物色到了一位外貌俊秀，熟知音律的男宠，这个男宠就是张昌宗。张昌宗并不是绣花枕头，只靠小白脸吃饭，他的先祖是张行成，张行成是太宗时期的侍中，兼任刑部尚书。到了高宗时期，又做了太子太傅。而他的父亲做过雍州司户，哥哥张易之因为老一辈的原因，做武则天时期的尚乘奉御，管理皇帝车马。传说，张昌宗原是太平公主的男宠。太平见武则天年老孤苦，为讨她欢心，便将张昌宗进献给了她。张昌宗和张易之两人自幼在官宦人家长大，接受了很好的教育，他们对诗词、音律颇有研究。张昌宗为晚年的武则天增添了不少欢乐，自从张

昌宗进宫以来，便每天陪伴武则天弹琴作赋，让武则天放松心情，武则天很喜欢他。

一人得道，鸡犬升天，既然自己得到了恩宠，就不能让自己的家人在一旁看着，于是张昌宗又推荐了自己的哥哥张易之为武则天炼药。张易之的才华远胜过张昌宗，英俊度也不比他低，因此武则天高高兴兴地将哥两个纳入帷中。

此时的女皇已是风烛残年的老人，尽管享有无比的荣耀，也不能解除深宫的寂寞。自己的儿子被自己杀的杀，流放的流放，留在宫里的也不跟自己亲近，武则天感到身边冷冷清清的。原来有个薛怀义多少能慰藉一下自己的空虚，薛怀义一死，武则天更感寂寥。"二张"在这个时候出现，怎能不引起武则天注意？两个人极尽作乐之能事，今天陪武则天到这里玩玩，明天陪她到那里逛逛。吃喝玩乐、歌舞升平，哄得武老人家合不拢嘴。武则天也焕发了少女般的活力，不顾及皇帝的威严，与"二张"厮混。即使有外人在场，武则天也不多加掩饰，这引起了朝臣的非议。宰相王及善屡次谏言，终不得采用，武则天的心已经被"二张"迷住了。

武则天对"二张"的服务很满意，于是不断地为他们封官进爵。张昌宗被封为散骑常侍，张易之则做上了司位少卿。虽然多是虚衔，但均属高官行列。这样的行为越发引起大臣们的不满。更让大臣们气不过的是"二张"的母亲也被封了夫人，武则天还公然为张昌宗的母亲找起了老伴，结果闹得朝野沸沸扬扬。武氏宗亲、奸佞臣子，看到"二张"对武则天的影响力后，便开始巴结"二张"，渐渐地惯出了"二张"骄奢狂妄的气焰。"二张"在朝中也积聚了一些人气，"张"派人物与朝中忠直之臣逐渐有了摩擦。

武则天有了"二张"更加热衷于游玩，每年夏天都带着自己的男宠以及太平公主等人四处游幸。当武皇帝浏览到风光秀丽的石淙涧时，被周围美不胜收的景物吸引，决定在此建一座行宫，就是后来的三阳宫。此后，三阳宫便成了武皇帝的避暑佳地。

"二张"认为武则天已经是一只脚迈进棺材的老人了，如果有一天武皇帝不在了，那他们的前途和命运就完了。两个人背地里商量办法，研究如何保住自己的荣华富贵。

这时候，有个人出现了，他就是吉顼。吉顼看透了张氏兄弟的心思，便对"二张"说，你看，你们兄弟能得到这样的恩宠，并不是因为你们为朝廷做了什么贡献。天下人都对你们咬牙切齿，你们拿什么来自保呢？我暗地里替你们捏着一把汗。"二张"一听果然是自己人呐，掏心掏肺地跟你说话，于是也诚恳地请求吉顼为自己出谋划策。吉顼实际上是想通过"二张"劝服武则天归政李唐，但是表面上的说辞一定是站在"二张"的位置考虑的。他怎么说呢？他说，天下的官民都没有忘记大唐的恩德，全都想让庐陵王做皇帝。唐王室复辟的大业需要有人行动才行，而武氏家族是不会归附的，你们何不劝劝皇上立庐陵王为皇嗣，这样也不辜负天下百姓的希望。更重要的是，你们可以凭这个免除祸患，保住荣华富贵。二人一听，觉得很有道理，以后只要一有机会便向武则天建议立庐陵王为皇嗣。武皇帝也知道，这不是"二张"这样的人能想出来的主意，于是找来吉顼问话。吉顼向武则天说明立武与立李的利害关系，狄仁杰等人也一致赞同。最后，武则天立了庐陵王为皇嗣。

武则天心里明白，"二张"大小也算是个男人，心里多少还想要一点尊严。男宠别说是在古代，就是在现代也会受到歧视，被人说成吃软饭的。"二张"自然希望得到些实权。既然吉顼让兄弟二人参与了政治的议论，他们就要图谋个实职才行。所以武则天专门为"二张"设立了一个机构——控鹤府，命司

【第七章】大过失人心

礼张柬之为控鹤监，张昌宗为银青光禄大夫，吉顼做左台中丞……下设了监丞、主簿等官。这些官员中有个叫员半千的人，本来是专门给皇帝提意见的。他一进入控鹤府便知道这是武则天设置的娱乐场所，而副经理就是张昌宗等人。员半千觉得自己上了套，马上上书请求取消这个机构。结果与武则天闹得老大不高兴，武则天一气之下，把他贬去做水部司郎，但控鹤府还是运作起来。控鹤府里安排了各种娱乐项目，音乐、舞蹈、赋诗、博彩……武则天下了朝就到这里来做休闲活动。这个娱乐场一下子堵住了大臣们的嘴巴，张氏兄弟则堂而皇之地与女皇享乐。

公元700年，三阳宫落成。四月的时候，女皇领着一群文武大臣到三阳宫避暑。在这里，武则天举行了一次小型宴会。还即兴写了一首诗，接着命令每个人唱和一首，共十七首。武则天命令薛曜把这十七首诗全都刻在了石淙涧北面的石壁上。还让张易之作序，刻在了南面的石壁上。

这一时期的武则天格外迷信长生不老，所以她命令张易之为她炼制丹药。张易之的丹药不像秦始皇任用方士所炼制的丹药，它是用许多中草药精心配制而成的。武则天服用过后，确实起到了一些作用，变得红光满面、精神焕发。于是改国号为"久视"，意思就是能够长长久久地主持朝政。同年六月，改控鹤府为奉宸府，张易之被任命为奉宸令。武皇帝每天在此欢饮作乐，时间长了武皇帝也觉得没意义，于是找来阎朝隐、张说等人著书立说，最后写就了研究儒、释、道三家理论的《三教诸英》。

在一次宴会上，武三思为了讨好武则天，竟然吹捧张昌宗是"升仙太子"王子晋的转世轮回。武则天听后，哈哈大笑，于是命人给张昌宗披上神仙的羽衣，一边吹箫，一边骑着木鹤在庭院里跳舞，人们都盛赞张昌宗的优美。但不知道张昌宗心里怎么想，是心满意足，还是羞愧难当？一般人大概都会为跳

至尊红颜——武则天传

梁小丑而悲哀，而张昌宗能把这种功夫做到位也不简单。

后来武则天竟然也学起了其他皇帝，搞起了选美比赛。参与选美的可不是什么国色天香的女子，而是外貌秀美的少年郎，选出的少年郎用来充实奉宸府。右补阙朱敬则劝谏武则天说："皇上您在内殿恩宠张易之、张昌宗兄弟已经可以了，最近听说右监门卫长史侯祥等人不知廉耻地说自己的阳物怎样怎样，足可以进入奉宸府伺候皇上了。满朝文武听后议论纷纷，身为谏臣的我实在听不下去了，不能不奏报皇上，请皇上您自己斟酌吧！"武则天听后沉思良久，认为朱敬则说得有道理，便奖赏了他。赏可是赏了，武则天并没有因此而解散奉宸府，也没有停止对"二张"的宠幸。武则天向来是有个性的人，尤其到了晚年，更加固执。你看她面对信任大臣的谏言，总是以礼相待，实际上却仍按照自己的想法做事。在武则天看来，这只是有伤风雅，无伤国体的小事。她既没有给张氏兄弟朝中的重要职位，也没有让他们形成政治气候，所以她要宠爱"二张"。

逾爱荣华

高宗与武则天曾经在泰山封过一次禅，那次封禅，使武后朝野立威。高宗临死之前一直想封嵩山，结果半途而废。高宗去世，朝中的政治局面稍稍平稳后，武则天也想封嵩山。当初封禅泰山，武则天以"亚献"的身份一同前往。而武则天此时已经是一朝天子了，她要以帝王的身份来进行封禅大典。

武则天在封禅之前做了许多准备工作。当洛水出现"圣母临人，永昌帝业"的瑞石之后，武则天就将嵩山提升到"神岳"的地位。称帝以后，她决定正式封中岳。公元695年，她宣布"将有事于嵩山，先遣使致祭以祈福助，下制，号嵩山为神岳，尊岳神为天中王，夫人为灵妃。嵩山旧有夏启及启母、少室阿姨神庙，咸令预祈祭"，这次她重点封女性。中岳神的夫人被封为"灵妃"，启母和少室阿姨原本是夏启的母亲和夏启的妹妹，武则天派人专程祭祀她们，表示从上古时候起，就有值得人们赞扬的"圣夫人"，这是对女性地位的提高，认为女性也有资格封禅。

待一切准备就绪之后，武则天带领着文武百官浩浩荡荡地赶赴嵩山，进行真正由女人主持的封禅大典，这也是中岳历史上前所未有的封禅大典。公元696年，武则天登山封禅。封禅完毕之后，便大赦天下，改元"万岁登封"。改嵩阳县为登封县，阳城县为告成县，接下来就是少室山祭地，接受朝臣朝觐，而后回洛阳。整个过程耗费二十天，嵩山也被确定为五岳之尊。

很多人都不明白武则天为什么不封泰山，毕竟封泰山才是传统。最直接的原因大概就是因为之前她曾经跟随高宗封过一次泰山，她认为没有必要再封第二次。而嵩山对于武则天来说，地理位置十分优越。距离洛阳近，山清水秀，又是周王朝的圣地。武则天不是以周朝的后人自居吗，封禅嵩山是再正常不过的了。不管她出于什么原因封嵩山，反正她的权力欲望得到了空前的满足。

武则天一生钟爱嵩山，她不仅在嵩山进行了封禅大典，而且前后八次登临嵩山。分别为：公元680年，683年正月和十

月，公元696年，699年二月和五月，700年正月和四月。

这八次登临嵩山，在不同程度上耗费了国库。舟船劳顿，引起很多人抱怨。而后来发生的事，同样弄得人心浮动。

公元699年二月，一向健康的武皇帝病了。这一病，可不轻，连武则天本人都慌张起来。她有生以来第一次意识到生命绝望的濒危。她还没有享受够这个世界的繁华，她不想就这样告别这个多彩的世界。于是，长生不老的传说就成了她救命的稻草。她死死地抓住这根稻草，拼命地挣扎。这时候，嵩山再次发挥了作用。

武则天发病时正在嵩山。病急乱投医，她找到阎朝隐向嵩山之神求福，保佑自己好起来。阎朝隐当然不敢怠慢，接到命令立马行动起来。阎朝隐煞有介事地斋戒沐浴，接着在武则天面前大秀了一次忠贞，说愿意用自己的生命延续皇上的生命，武则天听后大为感动。经过一番折腾，武则天的病情确实有所好转，于是对阎朝隐褒奖一番。经此一病，武则天迷上了道教。本来武则天是信奉佛教的，但是佛教讲究生死轮回，不讲究长生不老，所以道教的长生不老学说在这个时候散发出了光辉。

武则天吃张昌宗和胡超等人给她炼制的丹药，又将"久视"作为年号，可见其对长生的向往。在武则天进行的道教活动中，以嵩山投金简最为著名。所谓的金简就是用金子做成的身份牌，这个身份牌上不仅写着人的名字、所担任的官职等基本资料，还写着自己对神明的请求。投简是道教仪式，一般人都会写一些除病免灾的愿望。公元700年，武则天进行了一次投简活动。武则天让胡超替她在封禅台的北面投了一支金简。金简上的内容大概是，大周国的君主武曌想要长生不老，在此投下一支金简，祈求三宫九府的神仙宽恕我的罪过，再下面写了一些时辰、投递人信息。

大家都知道武则天有长生不老的愿望，一些想升官发财的人，便开始活跃起来。他们今天做个梦，明天遇个祥瑞，后天听个传闻，总之都是预示武则天长寿的。武则天高兴，一个个的都加官进爵，没有丝毫才能的人就给些银子打发。大家见说几句奉承话就有利可图，于是竞相献媚，朝中风气骤下，正直之臣不无慨叹。

武则天老来表现出对荣耀和长生的追求，使这位女皇的人生在晚年黯淡下来。

平乱除贼子

第八章

　　武则天后来也意识到自己在用人方面的过失，所以想努力挽回局面。于是，毫不客气地除掉了周兴、来俊臣等酷吏，使朝堂安宁下来。而她始终没有对自己的男宠下手，这个任务只有大臣们替她完成了。

诛杀酷吏

　　我们在前面一章中曾提到武则天任用酷吏的事情。那么，这些酷吏到底嚣张了多久，他们的结局又如何呢？

　　武则天是个精明的人，她在利用酷吏整顿完朝中主要反对派之后，就把眼光瞄向了酷吏本身。这一次，酷吏诬陷的是道州刺史李行褒兄弟，诬告什么呢？谋反。只有谋反才最能置人于死地，李行褒兄弟被定了灭族的重刑。徐有功极力劝阻，周兴告发徐有功故意袒护，这时候武则天出手了，她不仅没有治徐有功的罪，反而升他做侍御史。徐有功可不干了，他跪着请求武则天不要升他的官。他对武则天说："我听说鹿若在山林里，终究会被杀了吃肉。我做刑官的时候，危险没有那么大。但如果做了御史，迟早会被酷吏杀死的。"武则天看着周兴，对徐有功说："你放心好了，没人敢陷害你的。"朝臣听武则天这么一说，心中多少有些数了，于是，静观其变。

　　公元691年，担任御史中丞的李嗣真上书武则天，委婉地陈述酷吏的危害："今告事纷纭，虚多实少，恐有凶恶阴谋离间皇上君臣。古者狱成，公卿参听，王必三宥，然后行刑。比日狱官单车奉使，推鞫既定，法家依断，不令重推。或临时专决，不复闻奏。如此，则权由臣下，非审慎之法，倘有冤滥，何由可知？况以九品之官专命推复，操杀生之柄，窃人主之威，按复既不在秋官，省审复不由门下，国之利器，轻以假人，恐为社稷之祸。"

武则天有个最大的好处就是，对于直言进谏的大臣，她从不严惩。这道奏折实际上是责备武则天任用酷吏的失误，只是把罪过推给周兴等人。武则天看后，不置可否。实际上她已经下定决心要拿这群酷吏开刀了。

就在李嗣真上奏后不久，左金吾大将军丘神绩被人告发。丘神绩也是个酷吏，他在平息李冲的叛乱中曾大肆屠杀无辜官民。这件事武则天早就知道了，但当时不是时候，所以就没有采取行动。既然下定决心要铲除酷吏，那就得先找个人开刀。丘神绩撞在了刀口上，被武则天斩首了。丘神绩一死，朝野为之雀跃，人们知道酷吏的末日就在眼前。有了榜样的鼓舞，那些受酷吏陷害的人、知道酷吏暴行的人都纷纷起来揭发酷吏的种种罪行。

终于轮到了周兴。有人告发周兴和丘神绩合谋，武则天使出绝招，她让来俊臣去审周兴。以酷治酷，我看你怎么办！朝中官员对武则天的这种做法拍案叫绝。据传，来俊臣接到提审周兴的命令后，设宴邀请周兴，请他传授问案的方法。他说："囚犯多数不承认自己的罪行，这该怎么办呢？"周兴此时还不知道朝廷要法办他，想都没想便告诉来俊臣逼供的办法。他说："这个简单！取一个大瓮，把囚犯放进去，用火烧它，还愁有什么事不招的？"来俊臣眨巴了几下眼睛，接着命人找来大瓮，按照周兴教他的方法，用火烧大瓮。接着起身对周兴说："有人状告周兄你，请你进这个瓮吧！"周兴这才反应过来，原来是来俊臣设的套。周兴知道这种逼供方式的厉害，吓得屁滚尿流，为不受皮肉之苦，他急忙招认了自己的罪行。武则天很聪明，她没有判周兴死罪，而是将他流放岭南，一来，她不会留下个兔死狗烹的话柄。二来，她知道不用她动手，就会有人收拾他。他的仇家太多了，个个都是血海深仇，他们怎么可能放过他。果然在去往岭南的路上，周兴被仇家杀死。

武则天除掉周兴以后，未经举报便杀死了索元礼。这是武周酷吏的开山鼻祖，因为有了他，无辜者死伤无数，搞得民怨纷纷。武则天对他的罪行早有耳闻，觉得只有杀了他，才能安抚民众的心。只是有两个人武则天没有动，一个是来俊臣，一个是自己的侄子武承嗣。只要他们在，诬告就不会停止。

公元692年，武承嗣和来俊臣秘密商讨如何除掉狄仁杰、任知古等高官，这是他们的宿敌。有这样一批正直的大臣在朝，武承嗣继承周武王朝的企图就难以实现。而来俊臣也惧怕自己的罪行会被大臣们拿来治罪，为了自保他也要铲除这些人。他们深知武则天最大的弱点，就是惧怕有人谋反，只要一听有人要谋反，她周身的神经立马绷得紧紧的。

武承嗣是武则天的侄子，武则天在感情上比较倾向于他，加之武则天内心的恐慌，便对武承嗣的话信上了七八分。于是几位宰相被逮进大牢，魏元忠、李嗣真等人也受到牵连。把宰相们关进大牢不是武承嗣、来俊臣的最终目的，他们一心想要置这些人于死地。来俊臣知道，这些大臣多数都是硬骨头，没有犯罪事实不会蒙受不白之冤，所以他便拿着赦令去见这些人。赦令就是我们前面提到的，只要第一时间承认谋反便可以减轻罪责，接着就有狄仁杰"认罪"事件。判官王德寿看到狄仁杰这个态度竟然起了歹意，他对狄仁杰说："尚书你是没法免罪了，我受别人威逼，请你把杨执柔宰相也牵连进来吧!"狄仁杰听了这个气呀，原来你们就是这样陷害人的。他咆哮着说："皇天后土，朗朗乾坤，你们竟叫我狄仁杰做这样的事情!"说

【第八章】平乱除贼子

着就要撞柱而死，王德寿吓傻了眼，一个劲儿地谢罪，不再逼迫他。

　　魏元忠被酷吏侯思止审问，侯思止企图用来俊臣的方法说服魏元忠认罪。魏元忠是个硬骨头，听到这个怒不可遏，把侯思止骂了个狗血喷头。侯思止还没被人这样当面羞辱过，便气急败坏地命令人倒拖着魏元忠走。魏元忠骂声不断："侯思止，你这个狗贼，要需要我的头直接杀了我就是了，何必诬告我谋反！"侯思止冷笑着走了出去。狄仁杰与来俊臣等人在大殿对峙之后，武则天知道酷吏在下面动了手脚，但是处理来俊臣的时机还不成熟，只好先将狄仁杰赦免了，并未追究来俊臣的罪行。来俊臣不知收敛，继续害人。他曾向左卫大将军泉献诚勒索贿赂被拒绝。因此，对泉献诚怀恨在心。于是伪造证据，诬告他谋反。

　　公元692年，武则天为了表示对佛家的敬仰，下令全国禁止杀生。就在这个时候，左拾遗张德家生了一个男孩，这可是个大喜的日子，自然要宴请同僚，宴请总不能只吃素吧！于是，宰了羊款待宾客。补阙杜肃也在受邀之列，他竟然偷偷地藏了一块羊肉，上书告状。第二天，大臣们上朝，武则天对张德说："我听说爱卿家生了个男孩，朕很为你高兴啊！"张德愣了一愣，心想，皇帝的消息果然灵通啊，于是俯身拜谢。武则天问道："你拿什么招待大家的呢？"张德知道自己犯了禁令就承认了错误。武则天说："朕下令禁止屠生，并不包括红白喜事，但是你要招待客人就要选人来邀请了。"说着，把杜肃上的表拿给他看。杜肃的脸一会儿红，一会儿白的，恨不能找个地缝钻进去。大臣们个个都盯着杜肃看，有的人竟然冲着杜肃唾起了唾沫。本来嘛，人家好心好意请你去喝喜酒，你却反过来告别人一状，这种小人怎能不为人唾弃？大臣们看武则天的态度渐渐明朗起来，便纷纷上奏，奏疏的内容大多涉及到酷吏如何

组织人告密，又是怎样给别人杜撰罪行的，他们对其他人是怎样逼供等情况。全都声称天下太平，根本没有这么多谋反的人。武则天见到奏本以后，进行深入的分析，感触颇深，下定决心铲除酷吏。

武则天命令监察御史严善思对告密之人严加查办，很快就有八百多个告密者被逮捕归案，这些人都是酷吏们的爪牙，结果一一受到严惩。武则天也不再庇护来俊臣等人，他们失去上面的保护，很快落入法网。来俊臣被告贪赃，贬为同州参军，王弘义流放琼州，后来因为私自返回而被侍御史胡元礼杖杀。侯思止的下场就更加惨了，因为私藏丝绵，被李昭德抓来在朝堂上打死了。

随后，有人告发岭南流人谋反，武则天派司刑评事万同俊去查办此事，结果他自作主张杀死了百名流人。武则天知道此事后，处死了万国俊，并派使者安抚流人说："我之前派使者是来安抚你们的，谁知道使者没有领会我的意思，擅自杀害流人，这真是酷吏的危害呀。"接着放了没有遭杀害的流人。实际上这只是武则天的一场作秀罢了，朝中酷吏多被清除，但是百姓气愤难平。这样一个秀，便让老百姓知道，这不是我的主意，是酷吏们自作主张的行为，我是被蒙在鼓里。百姓们对她自然不会有以前的怨恨了。

不管怎么说，酷吏总算除掉了，酷吏时代也已经谢幕，真是大快人心！朝野可以安安心心地睡上几觉了。

酷吏被除后，政局宽松了很多，许多人提议召回魏元忠。武则天二话没说，立马任命魏元忠为御史中丞。魏元忠三次流放，一次被贬，真是险象环生。一天，武则天大摆酒席，宴请群臣，其实就是谢罪宴。席间她问魏元忠："卿往者数负谤，何也？"魏元忠说："臣犹鹿耳，罗织之徒欲得臣肉为羹，臣要所避之！"武则天心里颇为难过，瞧瞧自己做的都是些什么事儿。良臣被自己糟蹋成这样，还有什么好说的呢？以行动来证明自己的悔改之意吧！所以在监察御史魏靖请求为那些受冤者平反昭雪之时，武则天立即批准。经过一番彻查，许多蒙冤之人得以昭雪。此后，朝中没有重大狱情，君臣关系和谐，朝廷出现了欣欣向荣的局面。

历经几年的酷吏风波终于平息了下来。

神龙政变

山雨欲来

我们知道，魏元忠因为"二张"问题遭到贬职外放，问题到这里并没有得到解决。"二张"继续留在女皇身边侍奉，朝臣与"二张"的斗争也将继续，而且会更为猛烈。

魏元忠本是朝臣中的领导人物，他被贬放，朝中必将发生人事的重大变动，武则天领导班子再作调整。公元704年，韦安石被提拔为知纳言事，李峤知内史事。这两个人都是女皇一手培养的大臣，不会反对自己。唐休璟因多次在西陲作战，熟悉西部边事，被封为夏官尚书、兼幽州和营州等都督，又兼安东都护，入将相之列。前宰相韦思谦之子、天官侍郎韦嗣被提拔为凤阁侍郎、同平章事，桓彦范等人被任命为御史中丞。崔玄韦也是武则天一手提拔的人，现在也被选入将相之列。

这里我们要重点提一个人，这个人就是张柬之。张柬之是襄州襄阳人，高祖时出生，少年时入补太学生。勤奋好学，精通经史，尤其精于三礼。后来因为贤良之名被召见，得到监察御史的职位，之后又被升为凤阁舍人，因为得罪了武则天被贬为合州、蜀州刺史。狄仁杰知道张柬之的才能，认为他有佐世之才，所以向武则天推荐。但武则天认为他思想保守，不愿意用他，后经由姚崇推荐，才被武则天任命为同平章事。这个时候他已经八十岁了，是名副其实的大器晚成。

张柬之一直对武则天当皇帝心存芥蒂，进入宰相班子之时，正是"二张"横行霸道的时节。他极度厌恶"二张"的所为，于是暗中联络朝中反张、反武势力，谋划除掉"二张"、逼迫武则天退位，恢复李唐江山。可以说，从张柬之入相开始，摧毁周武王朝的一场大雨就开始酝酿了。

反对"二张"的大臣还有很多，其中宋璟对"二张"的意见最大，当初，魏元忠被罢免时，他的反应也最为激烈。宋璟是邢州南和人，才华横溢，官路顺畅。考中进士后便被任命为上党尉，渐渐被提拔为监察御史、凤阁舍人。他性格耿直，为官清廉。武则天看到他的才干，提拔他做御史中丞。他对张昌宗兄弟极为鄙视，在魏元忠被"二张"陷害时，他更是义愤填膺。

这天，女皇又请大家吃饭，张氏兄弟坐在宋璟的上首位。因为忌惮宋璟的正直性格，便假惺惺地对他拱手作揖让位说："您才是当今朝中的第一人，怎么不坐这个位子呢？"宋璟见他们对自己客气，冷笑一声，连正眼都不瞧他们说："我才劣位卑，张卿你为什么就认为我是第一呢？"马屁精天官侍郎郑景

急忙问宋璟："中丞你怎么也称他为卿了？"意思是，宋璟你不是刚正、清高么？怎么也拍起马屁来？宋璟毫不客气地说："按照官位来说，本就应该称呼卿。你又不是张卿的奴才，你为什么称他为郎啊？"（郎是当时奴仆对主人的尊称）郑景当时就没了气焰。除了武三思以外，在场官员没有不大惊失色的，怕宋璟惹祸上身。武则天是眼睛里揉不进沙了的人，这样的场面她能看不到么？她看到了，但是她深知宋璟为人，所以也就没有责怪他。

"二张"能形成势力，当然离不开一群善于谄媚、随风倒的小人。宰相杨再思就是这群小人中的一员，他虽位高权重，但却甘愿被张氏兄弟利用，为其马首是瞻。张易之的哥哥司礼少卿张同休，经常举行宴会招待公卿。一次在宴会上，有人戏弄杨再思说："杨内史长得像高句丽人啊！"杨再思听后竟然做出了一个让人始料未及的举动：他当场把官服脱下，反穿过来，戴上纸制的帽子，跳起高句丽舞来，这一举动引得在场的人哄堂大笑。对一个男宠这样奴颜媚骨，还真亏他一个宰相能做得出来！更甚的是，有人称赞张昌宗"面似莲花"时，杨再思巴结着说："是莲花似六郎！"这样一群人围绕在"二张"周围，更使得"二张"骄横放纵了。

张同休、汴州刺史张昌期以及尚方少监张昌仪倚仗着"二张"贪赃枉法，结果被查出来，蹲了监狱。司刑贾正言等人上奏，张昌宗与此案有关联，应该一起治罪。御史中丞桓言范也上奏说："张同休、张昌宗贪污了四千余缗，请求免除张昌宗的官职。"张昌宗为自己脱罪说："我对国家是有贡献的，虽然犯了罪，但还不至于免官。"武则天便问下面的宰相："昌宗有什么功劳么？"杨再思看女皇的意思根本就不想免张昌宗的官，于是走上前来说："张昌宗兄弟之前炼的神丹，皇上服用后很有效果，这是社稷的福分，哪还有比这更大的功劳呢？"武则天听此一说，正中下怀。于是免了张昌宗的罪，张昌宗有惊无险地做回了原来的官。

这时候的武则天已经病了，捱到年底，武则天病得已经不能再上朝了，一直住在长生院。国不可一日无君，宰相们没有皇帝的首肯不能下达政令，政务就一直搁置着无法办理。病床边只有张氏兄弟陪侍。这一天，武则天的精神有所好转，宰相崔玄韦请求进谏。武则天让他进来，问有什么要事。崔玄韦建议说："皇太子、相王仁明孝友，足侍汤药。宫禁事重，伏愿不令异姓出入。"意思就是，你有儿有女，且又是有孝心的人，他们足可以照顾你了。宫中禁地，就不要让外姓人进入了。言外之意，让"二张"走人得了。武则天是什么反应呢？武则天微微一笑，说谢谢你们的关心，我会处理好这件事的。武则天其实也知道，这个时候自己的儿女在身边服侍才正常。但是还活着的儿子被自己折腾得够呛，来伺候自己也不是出于真心，说不定还会借此谋害她。倒不如外姓人踏实，她觉得张氏兄弟没能力兴起大的风浪。

虽然女皇一直没有动"二张"，但是"二张"心虚，见到女皇病重，惟恐大臣们在这个时候对自己不利，便开始联络同党，拉拢亲张大臣，准备在适合的时候谋乱。他们这一动作，立即引起了反张大臣的注意。有人写了招贴，希望大家提高警惕。一时间，街头巷尾都传说张氏兄弟要谋反。消息传到武则天耳里，她不信，也不予理睬。直到许州人杨元嗣上书说："张昌宗曾召术士李弘泰占相，弘泰言昌宗有天子相，劝于定州造佛寺，以示天下归心。"武则天才猛然警醒。武则天对天命一说尤其敏感，只要一听说哪个人利用谶语造势，她立马就打起十二分精神。这还真不能掉以轻心，一定要查清楚。再者，事情都闹到大臣上书的地步了，就不能装作不知道了，总得给天下一个说法。于是命令宰相韦承庆、司刑崔神庆、左台中宋

【第八章】平乱除贼子

璟一同审讯张昌宗。

审讯完毕，丞相韦承庆上书说，张昌宗已经自首了，可以免治他的罪，只要把散布谣言的弘泰问罪就可以了。宋璟可不干了，好不容易找到一个铲除贼子的机会，竟然放过他，这不是遭天谴么？宋璟不妥协地上奏："张昌宗已经得到这样的荣华富贵了，他还要招术士占相，目的是什么？弘泰声称占卜到纯乾，是天子的卦。如果张昌宗真认为是妖言惑众，为什么不把他交给相关部门办理？虽然是先已奏闻，终是包藏祸心，依法应抄家问斩。请皇上把他收监，一一查明他的罪过。"武则天听罢，许久没有说话。她本就身体不好，心烦意乱，出了这么一档子棘手的事，还没有理清思路，不知如何办才好。宋璟又说："如果不将他收押，恐怕他会蛊惑众人。"武则天叹了口气说："就到这里吧，等详细查明情况再上书讨论。"宋璟只好退下。这个时候，谏官李邕又进谏说："但凡宋大人上奏的事，都出于安邦定国的考虑，绝不是为自己谋福利，请皇上准其所奏。"武则天皱了一下眉头道："爱卿还是下去吧，稍后再说。"

这时候武则天还是有点儿信任"二张"，毕竟"二张"没有做出实质性的谋反动作。所谓的谶语，不过是别人说，张昌宗并没说。她想保住张昌宗，于是想出了个好点子，就是调宋璟出京，让他审理幽州都督的贪腐案件，又想让宰相李峤出使陇蜀之地。宋璟不仅自己不去，也不同意派李峤去。他对武则天说："地方的案件应该交由侍御史或监察御史来审理，中央大臣不插手此事。而陇蜀之地也没有异常情况，李峤是御史中丞，按规定也不应到地方上管理这些事。"大臣们见宋璟等人不听从调遣，胆子都大了起来，纷纷上奏请求武则天惩处"二张"。司刑少卿桓彦范上奏说："张昌宗无功得宠，却包藏祸心。他招致祸患，是皇天降怒；皇上不降罪，是违背天意的……"好嘛，把老天爷都搬出来了，可见张昌宗与朝臣的积

怨有多深。崔玄韦等也纷纷上奏，请求处置张昌宗。

武则天看这个架势，无法再跟朝臣抗衡下去了，只好将张昌宗交给有司处置，有司立即决定处以死刑。武则天有气无力地说道："昌宗已经自己奏报了。"宋璟义正言辞地说："昌宗是因为写着他阴谋的飞书已经传到宫中，才迫不得已自首的，不是出于自愿。谋反是大逆不道的事情，不能因为自首就免了他的罪过，如果张昌宗不能服刑，那还要国法干什么？"武则天希望宰相们法外开恩，饶他死罪，大臣们就是不肯。武则天知道，自己无论从身体还是从力量上都不能跟朝臣们较劲了，于是闷闷不乐地让张氏兄弟到御史台受审。

宋璟审问"二张"罪案。还没有定案，武则天就急急忙忙地派来使者宣布敕令，特赦张氏兄弟。宋璟气得直跺脚："事先没有把他杀了，真是太遗憾了！"事后，武则天命令张昌宗到宋璟家去谢罪，宋璟是个牛脾气，劈头盖脸就是一句："公事就在公家的地方说，如果是私会，法律是不讲私交的。"张氏兄弟悻悻而归，但终究是保全了性命。

这时的武则天处于两难境地，她知道张氏兄弟确实有罪，她也知道这些进谏的大臣都是忠心耿耿的人。即使大臣们与她针锋相对，她也没有怪罪他们。大臣们嫉恨"二张"也是因为自己贪图享乐，过度宠爱他们所致。张氏兄弟陪自己这么些年，耗费了大好的青春，总不能就这样把他们给解决了吧？武则天老了倒显得心慈手软了些，面对朝中挺张和反张势力的争斗只能尽量安抚。

神龙政变

公元705年，也就是神龙元年，武则天病重不能上朝。宰相张柬之为剿灭"二张"、逼迫武则天退位发动了宫廷政变，史称"神龙政变"。

张柬之当上宰相后，极力团结反张、反武势力，希望恢复大唐统治，他推荐杨元琰为右羽林军将军。这个杨元琰也是有雄心壮志的人，颇为留恋李唐的统治。曾经在与张柬之泛舟时，提到过恢复李家统治的事情。如今张柬之当上了宰相，他就有了用武之地。张柬之又推荐桓彦范、敬晖和右散骑常侍李湛为左、右羽林将军，让他们控制禁军，为胁迫武则天退位做准备。

桓彦范是润州丹阳人，得祖上的荫庇成为三卫之一的右翊卫，狄仁杰对他的评价是：有能实现远大抱负的才能。他为官历任监察御史、司刑少卿，也是一位响当当的权臣。当宋璟请求治张昌宗的罪，武则天不予应允时，他直接批评女皇是放纵他们的所作所为，要求把张昌宗交付三司审判。也曾经多次上书，奏请武则天赦免所有的政治犯，言辞激烈，被女皇采纳。他在张柬之牵头发动的宫廷政变中，发挥了很大的作用。他参与谋划，先行控制军权，遂调为左羽林将军，为政变铺路。

崔玄韦系出名门，明经考试成为官员，先后被任命为尚书省库部员外郎、天官郎中、凤阁舍人等职位，后被提拔为文章左丞，成为武则天晚年的重要宰相之一。这个人很有意思，几乎不吃荤，他被升为宰相时，官员们都设斋表示庆祝。武则天还以为他们要干什么坏事，赶紧把他降回原职，做天官侍郎，后又见他做官清正廉明，才明白是怎么一回事，于是又拜他为相、兼任太子左庶子。他建议将"二张"除掉，让太子、相王侍奉武则天。他弟弟任职司刑少卿，主张诛杀二张。崔玄韦也是神龙政变的谋划者。

狄仁杰推荐的敬晖，通过科考进入仕途，初时被任命为刺史。在打击突厥骚扰的过程中，因为保护卫州而立功，被提升为夏官侍郎，就是兵部侍郎，后又被提升为洛州长史。武则天对他很是器重，巡狩西京时，让他做神都副留守，还多次赞扬他。后被提升为中台右丞。他也是这次兵变的策划人之一，张

柬之在兵变前把他安排在左羽林将军的位置上。

张柬之不仅团结了一批汉族官员，同时对少数民族的官员也尽量进行劝服。他们控制御林军之后，找到靺鞨族的羽林卫大将军李多祚说："将军在此做官多少年了？"李多祚回答说："三十年了。"张柬之激励他说："将军你的地位已经达到钟声鼎沸的地步了，位及武臣，不是先帝的恩惠么？"李多祚觉得确实是这样的。张柬之看出了李多祚的心思，便进一步说："难道将军不想报答先帝的恩泽么？现在先帝之子在东宫，逆贼张易之兄弟专擅独权，朝廷危在旦夕。宗庙社稷就仰仗将军你了，如果你想报恩，现在就是时候了。"李多祚听了热血沸腾，激动地说："我即使抛弃妻子也要跟随你们。"于是两人对天地发誓，同仇敌忾，接着大家聚在一起商议下一步行动。

紧接着，左羽林军将军敬晖又向冬官侍郎朱敬则询问计策，朱敬则胸有成竹地说："你假借皇太子的命令，带领北军诛杀易之兄弟，两飞骑就可以解决问题！"敬晖认为这个计策很好，于是采取行动控制北军。所谓的北军是驻屯在玄武门的左右羽林军等军队的统称，只有控制了北军，政变才有可能成功。

要发动一场政变，光有几个文臣武将是不够的。张柬之还活动了一些人，成王李千里在张柬之的动员下，也参与其中，可见张柬之的说服能力还是很强的。就连女皇的孙女婿、典膳郎王同皎也被劝说，共同进行政变前的准备。武则天的的表外甥、右卫郎将杨执一也在张柬之的组织下向张柬之、崔玄韦集团倾斜，愿意协助他们铲除张易之兄弟，拥立中宗复位，逼迫武则天退位。太子婿右卫郎将杨慎交，也参与到这件事中来。推荐张柬之为宰相的姚崇回到京城时，也赞同铲除"二张"，但是对逼武则天退位有所保留。羽林军将领赵承恩、司刑详事冀仲甫、检校司农少卿翟世言等人，也都团结在张柬之周围。

当然，张柬之的最终目的是恢复李家王朝的统治，打着诛杀"二张"的口号是想团结能够团结的人。事实上，就算"二张"有武则天庇护，有一群乌合之众支持，也用不着这样劳师动众地发动一场政变。

神龙元年，女皇病重不能上朝。她下令大赦天下，并改元。张柬之认为女皇病重是一个机会，如果不在这个时候发动政变，再想恢复李唐的统治恐怕就很难了。一切准备就绪，政变即将到来。

正月二十二这天，张柬之率领着组织好的大军，兵分三路进入皇宫，发动了改写周武王朝历史的神龙政变。这三路大军，一路由张柬之亲自带领，崔玄韦、杨元琰等五百将士随从，直奔玄武门。目的就是攻进皇宫，挟持女王，如遇抵抗杀无赦。另一路大军由李多祚、李湛、王同皎率领，前往宫中迎接太子，接着到玄武门与张柬之队伍会合。还有一路大军由司刑少卿袁恕己带领南衙兵做好警备工作，以备不时之需。

当李多祚的军队到达东宫时，太子李显刚刚听说宫中兵变，他对这件事还摸不着头脑，所以紧关着宫门不敢出入。他的女婿王同皎劝说李显："先帝是要把江山交给您打理的，您却无缘无故地被废了，这使二十三年来人神同愤。现在我们团结一心，想要除掉小人，光复李氏社稷，请殿下您快快赶往玄武门，担负起大家的希望。"李显心里很矛盾，虽然自己也想正正当当地做个皇帝，但武则天再怎么说都是自己的母亲，可能做过对不起自己的事情，但终归还是自己能力不足导致的。现在母亲病重，这也算是乘母亲之危啊！他思来想去还是对女婿说："小人是应该杀，但是现在皇上身体不好，这个时候闹事会使她受到惊扰。你们还是以后再做打算吧！"可见，李显真不是个做皇帝的料子，根本看不清形势。都这样了，还怎么图后来啊？等到武则天将周武的江山传给异性么？这时候，跟着李多祚一起来的李湛说："我们大家不顾身家性命来保护社稷，太

子你怎么拿它当鼎镬（煮东西、煎东西的器具）呢！"并请李显自己出来阻止政变大军。

太子刚一出来，王同皎就将他抱上马，送到玄武门与张柬之会合。会合了的军队簇拥着太子赶往武则天的住处迎仙宫，过关斩将闯入大殿。张易之、张昌宗听见宫廷的吵闹声就出来观看，结果被张柬之逮个正着，拖到宫门外的一间小屋里杀了。众人又拥着太子闯进武则天的卧室长生殿，将睡着的女皇团团围住。武则天听到声音惊醒过来，竟条件反射般坐了起来。稍稍定了下神问道："是谁叛乱？"张柬之等人回答说："张易之、张昌宗谋反，臣子们奉了太子之命杀他们。唯恐泄露了机密，不敢向您禀报。只是称兵宫禁，罪当万死！"武则天明白是怎么一回事了，于是转过脸对太子说："是你做的？那两个小子已经死了，你可以回东宫去了吧？"桓彦范说："太子怎么能走呢！过去天皇把太子托付给皇上，现在太子也有了些年纪了，久居东宫，天意人心，都念及着李唐。大臣们不忘太宗、天皇的恩德，所以支持太子诛杀贼子，希望皇上你传位给太子，以顺应天意人心！"

武则天看到李湛，李湛是武则天早年心腹李义府的儿子，他参加这次事变是武则天难以接受的。她对他说："你也是诛杀易之的将领么？我对你父亲不薄啊，怎么会有今天！"李湛羞愧难当，不敢说话。她又看到了宰相崔玄暐，这大大出乎武则天的意料，这可是自己一手提拔的人啊！她不无伤心地质问到："别人都是经过他们举荐得以做官、升职的，只有爱卿你是我一手提拔的，怎么也加入其中了！"崔玄暐倒是毫无愧色地回答说："我这才是报皇上大恩大德的方式啊！"接着，武则天又把平日里自己以德相待的大臣数落了一遍。有人沉默不语，有人面不改色。武则天知道自己已经没有能力再斗下去了，便叹了口气，躺在床上不说话了。众人面面相觑，也渐渐地退了

出去。随后，张易之的兄弟张昌期、张同仪、张同休等人被斩首示众。

第二天，武则天下诏说：我身体不好，因为风疾感到力不从心，不料有人趁机谋反，所以命令太子监国……接着太子昭告天下。

正月二十四，武则天下诏传位给太子。二十五，李显即位，这个时候国号还没有改。任命相王为安国相王，太平公主为镇国公主，李家皇室曾经被贬官的、发配的，以及死去之人的子孙都经过斟酌得以续官。二十六，武则天迁居到上阳宫中居住，由李湛守卫，实质上就是软禁起来。

神龙政变后，张柬之被任命为夏官尚书、同凤阁鸾台三品，崔玄韦被提拔为内史，袁恕己同凤阁鸾台三品，敬晖、桓彦范皆为纳言。一干人等封王拜相，李多祚被封为辽阳郡王爵，王同皎被任命为琅琊郡公，李湛为右羽林大将军、赵国公，其他参与者按功劳大小依次加官进爵。政变的第六天，中宗皇帝李显带领着文武百官，到上阳宫拜见女皇，给武则天上尊号为武则天大圣皇帝。此后，中宗每十天探视一次武则天。

武则天躺在上阳宫中的病榻上，无奈地回忆自己曾经的叱咤风云。现在，她无能为力了，属于她的时代已经结束，任她怎么挣扎都无济于事了。武则天并没有因此而伤心落泪，她觉得作为女人，她这一生值了。虽有不甘，但终究挣不脱命运。武则天仰天长叹，真想再向上天借个五百年。

政变之后

中宗李显终于在群臣的簇拥之下，当上了皇上。但是当上了皇上的李显并没有向群臣们所期望的那样，让朝堂安宁，反而致使朝堂动荡。这颇让政变的臣子失望，而且李显也玩了一招兔死狗烹的游戏。

中宗本就是昏庸之人，当上皇帝后，他的皇后韦氏干预朝政。武三思与韦后打得火热，很是得宠，张柬之等人看在眼里、急在心上。他们多次谏言中宗除掉武三思，削弱武氏权力，加强皇权的力量。但是，中宗却只信任韦后，根本听不进去劝。此前，监察御史崔皎就曾经向中宗提过此事，中宗非但不听，反而把他的话原原本本地告诉了武三思。后果可想而知，崔皎不久就被降了职。武三思也知道张柬之等人视他为眼中钉、肉中刺，一心想要除掉他，于是想先下手为强。找来亲信御史周利用、冉祖雍、太仆丞李俊、光禄丞宋之逊、监察御史姚绍之几人商议计策。这五个人是武三思的耳目，时人称之为"三思五狗"。"五狗"经常给武三思出坏主意，这次也没让武三思失望。武三思拿到主意之后，来到宫中与韦后商量。一番谋划之后，他们便向中宗说起张柬之、崔玄韦、桓彦范、敬晖、袁恕己五位大臣的坏话。说五位大臣恃功专权，意图不轨。

中宗信以为真，便向他们询问解决办法。韦后和武三思建议他封这五个人为王，用明升暗降的方法夺取他们手中的实权，中宗觉得这个办法挺好就同意了。之后，便封张柬之为汉阳郡王、崔玄韦为博陵郡王、桓彦范为扶阳郡王、敬晖为平阳郡王、袁恕己为南阳郡王。还赏赐五大臣很多金银马匹、绫罗绸缎。五大臣手中的权力却被剥夺了。

五大臣被暗降之后，武三思把持朝政。他有韦后在后面撑腰，更是飞扬跋扈、不可一世。他排除异己，把反对自己的人，一个一个赶出京师。而听命于他的人，全部被委以重任。之后不久，武三思觉得对五位大臣下狠手的时机成熟了，便杜撰了他们的罪名，以诬陷韦后为由，告到中宗那里。中宗言听计从，遂颁布诏令，把五大臣流放到遥远的边疆。张柬之被流放到襄州，忧愤而死；敬晖被流放到崖州，后被谋害；桓彦范被流放到贵州，遭杖杀而死；崔玄韦被放到白川，半道身亡；袁恕己被流放到环州，被逼至疯，后遭击杀。总之，五个大臣没有一个得善终的。

曾经遭武则天贬职的宰相魏元忠，在"神龙政变"后被召回朝廷，重新拜为宰相。他深知中宗昏庸，难有作为，于是苟安在朝。即使这样，他也没能幸免于难。公元708年，魏元忠被贬为县尉，途中死亡。

作为"神龙政变"军事支柱的李多祚，在政变后得到辽阳郡王爵位。公元707年，又拥立太子李重俊发动政变。他带人杀了十多个武三思的亲党，接着进攻皇宫。中宗、韦后逃上玄武门楼，李多祚与守军作战，结果战败被杀，众将军死的死、逃的逃，李多祚政变以失败告终。

宋璟生性耿直，遭到武三思的排挤，被贬为检校贝州刺史。

武则天没有看错李显，李显确实不是一个能担大任的人。从神龙政变他上台，到最后被韦后毒死，他做了五年皇帝。这五年里，他吃喝玩乐样样不落，就是不好好干皇帝的本职工作，结果大权被韦后和女儿以及武三思掌控着。说他不务正业不是信口开河，他经常命令宫女和大臣们在宫中做买卖游戏，拿讨价还价取乐。他还命令三品以上的大臣拔河，看着大臣们个个拔得东倒西歪，衣冠不整，他拍手大笑。更离谱的是，他还拿大臣结婚开玩笑。公元708年，大年三十这一天，他召集文武百官进宫守岁。大家喝酒喝到兴头上的时候，他突然对御史大夫窦从一说："我听说你还未娶妻，倒是很为你担忧。今天是除夕夜，我为你成婚吧！"窦从一是个善于阿谀逢迎的人，听皇帝赐婚高兴得直拜谢，中宗便等着看笑话。过了一会儿，内侍们端着灯笼、步障、金缕罗扇自西廊走了过来，扇后有一女子身穿嫁衣、脸施朱粉，一派喜气洋洋的景象。中宗命令窦从一与扇后之人相对而坐，又命令他朗诵《却扇诗》，这是当时成婚时的习俗，新郎诵后，新娘从扇后出来，称之为"却扇"。

窦从一念完诗后，新娘去掉头上的顶中，大家仔仔细细地打量，原来是皇后的老乳母王氏，结果弄得哄堂大笑。中宗当即封她为莒国夫人，嫁给窦从一做妻。王氏比窦从一大很多岁，但因皇帝主婚，窦从一哭笑不得，只好认命。

中宗昏庸也就罢了，偏偏韦后也不是个会管理国家的人。中宗爱玩，她爱胡闹。先后与武三思、光禄寺卿杨均、散骑常侍马秦客等人私通，朝野上下尽人皆知，夫妻两人把宫中搞得乌烟瘴气。

神龙政变除掉了武则天身边的"二张"，扶中宗即位。虽然皇帝是李家的，但政权却旁落他人，致使许多老臣被害，政局动荡。这样的局面该由谁负责呢？张柬之？中宗？还是韦后？

武后有强女

第九章

　　后武时代出现了许多类似武则天的女强人。这些女人个个都是不让须眉的人物，她们渴望在历史的长河里留下自己的足迹，也渴望得到至高无上的荣耀。只是有些女人没有看到武则天的成功源自哪里，她们看到的只是她头上的光环，并且飞蛾扑火一般朝这光环扑去。

女宰相上官婉儿

　　上官婉儿是现在的河南三门峡陕县人，她是高宗时期的宰相上官仪的孙女。公元664年，上官仪因为替高宗起草废武后的诏书，被武后所杀，家族籍没，当时还是婴儿的上官婉儿和母亲郑氏一起掖庭。她十四岁的时候，出落得妖冶艳丽，秀美轻盈，款款一笑，姿态万千。这还不是最重要的，最重要的是，上官婉儿天资聪慧，过目不忘，文采过人，下笔千言。仪凤二年上官婉儿被武则天召进宫中，当场出了一道题目，让她做出文章来。上官婉儿才思敏捷，一会儿工夫就做完了，文藻华丽，声调调和。她的书法也别具一格，清婉秀丽。武则天是个爱才之人，不管男才还是女才，她都爱。上官婉儿自然不会被武则天冷落，武则天便下令免除她奴婢的身份，让她掌管宫中诏命。自此以后，武则天所下制诰，几乎全部出自上官婉儿之手，武则天的这个贴身秘书可以算作她的半个宰相了。

　　被召进宫的上官婉儿正是情窦初开的年龄，而此时的太子李贤也是二十几岁的青年人，正是热血沸腾的年纪。在宫中，除了皇帝李治，上官婉儿见的最多的男人，恐怕就是太子李贤

了。有这样的传说是：婉儿是李贤的侍读，和举止文雅的李贤之间擦出了爱的火花。或许这样的爱情也确实存在过，但爱情在宫中又能存续多久？

后来太子李贤被废。而置他于死地的这份废黜诏书，正是出自和他传过绯闻的上官婉儿之手。宫廷中有没有。我们不知道，即便是有，为了保住自己的命，多半也会出卖掉爱情，人最爱的始终是自己。在给武则天起草废黜诏书的时候，婉儿或许已经做出了选择，这个选择就是追随武则天一生。武则天的刚毅、果决让上官婉儿看出这个女人是干大事的人，而这个女人的权力欲望将不允许任何人动摇她的地位，动摇者只有死路一条。婉儿也是一代女杰，对武则天既惧又敬，衡量之下放弃自己的绯闻男友也就不难理解了。

武则天也很器重这位贴身秘书。将上官婉儿倚为心腹。就连在与她的男宠张昌宗进行床弟之欢时，也丝毫不避讳她。上官婉儿已懂情事，张昌宗又是会讨女人欢心的人，天长日久自然生出些异样的情愫来。这天，婉儿与张昌宗正在打情骂俏，不巧被武则天撞见，武则天登时火往上撞，反了你个丫头，我的男人你都敢碰，简直不给我面子嘛！于是，拔出金刀，插向上官婉儿的前髻，婉儿不敢躲闪，也不敢不躲。犹豫间被金刀划伤了左额，武则天余怒不消，大声斥责："你敢染指我的男人，罪该万死！"张昌宗见势不妙，跪下来为婉儿求情。武则天深呼一口气，平静了一下心情。想到自己还有很多事需要婉儿处理，情绪便不再有先前那么激烈了。说到底，武则天还是以事业为重的人，男宠在她眼里多半只是玩物或是解闷的工具。所以，即便张昌宗不为婉儿求情，武则天在冷静之后，也会放过她。婉儿因为前额上有金刀的伤痕，便在伤疤处刺了一朵红色的梅花做遮掩，没想到这一刺更添了妩媚效果。宫女们都觉得这是很好的妆扮，便有人偷偷地用胭脂在前额点红效仿，渐渐地宫中出现了红梅妆。可见所谓流行，很多时候也出于偶然。

也有说婉儿的额伤不是梅花妆，也不是因为上面的事形成的。传说，婉儿因为厌恶武则天男宠调戏自己，所以关闭了甬道，导致象征皇权的明堂因报复被毁。武则天气愤至极，想要杀了婉儿。就在临刑前改变了主意，赐给婉儿一个生存的机会。死罪可免，活罪难饶，便决定在她额头上刻忤旨二字作为惩罚。此后，婉儿一方面为纪念太子李贤，一方面表明自己无欲无求，终日里素装打扮，再不梳妆照镜。不管怎么说，上官婉儿自从脸上有了这个"记号"之后，行为上便收敛了很多。她精心伺候武则天，尽量地讨她欢心。武则天不仅没有记仇，反而更加喜欢她了。从圣历元年起，让她帮助自己处理百司奏表，参与政务的决策，上官婉儿的权势日益扩大。

公元705年，也就是神龙元年，中宗复位。中宗重新登位后，韦后学起了武则天，掌握朝中政权。中宗本就性格柔弱，加上一生颠沛流离，过着朝不保夕的日子，养成了办事没有主见的个性。韦后也是个不简单、会使手腕的女人，中宗颠沛流离之时，只有韦后陪在他身边。她时常鼓励自己的丈夫要忍耐、要坚持。贫贱中的夫妻关系得到改善，中宗对韦后很是信任。韦后一心要学武则天，便联合自己的女儿安乐公主，把持朝纲。中宗初复位时，大权在握，接着便召幸婉儿，册立为昭容，封婉儿母亲郑氏为沛国夫人，让婉儿继续专掌起草诏令。

上官婉儿为人也较为风流，曾经和相貌不俗的武三思有过私情，据说，武三思的床上功夫很是了得，让上官婉儿销魂荡魄。为了保住武氏家族日渐衰微的地位，为了武家和李家能够像武则天所希望的那样世世代代交好下去，婉儿做出了一个决定：要武三思去伺候韦后。韦后不是没见过武三思，早就对他垂涎若渴。上官婉儿这一穿针引线，很快便促成了"好事"。韦后平日里喜爱赌双陆游戏，她和武三思对坐着赌双陆，韦后故意撒娇，与武三思调笑。可笑的是，中宗竟然手中握着一把牙签儿，替他二人算输赢的筹码，这样的男人也算做到家了。

得益于武三思的加入，韦后在朝中的势力大增，中宗的权力几乎被架空。武三思得到韦后和安乐公主等人的支持，相继设计贬杀了张柬之、袁恕己、桓彦范、敬晖和崔玄韦五王，韦后渐渐有了武则天在武后时期的气焰。上官婉儿为保住武三思的地位，在所草拟的诏令中，经常推崇武氏而排抑皇家。这种行为引起了太子李重俊的强烈不满。景龙元年七月，李重俊与左御林大将军李多祚等联合，假传圣旨，调用左御林军及精骑三百多人，夜半时分，兵分两路直扑武三思、武崇训府第。一鼓作气诛杀武三思及其亲党十几人，接着又带着这些士兵，直奔肃章门，想要铲除韦皇后、安乐公主和上官婉儿。上官婉儿得知消息后，急急忙忙前往中宗和韦后的住处商量对策。她对两人说："看太子这架势，是要先杀我上官婉儿，而后再杀皇后和皇上。"韦后和中宗听后又惊又气，在内殿来回踱步。惊和气都不是办法，当务之急是找个地方躲避。于是，高宗和韦后带着上官婉儿和安乐公主登上玄武门躲避兵锋，命令右羽林大将军刘景仁率两千多名骑兵，守在太极殿前，把城门关得严严的。太子三百多人不是高宗军队的对手，结果兵败被杀。中宗下诏将太子首级献上太庙。韦后见自己的情人武三思死了，心中又悲又恨。悲的是，从此以后再也无法见到武三思，恨的是，杀死武三思的太子。等听说太子首级到京后，她马上下懿旨："将太子首级，在三思、崇训父子柩前致祭。"韦皇后和安乐公主亲自到灵前吊奠。武三思也算没白忙活，有堂堂一国之母为自己报仇。

据传说，母亲郑氏在怀着婉儿的时候，梦见过一位巨人，巨人给了她一把秤并对她说："持此称量天下士。"郑氏心中暗喜，以为自己怀的一定是个男孩，而且是将来能称量天下的大

才，谁知生下的却是一个娇小的姑娘，郑氏闷闷不乐，怪自己多想了。婉儿越长越漂亮，出落得像天仙一样。郑氏时常拿"称量天下"的话逗她，却是谁都不以为意。

受到大唐开放思想的影响，婉儿也喜爱彰显自己的才能。于是，怂恿着中宗设立修文馆，招揽天下才子，同时，邀请朝中能书会写的大臣进入修文馆，一起舞文弄墨。且多次赐宴游乐，醉不思归。婉儿博学，每次都同时代替中宗、韦后和安乐公主作诗咏赋，诗句优美，被当时的人竞相传唱。中宗赏识婉儿的才华，将大臣们所做的诗，交给婉儿一一评定，排名第一者的，常有加官进爵的机会。一时间，朝廷内外，吟诗做赋之风盛行。韦后没有好文采，既然有婉儿捉刀代笔，而各文臣心照不宣，并一味称赞，高宗、武后也感觉很有面子，对上官婉儿就更加宠爱了。

婉儿借由这个机会，成功将身为兵部侍郎的崔湜变成自己的情人。才子佳人惺惺相惜！当年婉儿与武三思难舍难分，而今，武三思陪着另外一个有权有势的女人，虽然偶有幽会，却不似之前的浓情蜜意。婉儿感觉身边寡淡了许多，于是将注意力全部集中在崔湜身上。崔湜年少多才，俊朗体贴。婉儿觉得他们两个是天作之合，现在结成露水情缘，婉儿算是称了心意。唯一遗憾的是，崔湜在宫外，婉儿在宫内，虽然对于他们来说，宫闱不是个大问题，但终究有个中宗在上面，行动不方面。婉儿苦思冥想，终于想出一个掩人耳目的好办法，即请求营建外第，以方便游乐。中宗派人在上官婉儿居住地，营假山、建池塘，穷极雕饰，常常邀请大臣到这里游玩助乐。这里亭台轩榭，绿水环绕，是洛阳最为有名的风雅之所，这个地方也就成了上官婉儿和崔湜的安乐窝。从此，两人如胶似漆。当然，崔湜借由婉儿的关系得了不少好处。崔湜一想，自己有了好处也要跟兄弟们分享啊！于是便把自己的弟兄崔莅、崔液、崔涤四人都介绍给上官婉儿。上官婉儿一看，这一家子怎么都这么漂亮啊！个个眉清目秀，面如中秋之月，崔湜将他们一一介绍入宫，陪伴婉儿。从此，上官婉儿行走坐卧，四兄弟形影不离。上官婉儿常常在宫中设宴，四少簇拥着一个美人，饮酒作乐，行令赋诗。后来崔湜在主持铨选时，犯了很多错误，御史李尚隐实在看不下去了，便上书弹劾。朝廷没办法，将他贬为外州司马。上官婉儿哪里肯让自己的情人受苦，于是联合太平公主为其求情。结果崔湜官复原职。为了更好地保护情人崔湜，婉儿把他让渡给太平公主。

景龙四年六月，中宗被韦后和安乐公主毒死，上官婉儿和太平公主一起草拟遗诏，立温王李重茂为皇太子。三天后即位，是为唐殇帝。韦后主掌天下事务，相王李旦对政务有表决权。七月，李隆基成为后来的唐明皇，率领羽林将士杀进宫中，将韦后及其党羽一起消灭了。而李隆基正是婉儿曾经保护过，也曾预言过有"帝王之相"的皇孙。一次，婉儿在院内与武三思发生私情时，被李隆基看见了。李隆基下决心说："有朝一日，我定会杀了这个女人。"婉儿知道这次带兵的是李隆基，便自觉活不长了，于是，秉烛出迎。各位官兵在奔波劳顿了一天之后，见到如此恬静的美景，不觉都愣了。有人想要代为求情，上官婉儿拒绝了。她说，李隆基来了，自己也该走了，于是自杀身亡。也有说上官婉儿是被李隆基所杀。

上官婉儿是历史上既懂政治又有才气的女子，她的一生充满坎坷。虽无丞相之名，却有丞相之实。

后来，玄宗追念上官婉儿的才华，派人收集她的诗文，编辑成二十卷。张说为她写道："敏识聆听，探微镜理，开卷海纳，宛若前闻，摇笔云飞，成同宿构。古者有女史记功书过，复有女尚书决事言阀，昭容两朝兼美，一日万机，顾问不遗，应接如意，虽汉称班媛，晋誉左嫔，文章之道不殊，辅佐之功

则异。"这些诗文多已丢失，收录在《全唐诗》中的遗诗只有三十二首。

可怜一代红颜，终成皇权斗争的牺牲品。从粗使囚犯到权倾一时的"女宰相"，期间的波澜曲折，无人尽知。武则天成就的不仅是一个时代的继续前行，也成就了这样一群不甘落寞的铅华女子。

参政员太平公主

公主的家庭生活

太平公主的父亲就是高宗李治，母亲是武则天。她是武则天皇帝的小女儿，继承了母亲的雄心壮志，处处不甘人后。李氏家族虽然是皇族，但并非当时一等一的门第，一等一的门庭是山东士族。从高祖建立大唐以来，几代皇帝都对传统的一等大族，尤其是山东士族采取了"以抑为主，软硬兼施"的政策。公元659年，高宗还下诏禁止太原王氏、荥阳郑氏、清河崔氏、范阳卢氏等"自为婚姻"，意思就是这几家不能自己决定婚配，以此来削弱山东士族的势力。当时的皇族也多与当世名臣或关中、代北贵族联姻，却基本上不与山东士族通好。讲这个是因为这样的"国策"直接影响到太平公主以后的婚姻。

太平公主不仅生活在开放的大唐王朝，更生活在"不守礼法"的大唐皇家。大唐皇族里的人，在私生活方面一向比较开放。本为太宗才人的武则天可以与太子李治私通；而武则天的姐姐韩国夫人在丈夫死后和妹夫高宗有私情，并把她的女儿也送入宫中，侍奉姨父；武则天养了不止一个面首；武则天的侄子武三思与表嫂韦皇后又牵牵连连；玄宗竟然也娶了自己的儿媳妇，让她集三千宠爱于一身……太平公主生活在这样一个大家族里，不可能不受这种风气的影响。因此，太平公主也不把风流当做一回事。

太平公主自然是姓李的，但是名字是什么还有待进一步确定。比较普遍的说法是，她的名字叫令月。从《全唐文·代皇太子上食表》一文推测她的本名是李令月，加上太平公主的哥哥李旦原名李旭轮，刚好与李令月一名日月相对，所以，多数人认为太平公主的本名就是李令月，太平公主只是她的封号。唐朝的许多女人都没有留下名字，包括皇后和公主。就连被后世称为"皇后"典范的长孙皇后也没有名字。武则天若不是当了皇帝，恐怕也没人知道她是谁。而她也是在好不容易当了皇帝后，才给自己起了个名字叫"武曌"。

她是武则天最后一个孩子，前面有四个哥哥，还有一个被杀在襁褓之中的姐姐。武则天对她疼爱有加，自然助长了她飞扬跋扈的气焰。至于她出生在哪一年，史料上没有记载。根据她最小的哥哥李旦生于公元662年这个时间推断：她最早出生于公元663年。

史书上记载太平公主的长相，酷似武则天。《旧唐书·太平公主传》上说，公主"丰硕，方额广颐"，也就是方额头宽下巴，体态丰满的意思。母女俩不光长得像，连脾气秉性都像。

太平公主擅权谋、喜参政，自幼就不循规蹈矩。

太平公主小时候经常到姥姥杨氏家里去。传说，当时太平公主的表哥贺兰敏之因为与杨氏私通，也常在姥姥家。人们推断，在太平公主频繁进出杨氏宅邸的时间里，很可能遭到表哥的强奸。《旧唐书·贺兰敏之传》说："时太平公主尚幼，往来荣国之家，宫人侍行，又尝为敏之所逼。俄而奸污事发，配流雷州，行至韶州，以马缰自缢而死。"武则天对外甥与自己母亲有私情的事没有办法管，但是，色胆包天的贺兰敏之竟然欺负到自己女儿的头上，这还了得？加之有太子妃被奸之事，她坚决地把贺兰敏之给除掉了。

按照年龄推断，此时的太平公主最多 8 岁，这件事在年幼的太平公主心里留下了很大的创伤。之后发生在太平公主身上的种种风流韵事，与她的这次痛苦经历以及家族背景有莫大关系。据史料记载，与太平公主私通过的人至少有三个。一个是"胡僧慧范，家富于财宝，善事权贵，公主与之私，奏为圣善寺主，加三品，封公，殖货流于江、剑"。这个慧范和尚凭借自己与公主的关系，做出了很多伤天害理的事。还有一个是宰相崔湜，就是上官婉儿推荐给她的那个兵部侍郎。崔湜品行不端，竟然把自己的妻子和女儿都送去侍候太子，自己也"私侍太平公主"，把他称之为人渣一点都不过分。第三个是司礼丞高戬。传说，这个人才是太平公主真正爱的人。

太平公主的第一段婚姻是我们之前提到的薛绍。太平公主十四五岁时萌生了嫁人的念头，明示了自己想要结婚的想法。在大唐前期，作为皇族的李氏家族基本上只和非山东士族的家族联姻。薛氏正是这样的大族，薛氏向来有与李唐家族结亲的传统。薛绍的父亲是驸马，母亲是城阳公主。实际上，太平公主的这次婚姻，也是一场政治婚姻。薛绍本不愿意娶太平，但是迫于皇室的压力，不得不接受，而太平公主想嫁的人也不一

定就是薛绍。武则天知道薛家不愿意后，竟然使出计策要挟薛家同意。这其中已经不是简单的门户问题，它有更急迫的原因。我们知道，在高宗晚年，吐蕃势力逐渐增强，唐蕃几次战争都以唐军大败而告终。公元680年，吐蕃派使者前来求和，虽然武则天说了一些托词，暂时打发了吐蕃使者，但总归不是长久之计，将公主嫁出去才是解决问题的根本。

公元681年，公主与薛绍结婚。婚礼举办得相当隆重，连高宗都因此累得病重起来。太平公主和薛绍的婚姻持续了7年，生了两男两女。公元688年，薛绍被揭发与琅琊王李冲联合谋反武则天，武则天一怒之下将其"杖一百，饿死于狱"。太平公主的第一次婚姻随着这场政治风波结束了。

大唐开放的社会风气是允许改嫁的，武则天在杀了自己女婿之后，觉得对不住太平公主，于是，替她另谋了一个夫婿，这个人就是她的堂侄武攸暨。武攸暨已经是有家室的人了，而且据说夫妻感情还不错。不过，不知怎的，武攸暨的妻子却莫名其妙地被人杀死了。传说，这是武则天所为，她要强迫武攸暨做太平公主的丈夫。武则天为什么一定要选择武攸暨做太平公主的丈夫，我们无法在史料上找到蛛丝马迹。有史学家推测武则天可能相中了他温和醇厚、与世无争的性格，认为他能忍耐太平公主的高傲，和她长久地生活下去。至于为什么不惜采用极端的手段急急忙忙地把太平公主嫁给武攸暨，可能是因为武则天想要在称帝前，把自己亲近的人尽量团结起来，最大限度地保护好太平公主。公元690年七月，太平公主嫁给武攸暨。时隔两个月，武则天称帝。改"唐"为"周"，封武氏子十四人为王，武攸暨被封为千乘郡王。太平公主因为与武氏联姻，避免了武氏在迫害李氏时，将太平公主伤害。武攸暨与太平公主也生了两男两女，这段婚姻存续了22年左右。

太平公主被父母安排的这两次婚姻自然是不幸福的。两个

驸马都不是出于自愿娶她，对她自然也好不到哪儿去，这也是她拥有情人的另一个原因。

太平公主的婚姻生活不美满，但是她在物质享受上却是应有尽有的。当她没有形成势力时就已经"崇饰邸第"，等到她的势力形成以后，她已经"田园遍于近甸膏腴"，私有仆人也达到了千人之多，一切娱乐活动设备她都不缺少。还有一万户户丁交税养着她。太平公主"食"的户都按大户计算，一户七丁。若一丁交绢二匹，太平公主在一年里得到的绢就有十四万匹，而当时国家年收入的绢最多也就百万，少的时候只有七、八十万匹。这样算下来，太平公主算是富可敌国了。太平公主这种穷奢极欲、聚敛财富的行为，是对国家经济实力的损害。正直的大臣对此颇为不满，太平公主后来在政治斗争中的失败，也与她的横征暴敛、贪图享乐有关系。

公主的政治生活

太平公主也是政坛上的风云人物。她一生参与的大的政治斗争有三次，并且卷入的程度一次比一次深，作用也一次大过一次。

武则天执政时期，虽然没有公开让她参与政务的商讨，但是常常找她"预谋议"，到了武则天晚期，她想要除掉给她不断制造麻烦的男宠薛怀义。有一种说法是这个时候太平公主就派上了用场。母女一番谋划之后，用太平公主的关系网将薛怀义铲除了。

张柬之等起兵诛杀"二张"是太平公主参与的第一场重大政治事件。我们知道，武则天晚年，"二张"倚仗武则天的宠爱，专横跋扈，权倾朝野，大有顺之者昌、逆之者亡的势头。小人怕得志，得志就忘形。公元701年，张氏兄弟竟然胆大包天地将私自议论他们的邵王李重润以及其妹永泰郡主、妹夫魏王武延基下狱逼死。这下可把李、武两家给激怒了。你看，我们李、武两家怎么斗，都是皇亲国戚斗，最多就是窝里反。但是你们张家这两兄弟算什么东西？凭什么开我们两家人的刀？你们要功没有一件，要德没有一点儿。就凭着武皇帝的宠爱，竟敢欺负到我们皇家的头上？李、武两家便联合起来反对"二张"。公元705年，张柬之等人铲除了"二张"，逼迫武则天传位给中宗，改"周"为"唐"。太平公主也参与了这次政治斗争。她参与这次斗争的原因有两个：主要的原因是，她作为李家子孙、武家的媳妇，决不允许张氏兄弟掌握政权。还有一个私人原因就是为自己的爱人高戬报仇。张昌宗曾诬陷高戬，把高戬送进了大狱。太平公主借此机会，将"二张"送进地狱，也算是为情人报了仇。李重润兄妹都是中宗的子女，后来李重润被追封为懿德太子、永泰郡主被追封为永泰公主。在这场政治斗争里，太平公主似乎只是"预诛张易之谋"，并没在实际行动中发挥作用，但也就是这一"谋"让她的威力得以发挥。宫廷政变后，她因功被封为"镇国太平公主"，太平公主的影响力正式显现出来。

　　李隆基诛杀韦后是太平公主参与的第二次重大政治事件。中宗即位后，太平公主的三嫂韦氏想要效仿武则天主政。因此，她不断地扩充自己的势力。就在这个时候，太平公主从后台走到了前台。公元706年，她开府置官属，迅速扩张自己的势力，最后竟发展到与中宗的女儿安乐公主竞相培植势力，互相诋毁的地步。韦后集团与太平公主及其四哥相王、相王之子李隆基展开了明争暗斗，太平公主也成为韦后当权的主要障碍。后来，皇后韦氏与女儿安乐公主合谋毒死了中宗。立温王李重茂为皇帝，自己临朝摄政，并且想要害死小皇帝，独霸朝堂，攫取李氏江山。当然，要达到这一目的就要先除掉相王和太平公主。面对这种紧迫的局面，李隆基联合陈玄礼等人起兵，杀死了韦后和安乐公主，迎相王即位。太平公主已有政治斗争经验，她对这次斗争始终抱着积极、乐观的态度，不仅参与了此事的全盘谋划，而且派儿子薛崇简直接参加这次行动。太平公主为什么会如此积极地参与到这场政治纷争中来呢？其实这个很好理解，太平公主可以赞同李氏掌权，也可以赞同武氏掌权，就是不允许韦氏得到天下。李氏是自己的娘家，武氏是自己的婆家，无论哪一方掌权都不会损害到自己的利益。而之所以说太平公主在这次斗争中起了重要作用，是因为在处理小皇帝问题时，她扮演了一个形式上废旧立新的角色。她出面将小皇帝从"御座"上请了下来，扶着自己的四哥李旦坐上帝位。

太平公主参加的第三次，也是最为激烈的一次政治斗争，是她与太子李隆基之间的斗争。睿宗这一时期的政治焦点是，李旦联合太平公主希望保住皇位，而太子李隆基则要争夺皇位，双方必然要进行一场相互压制的明争暗斗，太平公主当然希望选出一个弱小者立为太子，从而使睿宗不至于大权旁落，也使自己更容易掌握朝纲。怎么能重立太子呢？这就需要制造出种种事端来废掉旧太子李隆基。在与李隆基对峙的几年里，她不仅制造出李隆基不是长子，没有当太子的资格等言论，甚至召集宰相要求废掉太子，另立新储。在这些行动中，睿宗与太平公主站在了同一战线上。一次，睿宗召见宰相韦安石，对他说，我很担心眼前的情况，看来多数大臣都倒向了太子一边。韦安石眨巴了两下眼睛说："您这话一定是太平公主教的吧"。当时太平公主正在帘子里偷听，听完韦安石的话后，勃然大怒，立即想将韦安石打入大狱。由此可见，太平公主经常在睿宗这里密谋太子的事情，也经常在帘子后面偷听睿宗和其他人的谈话。及至睿宗末年，宰相七人中有五个是来自太平公主一派的，形成了"在外只闻有太平公主，不闻有太子"的局面，左、右羽林将军也都投靠了公主，太平公主的势力空前膨胀。人多壮胆，

武则天

太平公主逐渐有了铲除李隆基的底气和信心。公元 713 年，太平公主准备派遣羽林兵从北面、南衙兵从南面起兵废掉李隆基。这个消息被李隆基事先探知，他先发制人，首先诱杀了左、右羽林将军，而后以迅雷不及掩耳之势，迅速除掉了参与此事的两位宰相。太平公主本人逃入山寺，三天之后才出来，结果被赐死。

太平公主在睿宗在位的这三年中，参与的政治活动最频繁，个人的势力也达到鼎盛。她希望做母亲武则天一样的人物，于是加大了对朝政的干涉力度。但她的愿望落空了，人们把太平公主失败的原因归纳出几点：

第一，也是最直接的原因，太平公主没能做出得人心的事情。她通过疯狂的敛财来满足自己的穷奢极欲，最可恨的是，她一再纵容自己的手下搜刮民脂民膏，弄得民怨沸腾。

第二个原因是，太平公主是以金钱为手段来达到扩张个人势力的目的的。这样做就导致众多品行不正的人跟随她。这些人不以国家社稷为重，而是一味地热衷于权力，用自己得到利益的多少来决定维护太平公主的力度。就用人而言，太平公主远远不如李隆基。李隆基手下的宋璟、姚崇等臣僚的品行与能力远远胜过太平的乌合之众。

更重要的原因是，太平公主在政治上没有建树。她会弄权，却不会对政治做出贡献。换句话说，她不具备如她母亲般的深谋远虑。她一心想要掌权，只是为了参与政治，满足权力欲望。中宗时期，有一个"斜封"授官的政策。一般授官按照正常的程序走，是由皇帝下诏封好交给中书省办理，但太平公主等人则是卖官鬻爵，只要花个三十万钱，就算你是贩夫走卒，也可以当上官。"斜封官"是女人干预政治的一个明显标志。睿宗即位之初，姚崇、宋璟等大臣把数千名"斜封官"全部罢免了。谁料，只过了四个月，在太平公主的精心安排下，"斜封官"又恢复了。太平公主把"斜封官"当做自己参与政治的筹码，自然不会在政治上有所作为。她除了在除掉"二张"，废掉韦后的过程中发挥了不同程度的辅助作用外，可以说再无其他利国利民的功绩。

当然，太平不能取得武则天的成绩，与她所处的背景也有关。一朝被蛇咬，十年怕井绳。武则天干预朝政、称帝以后，朝野上下对女人涉足政治抱有强烈的戒备心理。在这种社会大背景下，不管什么样的女人想要再起风云都是难上加难的事。韦后失败，太平公主被赐死。此后，唐朝再没有出现女人干政的情况，太平公主的死标志着大唐"女人干政"时代的结束。

但在现代人的观念里，女人从政已经是很正常的事情了。撒切尔夫人、希拉里、小池百合子……这些不让须眉的巾帼，在世界政坛上灼灼生辉。人们注重的不是你的性别、身份，而是你能做出多少有利于国家、人民的实事。太平公主不但生错了朝代，也缺少治国之慧。所以太平公主尽管是武则天的女儿，也无法成为第二个武则天。

悍女安乐

中宗李显有八个女儿，安乐公主是第七个，名叫李裹儿。她是中宗被废后与韦氏在奔赴房州时，韦氏在颠簸之中所生。

因为当时情况窘迫，匆忙中解下衣服做褓襁，因此取名为裹儿。李裹儿自幼聪明伶俐，容颜娇美，很得父母喜爱，所以养成了蛮横骄奢的习性，下人无不惧怕。后来，中宗被召回到东宫，武则天看到李裹儿后，不觉有些恍惚。这个孙女不仅长得倾国倾城，人也机灵得不得了。李裹儿刻意讨巧，武则天便更加喜爱这个孙女，于是封她为安乐公主。

安乐公主在宫中受到了众星捧月般的待遇，气焰越加嚣张。安乐公主长到了该嫁人的年龄，武则天寻思着为这个孙女找个人家，她选中了武三思的儿子武崇训，实际上这也是一种无奈之举。

武崇训比安乐公主大一岁，经常出入宫中。他在宫中不干什么好事，动不动就偷香窃玉，和宫女做下许多风流事。丑事传千里，到最后外面竟然沸沸扬扬地传说武崇训和祖姑母通奸。武则天听到这个传言后，肺都要气炸了，于是把安乐公主指配给了武崇训。这样一方面可以平息谣言，另一方面也想让安乐公主管理管理这个浪荡公子。安乐公主出嫁前，大臣们都纷纷前来道贺。宰相李峤、苏味道，郎官沈佺期、宋之问等人还献诗文称颂。据说，此时的安乐公主和武崇训已在暗中勾搭上了。因为，下嫁后不到六个月，安乐公主就生了一个男孩。

之后，武则天病逝，中宗已经当上皇帝，安乐公主更加有恃无恐。她与母后韦氏一起勾结朝野奸佞之臣，形成权倾一时的势力集团。

武崇训有个同族兄弟，名叫武延秀，是个风度翩翩的美少年。他在突厥数年，懂得异邦的语言和歌舞，时常拿来取乐，又比武崇训年轻英俊，常来驸马府闲谈，一来二去，安乐公主便和武延秀对上了眼。安乐公主是骄横惯了的人，和武延秀交往也不避讳他人，两人在一起有说有笑，武延秀对这位天香国色的公主也是爱不释手，两人在背地里做下了很多风流事。全府上下都知道他们之间的关系，只有武崇训被蒙在鼓里。不过就算武崇训知道他也没办法，公主可以找出一百个理由把他反驳回去。

太子李重俊，因为不是韦后所生，所以经常受到韦后排斥，安乐公主也不把他放在眼里，经常欺侮他。就连武三思也戏弄他，他自己无权无势，只好忍气吞声。但李重俊不甘心，暗地里积蓄势力。后来武崇训唆使安乐公主请中宗废掉太子李重俊。李重俊知道后十分恼火，在神龙三年发动部分羽林军要杀掉武三思和武崇训，武崇训在这次叛乱中被杀身亡。但安乐公主并不悲伤，武崇训的死，恰恰给她松了绑，她和武延秀厮混更加明目张胆。最后竟然到了夫妇一般同起同卧的地步。中宗知道后很无奈，只好将安乐公主许配给武延秀。韦氏见武延秀俊朗秀美，也禁不住欲火焚身，让武延秀侍寝。母女同用一个男宠，简直令人发指。

安乐公主不仅在私生活上放荡，在物质享受上也是毫不含糊的。她和姐姐长宁公主争先恐后地大兴土木，广建豪宅，奢华程度令人瞠目。她们家府第的建筑规模与皇宫不相上下，其精巧程度却在皇宫之上。中宗在金城坊赐了宅地给安乐公主，富丽堂皇，美轮美奂，国库为之空虚。长安有个昆明池，是汉武帝时开凿的。安乐公主嫁出宫去，心里舍不得昆明池畔的风景，于是央求高宗把昆明池赏赐给她，划到驸马府园地中去。中宗这次倒是很果决，他坚决拒绝说："昆明池自前代以来，从不曾赏人，朕不能违背祖宗成例。况且池鱼每年卖得十万贯，宫中胭脂水粉的花费，全都依靠它了。如果把这个池塘赏赐给了你，会使妃嫔们失去颜色。"安乐公主听了心里很不痛快，后来竟然自行强夺民田，开凿了一个大池，取名为定昆池，池边风景都按昆明池的样子做。池中央仿照华山的样子堆起一座石山，从山顶引瀑布到池水中。还另外开辟了一条清溪，用玉

石砌岸，岸边奇花异草争奇斗艳。溪底全用珊瑚宝石铺成，波光粼粼、美不胜收。楼亭轩榭富丽堂皇。公主还召来许多渔户住在这里，自己又扮成渔夫在池上钓鱼。

安乐公主还召来天下能工巧匠，在洛州昭成寺中造了一座百宝香炉。炉高三尺，开有四门，架四座小桥，雕刻着花草、飞禽、麒麟、鸾凤、白鹤、诸天、伎乐等图案，炉身嵌着珍珠、玛瑙、琬琰等饰物。用钱三万，府库历年来积攒下的钱财全部耗尽。她拥有两件旷世珍品百鸟裙。百鸟裙由尚方制作，集百鸟羽毛织成。其色彩让人眼花缭乱，难辨本色。从正面看是一种颜色，从侧面看又是另一种颜色；在阳光下呈一种颜色，在阴影处又是其他色彩。裙上百鸟若隐若现，令人惊叹不已。这不是一件衣服，而是一件艺术品，这种奢华程度是历史上都少有的。

安乐公主还热衷权力，她利用公主的身份开府置官，形成自己的政治势力。她把国家官爵分等级标价卖出，县令、刺史等职务公开兜售，官职卖出去五六千。安乐公主还经常自己写诏书，拿进宫去。一手掩住诏书上的文字，一手揑住中宗的手在诏书上署名。等中宗反应过来，安乐公主早已走远了，高宗也不细究。一时间，土豪劣棍摇身一变，成为朝中大臣，聚集在公主门下。中宗上朝时常看到新面孔，还不知道怎么回事儿。

安乐公主自幼在武则天身边长大，很羡慕武则天指点江山的威严。于是，异想天开要做皇太女。中宗竟然抚摸着公主的脖子开玩笑说："等你母后做了皇帝，再立你为皇太女也不迟啊。"说者无心、听者有意，安乐公主之后便天天撺掇着韦后效仿祖母武则天临朝听政。韦后因中宗体弱多病，便自行开始独断专行起来，气焰越来越嚣张，而中宗也任由韦后把持朝政。

这天，安乐公主突然想起南海泥洹寺里佛像的五绺须，是用东晋谢灵运的真须装的，于是打发黄门官去将佛须一齐割下来。寺僧想要阻拦又怕开罪安乐公主，只好眼睁睁地看着佛像的胡须被拿走。传说，谢灵运的须髯很美，他本人也十分爱惜，每天临睡前，都用纱囊装起来。后来，谢灵运被杀。在临刑之前，他把须髯割下来施给泥洹寺僧，为装塑佛像之用。自此以后，寺中僧人每见有人来随喜，便得意地向人展示佛须。现在看到安乐公主把佛须一齐割走了，心中很是苦闷。到了端午节，公主、妃嫔们都聚集在昆明池盛宴斗草（斗草是古代的民间游戏。流行于中原和江南地区。起源无考，普遍认为与中医药学的产生有关。远古先民艰苦求存，生活单调，暇余以斗虫、斗草、斗兽等为戏自娱，及至传说的"神农尝百草"形成中医药学后，每年端午节群出郊外采药，插艾门上，以解溽暑毒疫，衍成定俗；收获之余，往往举行比赛，用草作比赛对象，或对花草名，如用"狗耳草"对"鸡冠花"；或斗草的品种多寡，多则胜，兼具植物知识、文学知识之妙趣；儿童则以叶柄相勾，捏住相拽，断者为输，再换一叶相斗）。正斗得热闹，安乐公主忽然拿出谢灵运的真须来，大家都吓了一跳，认为这个公主实在太胆大妄为了。

一天，韦后把安乐公主八岁的儿子抱在膝上，下诏封他为太常卿、镐国公，食邑五百户。中宗见韦皇后没有经过自己同意就擅自做主下旨，便拦住韦后的手诏说："且慢下诏！待朕回宫去，再做计较。"韦后听了侧目道："还计较什么计较？皇上你在房州时候，不是说将来一切都听臣妾的吗？为什么现在又来横加干涉？"中宗心中气愤、拂袖而去。韦后早已不把中宗放在眼中，看到中宗生气地走了也丝毫不害怕，还在安乐公主府中饮酒作乐直到深夜。

不久，许州参军燕钦融上奏中宗说："皇后淫乱，干预国政，安乐公主、武延秀及宗楚客等，朋比为奸，谋危社稷，应亟加严惩，以防不测。"中宗面召燕钦融前来问话。燕钦融毫

不畏惧地大声发表天下人对韦后的不满,中宗沉默着不说话。燕钦融刚走出朝门,韦后手下的宗楚客便擅自派骑士用锁链把他捉回,扔在殿庭石上,摔断了脖子,当场死亡。中宗生了气,查出此事为宗楚客指使,不禁恨恨地对那些骑士说:"你等只知有宗楚客,不知有朕么?"宗楚客听了也十分害怕,毕竟中宗还是皇上,要杀一个他这样的人是能够办到的。他思来想去,还是进宫禀报皇后才保险。韦氏正因为上次中宗负气而走的事心存不快,而且又担心自己私通马秦客、杨均等人的事泄露招致祸患,所以萌生了杀人的念头。安乐公主又一直怂恿韦后做皇后,希望借此做上皇太女。因此母亲二人联合起来,设计毒杀中宗。韦氏亲自制饼,把毒药放入馅中。之后,拿着烤熟的饼来到神龙殿见正在批阅奏章的中宗,命令宫女把毒饼拿去给中宗吃。

中宗哪能想到这些。他平时最爱吃饼,伸过手去拿来便吃,还觉得味道比以前好,不觉多吃了两块。谁知刚吃完没多久,腹部便疼痛起来,坐不住、站不起,倒在榻上乱滚。内侍急忙禀告韦后,韦后不紧不慢地赶了过来,假模假样地询问。中宗此时已说不出话来,他用手指着口,痛苦地抽搐了许久,直到不能动弹,中宗最终在痛苦中结束了他艰难的一生。

韦后终于可以临朝听政了。她任命韦氏子弟统领南北衙军队,安乐公主、宗楚客、武延秀以及韦氏族人,一起勉励韦氏效仿武则天,除去相王李旦。但李隆基抢先一步攻占玄武门,杀尽韦姓人。韦后疑惧之下逃入飞骑营中,有一个飞骑兵将韦后斩首,并拿着她的首级献给李隆基。安乐公主深居别院,还不知道外面所发生的事,一边对镜贴花黄,一边与人调笑。听到响动未及回头,便倒地身亡。

武则天后期的女人基本上都是敢想敢做的女人,这也许是武则天在女权领域发挥作用的表现。有了第一个吃螃蟹的人,第二个、第三个甚至更多个便跃跃欲试了。安乐公主也是因为有了武则天这束光的吸引，才向权力进发的，只是这个女人太笨了，除了享乐没什么会做的。

武则天

【第九章】武后有强女

无字悲白发

第十章

　　公元 705 年冬天，武则天去世。她在死之前，将政权还给了李氏，承认自己是李家的媳妇。在所立的石碑上，她没有写下关于她的只言片语，是非功过任人评说。

归政李唐

皇嗣之争

自从武则天当上皇帝那天起，嗣位问题就一直纠缠着她、武氏、李氏家族以及众大臣。嗣位不是个小事情，它决定着将来由谁来做皇帝。武则天是开天辟地以来第一个女皇帝，将来继承女皇位置的到底是女人还是男人？是武氏家族成员还是李氏家族成员？武氏家族的人自然希望武则天传位给他们。对于周武王朝来说，武氏算是正统皇家，而李氏则是外戚，武家人自然觉得腰杆很硬。

在武承嗣看来，武则天已是年近古稀的老人，用不了多长时间就要告别人世。按照皇家传统，他是有资格成为皇嗣的。他是武氏的嫡长，又继承了武士彟的爵位，接着又被封王拜相，可见姑姑是很看重他的。但是看重归看重，这位姑姑实在难以捉摸，况且现在的皇嗣还没有被废。立自己为嗣李家人绝不会答应，朝臣也会有说法，自己的前途命运还是很难预料的。他靠着姑姑得到眼前的一切，如果姑姑一死，自己就会失去保护

伞。要想长久地享有富贵，最好成为皇嗣，要成为皇嗣就要培植自己的势力。于是武承嗣开始着手笼络大臣，树立在朝中的威信，同时排挤反对自己的大臣，将朝局控制在手中。他还利用酷吏，将仇恨武家的人一个个清除，换上了自己的亲信。他明白，自己一旦当上皇嗣就会有很多人依附自己，转向他这一面。这样，武家的天下才能传下去。

他自然不敢直接向武则天要皇嗣继承权，姑侄亲不如母子亲，他完全没有把握能从武则天那里取得皇嗣的继承权。所以，武承嗣一直为这个事情焦虑不安。

武则天虽然也渴望长生，但是她内心深处还是考虑到了死亡。万一自己死了谁来继承皇位呢？自古皇位都是传给自己儿子的，现在的问题是，自己的儿子姓李不幸武。传位给儿子的话，天下又回到了李家手里，周武王朝自然而然消失。之前，她把儿孙们改为武姓了，才使得现在的皇嗣存在。现在武姓分为两派，一派是自己娘家人，另一派是后改为武姓的李家子孙。两派同时存在必定产生尖锐的矛盾，双方都形成了自己的阵营，水火不容。有自己在的一天至少表面上还风平浪静，如果自己不在了一定会爆发一场血雨腥风的战争。

武则天想到的办法就是打击自己的子孙，让武姓王扬名立万，这是武周王朝得以存续的基础。文武大臣如果能够接受武姓王，那么，周武天下继续下去就没有太大的阻碍了。所以，她把李姓王降级。降楚王隆基为临淄王、恒王成义为衡阳王、赵王陵业为彭城王、卫王隆范为巴陵王……同时，她借助解决宗室叛乱遗留问题之机，大大迫害了李家宗室一把，就连高宗的庶子也一个不留。如汝南郡王李炜、嗣恒山郡王李厥、泽王李上金、许王李素节等。

不仅如此，从长寿二年（公元693年）开始，在宗祖祭祀时，武则天就以皇帝身份初献，而让武承嗣作为亚献。

这样做就给了朝臣一个明确的信号，她要立武氏为皇帝继承人，周武王朝要永久地取代李唐王朝。女皇的一系列举动，遭到了朝中大臣的强烈反对。正直之臣对武承嗣更没好感了，你看他那不可一世的样子，到处怂恿酷吏滥杀无辜。要他当皇帝不是把天下百姓送入虎口么？大臣们就皇嗣问题与武氏展开了激烈的争斗。一方观点是，先前王庆之所提倡的立武氏血亲。另一方观点是，李昭德、狄仁杰的姑侄亲不如母子亲，应立女皇的儿子为皇嗣。两种说法都有说服力，却不能同时成立。到底该立哪一方实在不好决定，因此即使是英明神武的女皇也犹豫不决了。

武承嗣对皇嗣问题看得更重，这是关系他身家性命的问题，他不能不紧张。之前，主张立武氏为皇嗣的大臣王庆之被李昭德在光政门外杖杀的事，至今想起来都毛骨悚然。要是让这些人占了上风，自己就完了。他等不及了，他要采取行动。

他想到的是什么办法呢？就是将李旦害死，迫使皇帝立她为皇嗣。最简洁的方式就是利用告密者将李旦消灭，这样还不至于牵扯到自己。他选中了谁呢？他选中了韦团儿，就是那个喜欢上李旦的侍女。他指使韦团儿陷害了李旦的两个妃子后，又在武则天耳边密告皇嗣。武则天的亲信对她说是韦团儿设计害死两位妃子的，接着又加害皇嗣。武则天这才恍然大悟，处死了韦团儿。

武则天杀死韦团儿后，把李旦的几个儿子都降为地方王，李旦的儿子李成器的皇孙资格也被取消，降为寿春王。武承嗣觉得这是抢夺皇嗣的最好时机，便派人诬告皇嗣李旦谋反，武则天命令来俊臣审问皇嗣手下的人。来俊臣是什么人啊？什么阴损的招术都能使得出来。李旦手下的人经不起严刑逼供，于是，屈打成招说皇嗣谋反，以免再受皮肉之苦。也有正直的官员不忍心加害李旦，向来俊臣表示抗议，其中就有个叫安金藏

的人。他对来俊臣说："你既然不信我的话，就请剖开我的腹部，以示皇嗣的清白。"说着便用刀子自己剖开了胸腹，登时血流满地，五脏六腑都露了出来。有人飞快地跑到武则天面前向她报告这件事，女皇听后，立即派人把他抬进宫中，命令太医抢救。太医也算麻利，把安金藏的内脏理顺了，用桑皮线缝好，敷上药粉。折腾了一夜，才把安金藏给抢救过来。之后武则天亲自来到他床前探视，安金藏不能动弹，武则天叫他好好休息，不用施礼。她叹息着说道："我自己的儿子我都不能明察，连累你到这种程度，让你受苦了。"于是，命令来俊臣停止审讯，释放被审讯的人。武承嗣的阴谋又没有得逞，恨得是咬牙切齿。

尽管皇嗣的问题把大家弄得人仰马翻，但还是无法解决。武则天也还是犹豫不决，事情就只好这么搁着。她也没有办法，哪一方当上皇嗣，另一方就会遭殃，这是武则天不愿看见的结果。她只好祈求上苍多给她几年寿命，最好是长生不老。这样就可以自己掌握政权，平衡两家的力量，使自己的子孙不至于互相残杀了。年纪越大的人越怕死，武则天越老越想长生。尽管人们的求仙活动不停地宣告失败，就连帝王也不例外。但武则天还是抱着一线希望。她之前中华大地不是没有女人做皇帝么？所以她是异类，想来也可以求得长生的。接着武则天便开始了屡试屡败的求仙活动。

皇帝要求仙，自然会有人迎合，各种神仙便蠢蠢欲动。有个老尼姑住在洛阳麟趾寺，法号浮光如来，她和嵩山人韦什方联合起来妖言惑众。浮光如来自称博古通今，能知过去与未来；而韦什方说自己是东吴赤乌年生人，到现在已经450多岁了。武则天甚为惊奇，为了留住这位"神仙"立刻赐了个武姓给韦什方，接着又任命他做正谏大夫、同平章事，还送皇帝的语录给他："迈轩代之广成，逾汉朝之河上。"武则天的皇帝语录是有典故的，广成指的是广成子，轩指黄帝轩辕氏。传说，广成子居住在崆峒山上，黄帝轩辕氏曾经向他问道。河上指神仙河上公，说是汉文帝在黄河边上盖了个茅草房，听一个叫河上的神仙讲《老子》，河上公对汉文帝说："我讲这部经已经上千年了。"武则天是在褒奖韦什方是活神仙，意思是说，韦什方是黄帝时代的广成子、汉文帝时期的河上公。

这样一来，武则天也被奉为神圣，还在她皇帝的名号前加了很多神圣的字眼。长寿二年她被人尊称为"金轮圣神皇帝"；公元 694 年，在武承嗣的鼓动下又有二万六千多人为武则天上了个"越古金轮圣神皇帝"，武则天高高兴兴地接受了这个尊号，于是改元延载元年；一年过后，再加尊号为"慈氏越古金轮圣神皇帝"改元证圣，总之就是祈求长生不老的意思。

神仙之说本就是子虚乌有，邪门歪道终将败露，武则天聚拢到身边的神仙们一个个最终原形毕露。就在尊"慈氏越古金轮圣神皇帝"号不久，薛怀义把明堂付之一炬，一把火烧得明堂片瓦无存。武则天气愤之余想起了这些"神仙"，她正要找这些活神仙问个究竟，那个"浮光如来"却像没事儿神似地走进皇宫。武则天劈头盖脸就说："你不是说你能未卜先知吗？为什么没有说明堂会起火？"老尼姑被问得哑口无言，狼狈逃走。武则天这边还没坐稳当，有人知道皇帝对这些人质疑了，便跑到她面前告老尼姑的状。说什么呢？什么都可以说，老尼姑嘴里骗人的话很多，随便找出几句就能推翻求仙的说法。可是，这些人之前都干什么去了呢？后来那个自称 450 岁的韦什方说能造长生不老药，到岭南采药后便杳无音讯了。

武则天觉得自己吃亏上当也是自作自受，本来不想对他们怎么样，一听众人的控告，更加有被欺骗、羞辱的感觉。于是故意派人去找老尼，说是要继续任用她。老尼没想到武则天设好了套等她，大模大样地带着众弟子住进原来的寺院。随后武

则天命令将士围住寺院，将她们全部逮捕。河内老尼被杀，其余的人被收为官奴。

这件事让武则天知道，她不可能寻求到长生了。总有一天她要面临生死的问题，皇帝的位子始终是要别人来继承的，之后武则天便开始真正地思考起皇嗣的问题。

嗣立亲子

公元698年，七十五岁的武则天已经没有了之前的豪气冲云天。以前的她是威严的、凛冽的、机敏睿智的。但现在随着身体的老化，似乎对很多事情失去了兴趣。曾经活泼好动，登泰山、赏洛水、宣赦武则天门的风发女子，现在已垂垂暮年，步履蹒跚。人，无论打过什么样的胜仗，战胜过多么强大的敌人，最终都会输给时间。时间将带走人们身边的一切，但这时候老态龙钟的武则天依然没有决定出谁将来继承大位。

武则天的不动作，可急坏了他的侄子武承嗣和武三思。看着武则天的身体一天不如一天，却仍没有确定谁是她的接班人，他们不免慌张起来。朝中狄仁杰、娄师德、杜景俭、王方庆、王及善等一批重臣都是李家皇室的支持者。自己也做了高官，但都不是执掌中枢的官职。周武王朝到底会不会落到自己手里呢？武氏成员忐忑不安。终于，他们沉不住气了。

公元698年二月，有几拨人向武则天提起皇嗣的问题。他们声称："自古天子没有立异性为皇嗣的。"言外之意是不能立李家人为皇嗣。这样一来，刚放下没多久的话题又被重新搬上了台面，朝中的大臣自然对武氏兄弟的心思了如指掌。这天，武则天又摆好了酒宴，这当然代表有事情要说了。酒席进行到一半的时候，有人提起了皇嗣的问题，提议立武承嗣、武三思为皇嗣。狄仁杰一听当时就予以反驳了："文皇帝栉风沐雨，亲冒锋镝，以定天下，传之子孙。大帝以二子托皇上。皇上今乃欲移之他族，无乃非天意乎！且姑侄之与母儿孰亲？皇上立子，则千秋万岁后，配食太庙，承继无穷；立侄，则未闻侄为天子而祔姑于庙者也。"武则天对他说："此朕家事，卿勿预知。"接着，又将家国之事阐述一番。王方庆、王及善等人也纷纷进言，并劝说武则天召回庐陵王，与分别多年的儿子相见。武则天也是母亲，而且是年老的母亲。这位母亲怎么会不思念被自己打击的儿子？如果不是顾及皇位被夺，怎会把他放到老远的地方受罪呢？自己已经是土埋脖子的人了，还要让自己儿子在外受罪么？武则天不觉有些泪眼婆娑。旁边的侍从替女皇擦眼泪，武则天叹了口气说："我老了，不中用了啊。"

　　过了一天，武则天突然召见狄仁杰，问了狄仁杰一个梦境中的问题："我梦见一只大鹦鹉的两只翅膀被折断了，这要怎么解释呢？"狄仁杰一听就明白武则天的用意了，武则天是在暗示他，让他向她提起立皇嗣的问题。于是，狄仁杰说："武是皇上你的姓氏，两只翅膀是你的二个儿子，皇上要立他们，两只翅膀就会展翅高飞了。"武则天一听，得，朝中大臣还是李唐的大臣。他们认可自己做皇帝，并不代表他们认可武氏皇族。武则天在召见狄仁杰之前其实已经做出了决定，将李显接回，立为皇嗣。

　　公元 698 年三月，武则天借言庐陵王生了病，派人将庐陵王李显以及家眷接回京城，为李显治病。这年七月，庐陵王回到了洛阳，被偷偷地安置在宫中。狄仁杰等大臣知道了庐陵王被接回宫的消息，于是来到宫中拜见武则天。武则天见狄仁杰来了，兴致勃勃地说："我知道爱卿你为什么来，庐陵王已经返回宫中了！"狄仁杰还假装着不知道，惊奇地说："还有这样的喜事，我怎么不知道呢？"武则天命令侍从掀开帘幕，庐陵王从帘后走了出来，跪在地上给女皇请安。武则天拉起李显，走到狄仁杰面前，对他说："我把庐陵王还给爱卿你！"接着对

李显说："能让我们母子团聚的人是国老，你要拜谢国老才对！"狄仁杰激动得热泪盈眶，跪地拜谢，侍从们搀扶起狄仁杰。狄仁杰站起身对武则天说："皇上母子团聚，真是家国之幸，天下人都认为庐陵王在房州。如今在宫中，连我都不知道。宫外难免议论，还不如正式将他迎回，让朝野内外的人都知道。"武则天考虑了片刻，答应了狄仁杰的请求，于是将庐陵王安置在石像驿，由武则天率领文武大臣热热闹闹地将庐陵王迎接回宫。这之后，大家都知道武则天要立李显为皇嗣了。

转眼到了九月，皇嗣李旦坚决恳请武则天把太子位传给庐陵王。武则天欣然答应了，李旦没有别的好，但有这一点儿好，识时务，难怪武则天一直没有把他怎么样。武则天把庐陵王立为太子，李旦封为相王。武承嗣看到这种情形知道继位是没有指望了，一场大病后，郁郁而终。武三思头脑比较灵活，见势不妙，便开始与庐陵王交好。

在立嗣期间，突厥与周武的关系起伏不定。突厥首领默啜许诺把他的女儿嫁给武室，建立姻亲，这年六月，皇上命令武承嗣的儿子武延秀进入突厥，迎娶默啜女儿为妃子。武延秀是当时的淮阴郡王，武则天命令身为豹韬卫大将军的阎知微以及右武卫侍郎将杨齐庄，作为使者，携带金银布匹等聘礼，护送武延秀前往。张柬之劝谏说："自古未有中国王娶夷狄女者。"武则天本来就不太喜欢张柬之，听他还是那副传统论调，便把他调到合州做刺史去了。

武延秀等人来到突厥黑沙南庭，见到默啜等人。默啜说："我要把女儿嫁给李氏，怎么能用武氏的儿子呢！这是天子的儿子么？我突厥族也是受过李氏的恩德的，听说李家已经没什么人了，只有两个儿子在，我打算带兵辅佐他们。"接着把武延秀扣留了，还让阎知微做南面可汗，说是留着做唐朝在突厥之地的百姓之王，其余如杨齐庄、裴怀古等人一并扣留。然后把不重要的人放回，让他们拿着自己写的谴责信回洛阳，又派突厥兵进攻靖难、平狄、清夷等地。

被突厥人放回的人回到洛阳后，呈上默啜的书信。武则天看后勃然大怒，简直是胡说八道。默啜在信中列举了周武的五大罪状：给他们的种子是熏熟的；金子是假的；丝帛是粗劣的……最重要的是可汗的女儿是贵女，武氏是小姓，用武延秀来冒充婚姻，是在侮辱他们，所以要起兵夺取河北。你要打就打，还说这么多废话干嘛？竟然说我武氏不配你可汗的女儿，岂有此理！于是派三十万大军气势汹汹地开赴前线，命令庐陵王为河北道元帅，招兵讨伐突厥。人们听说太子做元帅出征，纷纷前来应征。几天内就召到百万士兵。还命令狄仁杰为行军副元帅，协助太子征讨。从默啜所写的信中，武则天也看到，连少数民族都不赞成立武氏为皇嗣，不愿接受周武的统治。若当真立武氏为皇嗣，恐怕将来他们也难应付边患。

就在大军临行前，狄仁杰等将领还向武则天叮嘱，在立嗣的态度上还要坚决、明朗些，要让新太子在百官面前听政和谒见皇上，这样即使我们死也瞑目了。武则天答应了众将士的请求。

退位前的思考

公元699年，吉顼和亲王武懿宗率领周武军队在赵州打败了突厥的军队。得胜还朝后，两人都在女皇面前争功。武懿宗是个口齿笨拙的人，有些问题就回答得不清楚，而吉顼是个口齿伶俐，能言善辩的人。武则天提的问题，他都能对答如流。而且吉顼一直不把武懿宗放在眼里，即使在武则天面前也表现出不屑的神情。武则天看了心理不舒服，觉得他盛气凌人，于是很严厉地对吉顼说："你在我面前都这样鄙视我们武家人，更何况是在平时呢？你叫我再怎么倚重你呢！"吉顼无言以对。

几天之后，吉顼前来奏事，刚想慷慨陈词一番，武则天却愤怒地制止了他："你的那些话我已经听够了，请不要再多言了。当年太宗有匹名叫狮子骢的马，膘肥体壮没有人能驯服它。我那时候还是伺候太宗的宫女，主动请求说：'妾能制之，然须三物：一铁鞭，二铁挝，三匕首。铁鞭击之不服，则以挝挝其首，又不服，则以匕首断其喉。'连太宗都赞赏我的志向，你想要脏了我的匕首吗？"吉顼听后吓得满头大汗两腿直哆嗦，跪在地上请求武则天饶过自己。不久后，吉顼的弟弟犯了冒充官员的罪，连累到了吉顼。身为天官侍郎、同平章事的吉顼被贬为固安县尉。吉顼原本是武则天的心腹重臣，走之前流着泪向武则天辞行，他说："臣从今以后将告别朝廷，永远不能再与皇帝见面了，请允许我再说一句话吧！"武则天有些感动，就让他坐下来慢慢说。吉顼说："用水把土和成泥，会互相排斥么？"武则天愣了一下说："当然不会"。吉顼接着又问："那么把它们一半做成佛，一半做成天尊，会有争议么？"武则天若有所思地说："这个是难免的。"吉顼这个时候开始切入正题，他说："宗室、外戚各有各的分内之事，天下才能安宁。现在太子已经被立为皇嗣，而外戚还在做王。这是皇上在给他们日后的争斗埋隐患啊！他们是不会消停的。"武则天沉吟良久叹了口气说："我也知道会有这种情况，但是事已至此，我又有什么办法呢。"

吉顼虽然傲慢，却是个深谋远虑的人，武则天正是看中这一点才把他提为天官侍郎、同平章事的。向顼被列入宰相后，武则天经常向他询问计策。

向顼这一番肺腑之言给了武则天很大的触动，皇嗣的问题一直以来都是她最头疼的问题。这些日子她一直在思考这个重大问题。向顼的话可以说点到了问题的点儿上。武氏成员被封王是她作为武姓皇帝必然要做的一件事，也是周武政权存在的象征，她想要周武王朝长久地存在，就不能取消武姓王，一旦取消武姓王就意味着自己称帝失败。立庐陵王李显为太子，是朝臣、李氏、武氏几方斗争的结果。武则天因为没有一个更好的解决方案，不得不屈服于这个结果。面对这种进退维谷的境地，武则天的思想开始向一方倾斜。虽然前几天她还命李氏成员与武氏成员在明堂前立誓，保证世世代代和睦相处。但三方都知道这誓言的力量有多小，约束力有多弱，大家只是陪老太太买个心安。

武则天也曾尝试让李家人姓武姓，这样不管是他的子孙还是她的侄子继承皇位，皇帝都还是姓武的，这样她的周武王朝就可以永久地传下去了。但是她越来越发现，这个办法实际上是很蹩脚的。改姓武姓的李旦，始终是李氏家族的子孙，自己活着他姓武，自己死了，他可以立马恢复李姓，而只要立李家子孙为皇嗣就会存在这样的问题。她甚至还考虑让自己的女儿当皇帝。但是一方面这个女儿没有自己这样的才能，把国家交给她，她不放心。另一方面，女儿是嫁给了武家的人，那后世继承皇位的很可能是真正的武家子孙。这样，她李家儿媳妇的身份就被排除在宗庙之外了，这是她不甘心的，也是她为什么不肯直接把武承嗣立为皇嗣的根本原因。在狄仁杰等大臣激烈的争执下，武则天选择了让李显继承皇嗣之位。在作出决定的最后时刻，她轻拍狄仁杰的背说："爱卿你不是朕的大臣，你是李唐社稷的大臣啊！"一句话，足可见武则天的无奈和伤感。

重立李显为太子以后，周武王朝的朝廷也在悄然改变。渐渐地，新设的官职被废除了，周历改成夏历。曾经反对女人为皇帝的官员也不再被排挤，拥护李家王朝的大臣越来越多。周武王朝虽然还挂着羊头，里面卖的却是狗肉，武则天被一种难以言表的情绪所包围。

随着年纪增长，武则天越来越感到力不从心，越来越感到

孤独。于是养起了男宠，吃喝玩乐，缓解苦闷心情。朝堂上的事她睁只眼，闭只眼，只要不出大乱子就行。

有一个叫苏安恒的高级知识分子，接连不断地向她的铜匦（投诉箱）里投放信件。很不客气地教训她，让她退位。开始时，语气还算柔和，站在武则天的立场为她分析当前的形势，未来可能出现的局面。武则天看他文采好，又有内容，便召见了他，以为他真是博学之士，能替她想出解决李武两家关系的好点子。结果一问只是个死背书的学究，没有什么真知灼见。一番好吃好喝好招待之后，便打发他回家了。这个人不知道是因为没被任用而怀恨在心，还是因为确实觉得武则天不地道。总之，接连又写了好几封信，都是不客气地劝武则天让位的。比较有名的一封是这样写的：臣闻天下者，神光、文武之灭下也，皇上虽居正统，实因唐氏旧基。当今太子追迴，年德俱盛，皇上贪其宝位而忘母子之深思，将何圣颜以见唐家宗庙，将何诰命以谒大帝坟陵？皇上何故日夜积忧，不知钟鸣漏尽！臣愚以为天意人事，还归李家。皇上虽安天位，殊不知物极必反，器满则倾。臣何惜一朝之命而不安万乘之国哉！

武则天也知道嗣位是早晚的事。她已经立李显为皇嗣了，大家不过就是要她退位罢了。但是，她在有生之年不能退位。这个王朝是她辛辛苦苦奋斗几十年建立起来的，她舍不得就这样还给李家。如果她宣布退位，就等于向世人说周武灭亡了，她只不过篡夺了李家江山而已。武则天不能忍受这样的评价，她要在这个位置上坐到死。至于死后，那就不是她能知道和管得着的事情了。

驾鹤归西

　　神龙政变以后，中宗复位，政权回到李氏手中。所有的一切都恢复了原来的模样。国家改国号为唐，宗庙、社稷、朝服、旗帜、文武官员……都变回到高宗在位时的样子。且以洛阳为东都，长安为并州，老君为玄元皇帝。周武王朝作为男权社会的一个异类如流星般划过历史的长空，张柬之等人终于达成了心愿，让李氏江山得以继续。

　　接着，中宗又追尊韦后的父亲韦玄贞为上洛王、母崔氏为王妃。还好这时他的岳父已经死了，不然当初废除他的原因（之前提到，武则天因为李显立韦玄贞为王，还说把江山送给他，结果被武后废掉）今天非要把武则天最后一口气给截断了不可。这个没有一点儿出息的中宗真是让人大跌眼镜，张柬之算是白长眼睛了。

　　中宗的荒唐行为遭到朝廷大臣的强烈反对。左拾遗贾虚己上书说："按照以前的制度，异性是不能封王的。我们刚刚恢复李唐的统治，人们对皇上的统治都拭目以待，这样做不能赢得天下人的赞同。如果想让政令畅通，应该劝说皇后坚决推辞，

这样才能增加美德了。"诸侯王位左拾遗真是单纯得可爱。他就没想想，以中宗那个脑袋，怎么能想到给自己岳父封王！还不是韦后的怂恿？

韦后是个有野心又贪图富贵的人。她要把这些年吃过的苦，受过的辱全都补回来，这些年他们没过过什么好日子，自己的儿子李重润曾封皇太孙，被女皇派人用鞭子打死了。大女儿下嫁给王同皎，小女儿在流放的时候出生，两个人在房州备尝艰辛。李显每次听到朝廷来人，就要玩次自杀，自己还得安慰、鼓励他，一个女人能做到这样已经不错了。韦后一直觉得自己是有恩于李显的，中宗也曾向自己起誓，如果能重见天日，她可以为所欲为。中宗倒是真守诺言，当上皇帝后，全听韦后的。先封了她的父母，接着又让她参与朝政，学着当年武则天的样子垂帘。

大臣一看这还了得么？这不是又要来个女主王朝啊？于是纷纷劝谏。皇上啊，我们刚取回李氏江山，不能再让异性给夺了啊！哪知道李显像吃了迷药似的只听韦后的话，大臣们于是开骂了。"牝鸡之辰，惟家之索"，"以阴乘阳，违天也；以妇陵夫，违人也"。听着这个耳熟，原来是之前骂武则天的话，现在搬到这里来了。中宗也不管这个，反正自己父亲都这样做了，也没见怎么着，到最后还不是李家人坐拥江山？韦后就更不管了，武则天能做的，我韦后为什么不能？

作为女人是可以做皇帝的，武则天也已经开了先河，但是，不是任何一个女人都可以做皇帝，以韦后的才能和德行根本没法效仿武则天。她听政后做出的第一个决定就是封一个游方的和尚慧范做银青光禄大夫、上庸县公。慧范是个"以妖妄游权贵之门"的花和尚。中宗和韦后倍加器重，几个人经常鬼混一起。新官上任还有三把火呢，这位倒好，第一个决定就显得不务正业。真是让这群大臣寒心，群臣们又是一顿猛劝，中宗却

始终无动于衷。

最让张柬之等人看不惯的是，刚恢复皇帝身份的李显，竟然与自己的宿敌武三思打得火热。看来以后不光大臣没好日子过，恐怕连国家社稷都要遭殃了。神龙政变解决了"二张"，却没有对武氏家族产生大的影响。洛州长史薛季昶曾经劝张柬之等人说："两个小人虽然已经除掉了，但是斩草不除根，恐怕日后还会出事端。"张柬之无奈地说："大局已定，你我又有什么办法呢！"薛季昶说："我不知道会有怎样的下场啊。"朝臣县尉刘幽求也劝说敬晖说："只要武三思还活着，各位就会死无葬身之地；如果不尽早谋划，后果不堪设想啊！"然而他们都没有好办法。

武三思为人狡猾，看到庐陵王成为太子，便与庐陵王打得火热。武则天因为让儿子做接班人，觉得有愧于武氏（当然跟前边讲到的武崇训的为人也有关系），就亲自为安乐公主与武三思的儿子武崇训做媒，使太子和武三思结成儿女亲家，以便两家人频繁走动。站在武则天的角度这是可以理解的。武则天想要武氏家族保住性命甚至是富贵，就只好亲上加亲。但是她没想到的是，韦后会与武三思勾结到一起。

韦后与武三思私通后，又向中宗进言重用他。昏庸的中宗也没有异议，之后任命武三思为宰相，权倾朝野，连张柬之都要受他管制。原右散骑常侍、安定王武攸暨也被任命为司徒、定王，武懿宗也没有被冷落，典掌东都军权。武三思能公然出入皇宫，与韦后厮混。

张柬之这时才意识到问题已经严重到出乎想象了，他急切地向中宗劝谏说："皇上啊，在发生政变的时候，李家宗室铲除了一些乱贼，现在皇上你重掌政权，武家的人却还是封官加爵，和以前没有什么区别。这哪是朝野所希望的事情啊！请皇上你削弱他们的势力来告慰天下。"但中宗已经走火入魔，根

本听不进张柬之的谏言，张柬之见中宗无动于衷只好无奈地退下。之后他在和别人一起讨论这件事时说："过去我们的主子英明神武，大家都称赞他勇猛刚烈。我之所以没有对武氏家族的人动手，就是想把这个机会留给皇上，让皇上自己动手以显示皇上的威严，结果适得其反。大势已去，如今也没有办法了。"听了的人也一个个懊悔不已，恨当时没有把武家人除掉。

更离谱的是，中宗还经常到自己妻子的情人家里微服玩乐。有的朝臣担心武则天势力再起，纷纷向中宗提醒。御史崔皎密奏："李唐的江山刚刚恢复，武太后还在西宫，还有一些人归附在她的身边；周朝的老臣还在朝廷上担当重要职位，皇上怎么能轻易地外出游玩，不去提防可能产生的祸患呢！"我们这位中宗倒好，把崔皎的奏折拿给武三思看，武三思看后这个气。这不是拆我的台么？早晚有一天有你好看。于是在朝中处处针对崔皎等人。

张柬之一看眼前的情形，再不阻止后患无穷啊！于是命令敬晖等人带领一班文武大臣，共同跪请中宗罢免武氏成员的官位，以此来抚恤人心。中宗好说歹说油盐不进。张柬之为了防备武三思向中宗进谗言，安排考功员外郎崔湜做为耳目监视武三思的一举一动。崔湜是个小人，看见皇上这般信任武三思，便投向了武三思，并把张柬之等人的计划告诉了他。武三思暗暗谋划除掉张柬之等人。殿中侍御史郑愔曾经因为与"二张"交好被贬为宣州司士参军。他一直嫉恨张柬之等人。这天他偷偷地潜回洛阳，暗中拜见武三思。告诉武三思说："大王虽得到天子宠爱，但张柬之等五人都掌握着将相的大权，而且胆谋过人，能颠覆女皇政权。张柬之等五人对你恨之入骨，若不及早铲除这五人，恐怕危在旦夕啊！"武三思感同身受，以为找到知音。于是将郑愔和崔湜当谋士来看待。

之后，武三思便找到韦后与她商量对策，于是设计将张柬之等五人调离京城。五个人被剥夺朝中宰相大权时，知道事情已经到了难以控制的地步，但还心存希望。而杨元琰知道大祸临头，便请求辞官。五人还以为他开玩笑，杨元琰却说："功成名遂，不退将危。此乃由衷之请，非徒然也。"后来张柬之等人果然获罪，杨之琰保住了性命。

就在中宗朝的大臣们闹得不可开交的时候，上阳宫的武则天已经奄奄一息了。自从中宗即位，武则天便被软禁在这个南邻洛水，北连禁苑的幽闭之处。虽然这里景色怡人，但终归没有自由，对武则天来说更像人间地狱。她想走走都要经人禀报中宗，中宗同意她才可以让人搀着出去逛逛；她想见什么人也必须有中宗的人在场才能见到，有的人甚至见都见不到，此时的武则天可谓晚景凄凉。她忽然想起了被她囚禁过的王、萧等妃子们。她们过了这样的日子后自己又过，这是不是上天的报应？如果时光可以倒转，她会不会像之前那样对待王、萧二妃？武则天想到这里不禁一个寒战，即使时光倒转她也不会放过那些妃子。恨在帝王家，有些事身不由己。

武则天闭着眼睛回想起自己豆蔻年华的年纪进宫伺候太宗，太宗的英明神武让她敬佩不已，于是有过短暂的心动；后来遇见李治，两人爱得如胶似漆；再后来进了感业寺，吃够了青灯古佛的苦；之后入宫，之后做皇后，再后来做太后，最后做到了皇帝……一生大起大落，惊涛骇浪。曾几何时她巾帼不让须眉，曾几何时她锋芒万丈，这些都成了过眼浮云。尽管她现在只能对着窗外残阳，寂寞叹息，但是她觉得她这一生活得很出彩儿，值得。

公元705年的十一月二十六，凛冽的寒风刮得昏天暗地，武则天在上阳宫咽下了她最后一口气，终年八十二岁。临终时，她留下遗言，希望除去帝号，称武则天大圣皇后，归葬乾陵。中宗满足了母亲的这一遗愿，将武则天与高宗合葬在乾陵，并在陵前留下无字碑。

一代女皇的生命嘎然而止，而关于她的种种传说却从未终止过。

无字丰碑

公元 705 年正月二十五日，太子李显即位，标志着武则天政治生涯的结束。十一月二十六日，武则天的人生走到了尽头。

这位老人在她最后的日子里，只留下一个《遗制》："祔庙、归陵，去帝号，称武则天大圣皇后。其王、萧二族及褚遂良、韩瑗、柳奭子孙亲属当时缘累者，咸令复业。"

就是说，武则天最终还是自认为是李家的媳妇，而且去掉了自己的皇帝号，打算永远地陪伴自己的丈夫。而且人之将死其言也善。她对曾经和自己在皇宫中斗得你死我活的王、萧两人不再计较，对高宗时期拼了老命都要反对她的诸遂良也不计前嫌，将他们受累及的家属一并解放。之后，武则天安详地离开了人世。

中宗李显按照她的遗嘱，尊她为"大唐武则天大圣皇后"，将武则天与高宗合葬乾陵。这在当时也引来了反对之声。给事

中严善思上疏说，开乾陵合葬，恐怕会惊扰了高宗。不如在乾陵旁边再找一块风水宝地，另建一块陵墓作为武则天大圣皇后墓地。这样既能显示葬礼的威仪，又能稳固风水。一番激烈的争执后，中宗不打算与死去的母亲计较，决定"准遗诏从葬之。"反对的人的想法是武则天连唐朝的皇后都不能做，更多的人却同意武则天归回唐朝，这说明在多数人心里武则天还是够得上皇后资格的。

中国帝后陵寝向来没有立碑的传统。高宗死后，武则天命人在乾陵的朱雀门外，司马道西侧破例立了一座高大的石碑，碑文开头就写着"述圣记"。"述圣记"碑顶部是芜殿式，四角由四个力擎承檐椽。碑体由五块方石隼卯套接而成，连同顶座共七块，是取七曜照耀之意，当地老百姓称为七节碑。中宗李显书写的《述圣记》全文就镌刻在碑的南面（正面），全文46行，共5600余字。武则天死后，李显为她在"述圣记"的对面立了一块高大的石碑，碑上没有任何字迹，人称无字碑。

乾陵为天皇立碑本来就是武则天的首创，这可以称得上是开天辟地第一回。就是这样，武则天也没有把这座碑上的文字称为碑或碑文。至于为什么我们不得而知。一般人认为，帝王的事业太大，一座石碑，一幅碑文难以记录完全，所以不称碑文。武则天为高宗立了碑，写了"述圣记"，算是对高宗的一种褒扬。而武则天的碑文又该写什么呢？这实在让天下人犯难。对于中宗李显来说，武则天既是他母后，又是周武王朝的皇帝；而对于大臣来讲，她既是皇帝，又是皇后，碑文的难度自然提高了。主要的难点还不是碑文内容不好写，而是武则天所处的尴尬境地让人无从下笔。她是被大臣们推翻、儿子取代的皇帝，所以，干脆留个空白，不写了。走完路让后人说去吧！

李显即位五年后被韦氏毒死，韦后还没享受几天女皇般的生活便被太平公主和李隆基联手除掉。之后，相王李旦继位，称睿宗。睿宗在位期间把"武则天大圣皇后"改称"天后"，"天后"是与"天皇"对应的称号，显然要比"皇后"尊贵。公元712年八月，李旦传位给太子李隆基，在传位前一个多月时，又改"大圣天后"为"天后圣帝"。这个名号是"后"，又是"帝"，语法上来看还是尊为"帝"的。但李隆基称帝后没几天，又把"圣帝"改为"圣后"，以免太平公主存有称帝幻想。公元716年十二月又把圣字去掉，改成"天后"。直到睿宗李旦死后，李隆基才追尊武则天为"武则天顺圣皇后"，武则天的身份最终有了定论。

李隆基为武则天定位后，史臣们遵循皇帝的意思为她在历史上定位。在大唐正史里给她特立了"本纪"。这"本纪"没有列为皇帝本纪，而是称为《武则天皇后本纪》或《武则天顺圣武皇后本纪》。也就是说，历史上不承认这位女皇帝，只承认这位武皇后。这是可以理解的，男权社会对女性主政还是极端排斥的。他们觉得这不是正统的统治，不能算作一个朝代，只能算作历史的一个变数。李家皇室自然也不愿意承认自己家的江山被外姓篡夺过，所以，武则天是无法被史书称为皇帝的。

虽然李隆基只愿意承认她是"顺圣皇后"，史臣们也把她当做皇后来看待。但终究难以抹杀她在历史上走过的足迹。

武则天做了十五年的皇帝，加上称制的六年，实际上做了二十多年的皇帝。再加上高宗在位时期武则天参政的时间。武则天摄政四十年左右。唐朝前期有高祖、太宗、高宗、武则天、中宗、睿宗、玄宗七个皇帝，从高祖建大唐到安史之乱，共有一百三十几年的历史，这其中五分之二的时间都是武则天在执政。从贞观之治到开元盛世，被后世称为封建社会的鼎盛时期，很多人都把唐代的兴盛归功于唐太宗的"贞观之治"和唐玄宗的"开元盛世"。而事实上，"贞观之治"的很长一段时间里是在收拾隋朝留下的烂摊子，武则天之后才是"开元盛世"。就

是说，唐太宗、武则天、唐玄宗分别代表了唐代前期的恢复、发展和鼎盛三个阶段。如果只承认唐太宗的"贞观之治"和唐玄宗的"开元盛世"，就把武则天的历史给割裂开来了，那么"贞观"和"开元"还用什么来连接呢？

如果说"贞观之治"是在搞基建，"开元盛世"是在筑高楼，那么，武则天就是在添砖加瓦。史学家之所以不承认武则天的功绩，就是因为：皇帝的位子不许有女人来坐。这是中国数千年封建社会的规矩，儒家传统的规定，男权社会的纲。

事实上武则天是位杰出的女政治家，她以一个男人的姿态，端端正正地做了多年的皇帝。不管李家人承不承认，也不管史官们怎么评价，她还是不折不扣地与皇帝的头衔连在了一起。做这些，她不仅要冲破传统观念的阻挠，还要面对来自各方的打压。她凭着非凡的毅力和政治才干在凶险的政坛上奋勇拼搏，终于让男权社会向她低头。她可以毫无愧色地向历史宣布，女人也可以做皇帝，而且能做一个好皇帝。

那为什么说武则天是个好皇帝呢？我们可以从政治、经济、国力、文化几方面加以评定。

首先，武则天统治时期，政治较清明。

这主要表现在武则天提倡科学、破格录用人才上。在她统治时期进一步发展了科举制，创立了殿试和武举。并下令九品以上官吏及百姓可以自举。武则天通过科举、自举和别人推荐，选拔出来一批杰出的人才，后来成为武周政权的中流砥柱，如狄仁杰、姚崇、宋璟等人。姚崇、宋璟还成为开元时期的贤相。连唐中期的宰相都赞扬武则天善于用人，赏罚分明。北宋史学家司马光也这么认为，武则天"政由己出，明察善断"。虽然武则天后期也曾犯过任用酷吏、男宠等错误，但这并不能抵消她前、中期的政绩。

其次，从经济发展方面来看，武则天促进了唐朝农业、手工业的发展，为开元盛世奠定了物质基础。

武则天重视农业生产。认为"建国之本，必在于农"，"家足人足，则国自安"。命人撰写了农业书籍《兆人本业记》，颁行天下。她继续推行均田制。在边远地区实行军事性屯田、营田，成效显著。她也极重视和提倡兴修水利，在独掌政权的二十几年里，地方水利工程有 19 项。她还把所治境内农田的好坏作为奖惩地方官吏的标准。武则天的这些措施，促进了农业生产的发展。这主要表现在：国家仓库里储满了粮食，地方储粮亦很丰富，户口显著增加。

这一时期的手工业也有了长足的发展。主要表现在采矿业、铸造业和纺织业上。农业、手工业的发展，又促进了商业的繁荣，主要表现为"市"的增加或城市贸易的发达。

再次，从国力上来看，唐朝在高宗、武则天时期版图达到最大，且武则天在处理民族关系上也卓有成效。

中国自秦汉以来，就是一个统一的、多民族的国家，统一是历史的主流，各民族的共同愿望。因此，衡量和评价任何一个帝王的好坏、功过是非，都要把他如何处理各民族关系，能否维护国家版图和主权完整作为一个重要指标。武则天执政时期，继承了唐太宗的民族怀柔政策和"降则抚之，叛则讨之"的策略。对吐蕃、契丹、突厥等族的侵扰和叛乱，采取了坚决抵抗、讨伐的态度。取得了巨大的成功。主要表现在，公元692 年，武则天批准西州都督唐休璟收复"安西四镇"的请求。并慧眼识英雄，在众多的将领中擢拔王孝杰为全军主帅、武威军总管，率军大破吐蕃，一举收复"安西四镇"（龟兹、于阗、疏勒、碎叶），置安西都护府于龟兹，派兵镇守，加强了对西域的统治。公元 702 年十二月，武则天又在庭州设置北庭大都护府，与安西大都护府分别管辖天山南北两路，维护了国家主权和版图完整，促进了中外经济、文化的交流，增进了与中亚

人民的友谊。

最后，从文化发展这一块来看，武则天也取得了辉煌的成绩。

武则天在位时，光耀文史，重视古建筑的修建。较著名的有长安大雁塔、嵩山少林寺、洛阳龙门石窟和乾陵。还兼容三教，使其发展。武则天本人遵儒、宠道、信佛，她派人把三教之精华汇编为一本《三教诸英》。并发展科举，提高官僚队伍的文化素质。开放殿试，增加制举次数和常举难度。

当然，我们在承认她功绩的时候，也要看到她的过错。她的过错就是残暴和养男宠。

为了巩固自己的统治，武则天重用了各种各样的人才。在开始时，她提倡告密，提升索元礼、周兴、来俊臣等酷吏。滥杀了许多无辜之人，招致群情激愤。不仅如此，为了维护自己的权势和地位，武则天也毫不客气地杀害了一代老臣长孙无忌，除掉了长子李弘；贬黜褚遂良以及次子李贤、三子李显、四子李旦等。她对于胆敢违抗自己的朝中重臣来济、韩瑗、柳弼等，一概严惩不贷；对于王皇后、萧淑妃等后宫妃子，先是扣上许多罪名，再让她们受尽非人的折磨，最后置之于死地，甚至连她们的女儿也不放过。因此，有人说武则天是个暴君也是有些根据的。

武则天最让历史耿耿于怀的还要数她拥有几个男宠的事，这是她千古难泯的丑闻，成为历代文人墨客翻来覆去大做文章的话题，连她的政治功勋也因此被忽略了。武则天宠幸的人主要有薛怀义、沈南璆、张易之、张昌宗等。

我们翻看武则天的一生，不难发现她不仅是一位杰出的政治家，也是一位杰出的军事战略家。她的文治武功是很多男性帝王都无法比拟的。我们在看待这位中国历史上唯一的女皇帝时，要给予客观的评价。

武则天大事年表

武德七年至贞观十年（624 年～636 年）

1 岁～13 岁，武则天随父母在家中。

1 岁，武德七年（624 年），武则天生于并州。

父，武士彠，年 48 岁，任工部尚书，判六曹尚书事。

母，杨氏，年 46 岁。异母兄元庆、元爽稍长，姐一人尚幼。

2 岁，武德八年（625 年）六月初四，李世民发动"玄武门之变"，杀其兄建成、弟元吉。初七，李世民被立为太子。八月初八，高祖李渊传位于太子李世民。九日，太子李世民即位，为太宗。封武士彠为豫州都督。

5 岁，贞观二年（628 年）六月十五日，李治（唐高宗）诞生。本年，袁天罡为武则天相面，在当地留下了朝天关、望云埔等传说。

12 岁，贞观九年（635 年）五月初六日，高祖死于长安大安宫垂拱殿。武士彠在痛悼高祖时患病身亡，享年 59 岁。十月二十七日，葬高祖于陕西三原献陵，庙号高祖，与太穆皇后合葬。之后，武则天与母亲杨氏回文水葬父。

贞观十一年至贞观二十二年（637 年～648 年）

14 岁～25 岁，武则天在长安后宫为才人。

14 岁，贞观十一年（637 年），太宗李世民听说武士彠之女美丽聪明有才华，召入宫中，立为才人，赐号"武媚娘"。

16岁，贞观十三年（639年），全国有州府358，县1551。高丽、新罗、西突厥、吐火罗、康国、安国、波斯、疏勒、于阗、焉耆、高昌、林邑、昆明等酋长相继遣使朝贡。

20岁，贞观十七年（643年）四月初七，太宗立李治为太子。

23岁，贞观二十年（646年）三月初九，太宗病重，下诏军国机务并委太子李治处理。此后，太子隔日听政，朝罢，入侍药膳，武则天与太子开始接触，两人同在太宗身边侍疾。

25岁，贞观二十二年（648年）正月，太宗作《帝范》12篇，赐太子李治。

贞观二十三年至永徽元年（649年~650年）

26岁~27岁，武则天在感业寺出家为尼。

26岁，贞观二十三年（649年）五月二十六日，太宗下诏长孙无忌、褚遂良辅佐太子李治。太宗驾崩。二十八日，武则天在感业寺出家为尼。六月初一，太子李治即位，为高宗，时年22岁。八月二十八日，葬太宗于昭陵，与长孙皇后合葬。

27岁，永徽元年（650年）正月初六，高宗立妃王氏为皇后。五月二十六日，太宗忌日，高宗到感业寺行香，见到武则天。武氏哭泣，高宗伤感落泪。王皇后暗示武氏留长发，并劝皇上接其回宫。

永徽二年至永徽五年（651年~654年）

28岁~31岁，武则天在长安后宫，先为宫女后为昭仪。

28岁，永徽二年（651年）八月，武则天入宫，为一般宫女，在王皇后身边。

29岁，永徽三年（652年）七月初二，立李忠（即陈王忠）为太子。十二日，户部奏：全国有户380万。本年冬，武则天生长子李弘。

31 岁，永徽五年（654 年）三月，封武则天为昭仪。三月十四日，唐高宗应武则天之请求，加赠武德功臣屈突通、武士彟等 13 人官。六月，王皇后的舅父柳奭看出皇后宠衰的现实，自请罢官，改封为吏部尚书。十二月十七日，高宗离京师谒昭陵，武则天从行，生次子李贤于途中。

永徽六年至永淳元年（655 年~682 年）

32 岁~59 岁，武则天为皇后。

32 岁，永徽六年（655 年）三月，武则天著《内训》一篇，显示自己有作皇后的能力。六月，王皇后与其母柳氏为"厌胜"事发，高宗大怒，令柳氏不得入宫，后舅柳奭罢知政事。此时，在皇后废立问题上朝臣分为两派：长孙无忌、褚遂良、韩瑗、来济、柳奭等反对立武则天为皇后；许敬宗、李义府、崔义玄、袁公瑜等拥护立武则天为后。十月十三日，王皇后、萧淑妃废为庶人。十九日，高宗下诏立武昭仪为皇后。十一月初一，举行隆重的册立皇后仪式，文武百官及蕃夷酋长朝皇后于肃仪门。初七，追赠武后父武士彟为司空。本月，武后处死王皇后、萧淑妃。

33 岁，显庆元年（656 年）正月初六，降太子李忠为梁王、梁州刺史，立武后子李弘为太子。二月十七日，追赠武后父武士彟为司徒，赐爵周国公。三月十七日，武后祀先蚕于北郊。四月十四日，高宗与武后在安福门楼观玄奘迎御制慈恩寺碑文。自魏晋以来，佛事活动从无如此之盛大。九月十二日，武后制《外戚诫》献于朝。十一月初五，武后生第三子李显于长安。

34 岁，显庆二年（657 年）二月十二日，封李显为周王。

36 岁，显庆四年（659 年）六月二十二日，高宗下诏改《氏族志》为《姓氏录》，以皇族与后族为第一等，皇朝得五品官者皆刊入士流。七月，杀长孙无忌及柳奭。九月，高宗下诏

以石、米、史、大安、小安、曹、拔汗那、悒怛、疏勒、朱驹半等国置州县府 127 个，全国疆域进一步扩大。

37 岁，显庆五年（660 年）正月，高宗与武后及太子在东都洛阳过春节。二十三日，离洛阳到并州。二月初十，至并州。十五日，会见随从官员、诸亲及并州官属父老等。三月初五，武后宴请亲戚故旧邻里于朝堂，宴妇人于内殿。初八，高宗讲武于并州城西，引群臣阅兵。四月初八，高宗、武后一行离去并回东都。十月九日，改封武后母代国夫人杨氏为荣国夫人，品第一。本月，高宗初患风眩病，委武后处理部分政务，从此，武后参与朝政，处事都符合高宗旨意。

38 岁，龙朔元年（661 年）正月，武后请禁止天下妇女为俳优之戏（古代指演滑稽戏的艺人），高宗采纳并下诏。四月，高宗欲亲率大军进攻高丽，武后抗表进谏以为不可，被采纳。

39 岁，龙朔二年（662 年）六月初一，武后生第四子李旦于蓬莱宫含凉殿，于殿内作佛事，供玉像。七月初一，以皇子李旦满月，大赦天下，赐宴三日。

41 岁，麟德元年（664 年）十二月，西台侍郎上官仪谋废皇后失败下狱。十三日，杀上官仪等，赐废太子忠死。此后，高宗视朝，武后垂帘于后，中外称之为"二圣"。约于本年，武后生太平公主。

42 岁，麟德二年（665 年）十月二十八日，高宗、武后与太子去泰山封禅，从驾文武仪仗数百里不绝，东自高丽，西尽波斯，各国朝会者随从。本年，又获丰收。

43 岁，乾封元年（666 年）正月初一，高宗祀昊天上帝于泰山之南。初二，封于泰山之上。初三，禅于社首山，武后为亚献。初五，礼毕，高宗御朝觐坛受朝贺，赦天下，改元乾封。六日，宴群臣。十九日，离泰山。二十四日，至曲阜，赠孔子为太师。二月二十二日，还至亳州，高宗等祭老君庙，尊之为太上玄元皇帝。三月十一日，高宗、武后回东都洛阳。令刻《登封记号文》，立于泰山。

44岁，乾封二年（667年）九月初三，高宗久病不愈，令太子弘监国，改封殷王李旦为相王。

45岁，总章元年（668年）闰二月，高宗欲建明堂。二十五日，分长安、万年二县置乾封、明堂二县，以明志。九月十二日，李勣攻克平壤，擒高丽王高藏及其大臣男健等，完全征服高丽。

46岁，总章二年（669年）正月，封诸王嫡子皆为郡王。十二月初三，李勣病死。

47岁，咸亨元年（670年）正月初七，刘仁轨因年老辞官。三月十九日，许敬宗退休养老。八月初二，武后母杨氏病死于九成宫，享年92岁。

48岁，咸亨二年（671年）正月初七，高宗与武后离京师长安到东都，留太子李弘监国，令戴至德、张文（特殊字）、李敬玄等辅政。

49岁，咸亨三年（672年）正月，以梁积寿为帅，发兵讨叛"蛮"。昆明蛮14姓3万户归顺，设殷、敦、总三州。

50岁，咸亨四年（673年）八月，高宗患疟疾，病重，令太子李弘于延福殿受诸司奏事。十一月，高宗监制乐章，有《上元》、《二仪》、《三才》、《四时》、《五行》、《六律》、《七政》、《八风》、《九官》、《十洲》、《得一》、《庆云》等曲。

51岁，上元元年（674年）八月十五日，高宗追尊其祖先，以高祖为神尧皇帝，太宗为文武圣皇帝，高宗自称天皇，武后称天后，改元上元，大赦天下。九月初七，高宗下诏复长孙无忌官爵，陪葬昭陵，其曾孙长孙翼袭爵赵公。十月二十七日，武后上意见十二条，高宗赞同，令施行。

52岁，上元二年（675年）三月十三日，武后祀先蚕于邙

山之南。本月，高宗风眩病加重，不能听政，政事皆由武后处理。高宗欲逊位于武后，宰相郝处俊谏止。武后引文学之士于宫中著书，参决表奏，被人们称为"北门学士"。四月二十五日，太子李弘病死。五月初五，追谥太子李弘为孝敬皇帝。六月初五，立雍王李贤为太子，大赦天下。八月十九日，葬太子李弘于河偃师恭陵，高宗亲撰《孝敬皇帝睿德纪》。

53岁，仪凤元年（676年）二月初七，武后劝高宗封禅中岳嵩山。十五日，高宗下诏今冬有事于嵩山。闰三月，吐善攻鄯、廓、河、芳四州，高宗下诏停封禅，遣相王李旦等率军抵御吐蕃。

55岁，仪凤三年（678年）正月初四，百官及四夷酉长朝武后于光顺门。

56岁，调露元年（679年）五月初七，高宗令太子李贤监国。

57岁，永隆元年（6肋年）正月十九日，武后登洛阳城门楼，宴请诸王诸司三品以上及诸州都督刺史，太常奏新编《六合还淳》舞。八月二十二日，废太子李贤为庶人。二十三日，立英王李显为太子，改元永隆，大赦天下。

58岁，开耀元年（681年）正月初十，以太子初立，宴请百官及命妇于大明宫。二十九日，高宗下诏免雍、岐、华、同四州两年地税。河南、河北遭水灾处免税一年。二月，武后表请赦杞王上金、鄱阳王素节之罪，乃以上金为沔州刺史，素节为岳州刺史，仍不许朝集。七月二十二日，太平公主下嫁薛绍。闰七月二十四日，高宗病，令太子李显监国。十一月初八，令废太子贤迁巴州。

59岁，永淳元年（682年）二月十九日，皇孙重照满月，改元永淳，大赦天下。三月二十五日，立皇孙重照为皇太孙。弘道元年载初元年（683年~689年）

60 岁~66 岁，武则天为皇太后。

60 岁，弘道元年（683 年）正月初五，武后随高宗至少林寺，见其母旧营之所未偿完功，倍感凄凉，作诗并序，令武三思资金绢等物续成功德。七月，高宗下诏今年十一月有事于嵩山，不久因高宗病重改为来年正月。十一月初三，高宗病情加重，下诏罢来年封嵩山。十二月初四，改元弘道，大赦天下，高宗欲登则天门楼宣诏，气逆不能上马，乃召百姓入殿前宣诏。当夜，高宗崩于洛阳宫贞观殿，终年 56 岁。遗诏皇太子枢前即位，裴炎等辅政，军国大事有不决者，兼取武后进止。十一日，太子李显即位，为中宗。尊武后为皇太后。

61 岁，光宅元年（684 年）正月初一，改元嗣圣，大赦天下，中宗立韦氏为皇后。武太后撰写《高宗天皇大帝溢议》及《述圣记》。二月六日，武太后与裴炎等废中宗为庐陵王，幽于别所。七日，立相王李旦为皇帝，为睿宗，改元文明，政事由武太后处理。八日，废皇太孙重照为庶人，流韦玄贞于钦州。九日，令丘神绩往巴州监视废太子李贤，以备外虞。以韦待价为山陵修作使，率兵民营造乾陵。三月初五，废太子李贤在巴州自杀。四月二十二日，迁庐陵王李显于房州，二十六日迁均州。五月十五日，高宗灵柩运往长安，武太后作《高宗天皇大帝哀册文》，留镇洛阳。八月十一日，葬高宗于乾陵，庙号高宗，刻述圣记碑立于陵前。九月初六，武太后改元光宅，改东都为神都。二十一日，武太后追王其祖：五代祖克己为鲁靖公，高祖居常为太尉、北平恭肃王，曾祖俭为太尉、金城义康王，祖华为太原安成王，父士彟为魏忠孝王。立五代祠堂于文水。二十九日，徐敬业以匡复为名在扬州起兵。十月初六，武太后令李孝逸等率兵 30 万讨伐徐敬业。十八日，斩裴炎于都亭。十一月初四，武太后令左鹰扬卫大将军黑齿常之为江南道行军大总管讨伐徐敬业。十八日，徐敬业败逃，部将王那相杀徐敬业

后投降。李孝逸令追捕余党，平定扬州。

62岁，垂拱元年（685年）正月初一，因平息徐敬业反叛，改元垂拱，大赦天下。二月初七，武太后下诏："朝堂所置肺石及登闻鼓不预防守。有上朝堂诉冤者，御史受状以闻。"三月二十一日，再迁庐陵王李显于房州。四月，下《求贤制》，制令自举。十一月，武太后作《方广大庄严经序》，撰《臣规》两卷，普赐臣僚，以教为臣之道。

63岁，垂拱二年（686年）正月，武太后欲复政于睿宗李旦，李旦固让，请武太后继续理政。武太后开始起用酷吏。三月初八，武太后令铸铜匦。十二月，免并州百姓庸、调二税，终其身。

64岁，垂拱三年（687年）正月初二，武太后封皇孙成美为恒王，隆基为楚王，隆业为赵王。

65岁，垂拱四年（688年）正月初五，武太后在神都洛阳立高祖、太宗、高宗三庙，令四时享祀如京师太庙之仪。十一日，令毁乾元殿，就地建造明堂，由薛怀义督办。四月，武承嗣造瑞石，让唐同泰献上，其文曰："圣母临人，永昌帝业。"武太后命名为"宝图"。五月十八日，武太后加尊号称"圣母神皇"。七月初一，武太后更名"宝图"为"天授圣图"，改洛水为永昌洛水，"宝图"所出为"圣图泉"，设永昌县于泉侧。封洛水神为"显圣侯"，嵩山为"神岳天中王"。又以先于汜水得瑞石，改汜水为广武。八月十七日，琅邪王李冲起兵反对武太后。武太后令丘神绩讨伐，未至，李冲已为地方军所败。二十三日李冲被其旧部杀掉。二十五日，越王李贞起兵于豫州，攻陷上蔡。九月初一，武太后令左豹韬卫大将军魏崇裕为中军大总管，岑长倩为后军大总管，讨伐李贞，削李贞属籍，改姓虺氏。十一日，兵临城下，李贞自杀，平豫州。十三日，杀韩王、鲁王等参与叛乱者。十二月二十七日，明堂建成，号"万象神宫"，富丽堂皇，准许民众入内参观。武太后又令于明堂之北起天堂，以贮夹纻大像。颁《亲享明堂制》。

66岁，载初元年（689年）正月初一，武太后服皇帝衮冕，大飨万象神宫，登则天门，改元永昌，大赦天下。初三，在明堂接受朝贺。初四，布政于明堂，颁九条以训百官。初五，在明堂飨群臣，吐蕃等遣使来贺。二月十四日，武太后尊其父魏忠孝王为周忠孝太皇，其母为周忠孝太后，文水陵为章德陵，咸阳陵为明义陵。置崇先府官。十五日，武太后再追王其祖：鲁靖公（克己）为太原靖王，北平王（居常）为赵肃恭王，金城王（俭）为魏义康王，太原王（华）为周安成王。十一月初一，武太后大享万象神宫，改元载初，并始用周正（周历），即以十一月为正月，十二月为腊月，正月为一月。

天授元年至神龙元年（690年～705年）

67岁～82岁，武则天为皇帝。

67岁，天授元年（690年）正月初二，武太后布政于明堂。八日，下诏推行新造的字，其中新造字"曌"为己名。改"诏书"为"制书"。二月十四日，武太后策试贡生于洛城殿，数日方休。贡生殿试自此开始。四月十一日，范履冰下狱死。告密之风起。七月，置制狱于丽景门，专理谋反案以扫除政敌。九月，远近百姓、四夷酋长、沙门道士6万余人上表，请改国号为周，赐皇帝姓武氏。睿宗皇帝也上表自请赐姓武氏。九日，武太后隆重登基称帝，大赦天下，降睿宗皇帝为皇嗣，赐姓武氏，改唐为周，改元天授，十二日，群臣上尊号曰"圣神皇帝"。十月十四日，改文水县为武兴县，县令品秩同赤县（京师长安），百姓世代免除赋税。

68岁，天授二年（691年）一月二十三日，杀丘神绩。二十八日，杀史务滋。二月，开始惩治酷吏，杀周兴、索元礼。九月二十五日，傅游艺下狱死。凤阁舍人张嘉福让王庆之率数

百人上表，请立武承嗣为太子，女皇不许。王庆之多次请立，女皇怒，令赐杖。凤阁侍郎李昭德杖杀王庆之，并劝女皇立亲子为皇太子。69 岁，长寿元年（692 年）一月初一，女皇召见存抚使所推荐的人。全部试用，高者试凤阁舍人、给事中，次者试员外郎、侍御史、补阙、拾遗、校书郎。试官自此开始。二月初三，吐蕃、党项部落万余人归顺，分设 10 州。三月，天竺国遣使朝贡。八月，女皇令严善思按问旧狱，平反冤案 850余人，罗织之风开始平息。十月，狄仁杰请放弃安西四镇，女皇不纳。二十五日，武威军总管王孝杰大破吐蕃，收复龟兹、于阗、疏勒、碎叶四镇。置安西都护府于龟滋，发兵戍守。

70 岁，长寿二年（693 年）一月二十四日，前尚方监裴匪躬、内常侍范云仙私自拜见皇嗣李旦被腰斩于市。又有人告李旦欲谋反。女皇命来俊臣审问其随从人员，太常工安金藏自剖其腹以证明李旦不反。女皇亲临探视，叹曰：“吾有子不能自明，使汝至此。”即令停止审查此事。这是女皇第一次在人前承认错误。九月初九，武承嗣等 5000 人上表请加尊号曰“金轮圣神皇帝”。女皇在万象神宫举行庆典接受尊号。71 岁，延载元年（694 年）一月初十，女皇令娄师德为河源、积石、怀远等军营田大使，令搞好边境营田。二月，王孝杰击败吐蕃、突厥各 3 万余人。韩思忠击败泥熟俟斤等万余人。十六日，女皇命薛怀义为伐逆道行军大总管，率 18 位将军讨伐默啜。八月十七日，蕃胡慕义，捐钱百万亿，请立天枢，以颂女皇功业。女皇令于端门外铸天枢。

72 岁，天册万岁元年（695 年）正月初一，女皇加号“慈氏越古金轮圣神皇帝”，改元证圣，大赦天下。十六日夜，明堂起火，照城中如昼。二月初四，杀薛怀义。十六日，女皇去“慈氏越古”之号。四月初一，天枢铸成。天枢由工匠毛婆罗造模，武三思为文，刻百官及四夷酋长名，女皇亲自书写枢名：

"大周万国颂德天枢"，群臣赋诗称赞。七月，吐蕃犯临洮，女皇令肃边道大总管王孝杰讨伐。九月初九，女皇合祭天地于南郊，加号为"天册金轮大圣皇帝"，赐宴九日，改元天册万岁，大赦天下。

73岁，万岁通天元年（696年）腊月初一，女皇前往嵩山封禅。十一日，封嵩山为"神岳"，改元万岁登封，改嵩阳县为登封县，改阳成县为告成县。免天下百姓当年租税。三月十六日，新明堂建成，规模小于旧者，名曰通天宫。四月初一，女皇行亲享之礼，改元万岁通天，大赦天下。五月，营州契丹松漠都督李尽忠举兵反叛，攻陷营州。女皇令曹仁师、张玄遇、李多祚、麻仁节等28将讨伐。七月，女皇令武三思为榆关道安抚大使，姚璹为副使，防备契丹。契丹李尽忠自称可汗，以孙万荣为先锋，兵至数万。九月二十一日，默啜率部讨伐契丹，女皇封其为迁善可汗。十月，默啜破松漠，虏李尽忠妻子。女皇加封默啜为颉跌利施大单于、立功报国可汗。不久，李尽忠死，孙万荣代领其众，军复振，攻陷冀州，河北震动。

74岁，神功元年（697年）四月初三，九州鼎铸成。五月，女皇令娄师德率兵20万讨伐孙万荣。六月初三，女皇下《暴来俊臣罪状制》，杀来俊臣。三十日，孙万荣败死，余部降于突厥。

75岁，圣历元年（698年）正月初一，女皇祭通天宫，改元圣历。本月，女皇下《条流佛道二教制》，禁止佛、道徒相互毁谤。三月初九，女皇托病，令徐彦伯召回庐陵王李显。二十八日，庐陵王至神都洛阳。

八月十一日，武承嗣因求做太子不得忧愤而死。十三日，女皇令武重规、张仁亶、李多祚等率兵30万讨突厥。九月十五日，李旦固请让位于李显，女皇批准，立李显为太子。十七日，命太子为河北道元帅以讨突厥。二十一日，以狄仁杰为河北道副元帅，知元帅事，女皇亲自送行。

76岁，圣历二年（699年）腊月二十五日，女皇赐太子姓武氏。大赦天下。二月，女皇登嵩山，过缑山，谒升仙太子庙，亲书升仙太子碑文，立碑于缑山升仙太子庙。四月，吐蕃赞婆等来降。十八日，女皇为防止身后太子与武姓不相容，令太子、相王、太平公主与武攸暨等作誓文，告天地于通天宫，铭之铁卷，藏入史馆。七月，吐谷浑1400帐归顺。本年，改昊陵为攀龙台，顺陵为望凤台。

77岁，圣历三年（700年）正月，以西突厥竭忠事主可汗斛瑟罗为平西大总管，镇守碎叶。三月初六，女皇令东至高丽国，南至真腊国、西至波斯、吐蕃及坚昆都督府，北至契丹、突厥，并为入蕃，以外为绝域。四月二十九日，女皇在三阳宫避暑，作成《宴石淙诗及序》。五月初五，女皇服长生药病愈，改元久视，大赦天下，去"天册金轮大圣"之号。六月，令契丹降将李楷固击契丹余党，全部平定。七月，吐蕃将领麴莽布支侵犯凉州，围昌松，被唐休璟打败。十月初十，下诏复以正月为十一月，腊月为十二月，一月为正月。

78岁，长安元年（701年）正月初三，成州言佛迹现，改元大足。八月，苏安恒上表请女皇还政，抑武兴唐。十月，女皇与太子李显、相王李旦等从洛阳回到长安，改元长安，大赦天下。十二月，女皇为其父立大周无上孝明高皇帝碑（又称攀龙台碑）于文水昊陵。

79岁，长安二年（702年）正月十七日，女皇首设武举选将才。六月，女皇为其母立大周无上孝明高皇后碑于咸阳顺陵。

80岁，长安三年（703年）正月初一，女皇令武三思、李峤、朱敬则等修《唐史》。四月初九，吐蕃遣使献马千匹、金二千两求婚。六月初一，突厥默啜又遣使请以女嫁太子之子。

81岁，长安四年（704年）八月，女皇病卧长生殿。十月二十二日，封秋官侍郎张柬之为同平章事。十一月初五，封天官侍郎韦承庆为行凤阁侍郎、同平章事，封张柬之为守凤阁侍郎。

82 岁，神龙元年（705 年）正月初一，改元神龙。女皇病重。下诏："自文明以来得罪者非扬、豫、博三州及诸反逆魁首，皆赦免。"二十二日，张柬之、崔玄暐等迎太子李显，杀张宗昌、张易之，进至女皇寝宫，逼女皇让位。二十三日，女皇令太子李显监国。二十四日，女皇传位于太子李显。二十五日，太子李显即帝位，为中宗。封相王李旦为太尉，同三品。太平公主加号镇国。令免今岁税赋，放宫女 3000 人。皇族中的流放者和籍没者，子孙皆复属籍，量叙官爵。二十六日，女皇移居上阳宫。二十七日，中宗李显率百官谒女皇，上尊号"则天大圣皇帝"。二十九日，中宗李显封崔玄暐为守内史，敬晖、桓彦范为纳言，张柬之为天官尚书，袁恕己为凤阁侍郎，并同三品。二月初一，中宗率百官诣上阳宫问女皇起居，此后每十日一往。初四，中宗复国号为唐，郊庙、社稷、陵寝、百官、旗帜、服色、文字均恢复到永淳以前（高宗时代）的原状。复改神都为东都，北都为并州。五月初四，中宗迁周七庙神主于西京崇尊庙。下诏："武氏三代讳，奏事者皆不得犯。"立唐太庙社稷于东都，封张柬之等 5 人为王，降武氏诸王为公。十一月二十六日，女皇崩于上阳宫仙居殿，遗诏去帝号，与高宗合陵。

神龙二年（706 年）五月十八日，葬女皇于乾陵。谥曰："则天大圣皇后"。

景云元年（710 年）七月七日，改称"天后"。

景云元年（710 年）十月十八日，改称"大圣天后"。

延和元年（712 年）六月十七日，改称"则天后"。

天宝八年（749 年）六月十五日，追尊为"则天顺圣皇后"。